데이 트레이딩 &
스윙 트레이딩 전략

Day Trading and Swing Trading the Currency Market, Second Edition:
Technical and Fundamental Strategies to Profit from Market Moves

한 권으로 끝내는
외환 트레이딩 바이블

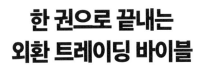

데이
트레이딩&
스윙
트레이딩 전략

캐시 리엔 지음 ｜ 현대선물주식회사 옮김

DAY TRADING & SWING TRADING THE CURRENCY MARKET

이레미디어

머리말 **6**

추천사 **14**

1장 | **가장 빠르게 성장하는 외환시장 16**

주식과 채권에 미치는 통화의 영향력 | 외환시장과 주식시장을 비교하라

외환시장의 참여자들

2장 | **외환시장에서 일어난 역사적 사건들 39**

브레튼우즈_ 달러를 세계 기축통화로 | 브레튼우즈의 종식_ 자유시장 자본주의의 탄생

플라자 합의_ 미국 달러의 평가절하 | 조지 소로스_ 영란은행을 굴복시킨 남자

아시아 금융 위기 | 유로화의 출범

3장 | **통화시장을 움직이는 장기적 요소 63**

펀더멘털 분석을 사용하는 경우 | 기술적 분석을 사용하는 경우 | 이론가들이 보는 통화 예측

4장 | **통화시장을 움직이는 단기적 요소 98**

모든 경제지표가 영향을 미치진 않는다 | 시간에 따라 달라지는 경제지표의 중요성

점차 영향력이 없어지는 GDP

5장 | **최적의 매매 시간대는 언제인가? 109**

아시아 시장(도쿄 외환시장) | 미국 시장(뉴욕 외환시장) | 유럽 시장(런던 외환시장)

미국 시장과 유럽 시장이 겹치는 시간대 | 유럽 시장과 아시아 시장이 겹치는 시간대

6장 | **통화 상관계수와 트레이더 이용법 121**

정·역관계 상관도 | 변하는 상관계수 값 | 직접 상관계수 값을 구하라

7장 | 외환시장의 계절적 요인 130

1월의 계절적 요인 | 여름휴가 계절요인 | 주목할 만한 또 다른 계절 요인

8장 | 다양한 시장 조건하의 트레이드 변수 143

거래일지 기록하기 | 시장 분위기를 읽는 툴박스를 가져라 | 1단계_ 거래 환경 구축하기

2단계_ 거래시간 결정 | 리스크 관리를 위한 가이드 | 두려움과 욕심의 심리 상태

9장 | 테크니컬 트레이딩 전략 175

다양한 시간대 분석 | 더블제로 지점 이용하기 | 최적의 타이밍 선별하기 | 인사이드 데이 추

세돌파 전략 | 추세돌파 전략 | 잘못된 추세돌파 선별하기 | 채널 전략 | 퍼펙트 오더 전략

뉴스 발표 시 트레이딩 전략 | 20 –100 단기 모멘텀 전략 | 추세 반전확률 이용하기

10장 | 다양한 펀더멘털 거래전략 261

가장 강력한 통화쌍을 택하라 | 레버리지를 이용한 캐리 트레이드 | 펀더멘털 트레이딩

전략 1 _ 거시경제 이벤트 | 선행지표로서의 상품가격 | 선행지표로서 채권 스프레드 활용

펀더멘털 트레이딩 전략 2 _ 리스크 리버설 | 옵션변성 활용하기 | 펀더멘털 트레이딩

전략 3 _ 개입 | 외환거래를 위한 주식시장 | 펀더멘털과 상관관계의 동시 활용 | 기술적 분석

과 상관관계의 동시 활용

11장 | 헤지펀드매니저 따라잡기 326

1단계 _ 타당한 트레이딩 전략 정의 | 2단계 _ 진입과 청산의 기술 | 3단계 _ 테스트 수행

4단계 _ 전략에 대한 친숙함 | 5단계 _ 자기반성

12장 | 우리가 알아야 할 주요 통화쌍들 342

미국 달러(USD) | 유로(EUR) | 영국 파운드(GBP) | 스위스 프랑(CHF) | 일본 엔(JPY)

호주 달러(AUD) | 뉴질랜드 달러(NZD) | 캐나다 달러(CAD)

용어설명 431

지난 2005년《Day Trading the Currency Market(외환시장에서 데이 트레이딩, 국내에서는 미출간됨)》이 출간된 이후 외환시장은 급속한 변화를 보이고 있다. 가장 주목할 만한 변화로, 지난 3년(2008년 기준) 동안 외환시장의 일평균 거래량은 70퍼센트 이상 증가하여 금액으로는 3조 달러를 상회하고 있다는 점이다. 외환시장에 대한 관심이 커짐에 따라 많은 참여자들이 외환시장으로 밀려들고 있다.

《Day Trading the Currency Market》의 초판이 외환 트레이더들로부터 좋은 반응을 얻게 되자 이번에 다시 용기를 내어 2판을 출간하게 되었다. 게다가 독자들의 기대에 좀 더 부응하고자 이번에는 스윙 트레이딩 전략도 추가하였다.

과거 1판을 출간한 뒤 미국 전역을 돌며 외환거래 관련 세미나를 진행하였고, 참가한 사람들로부터 책의 내용에 대해 많은 조언들을 들을 수 있었다. 이 자리를 빌어서 그들에게 감사의 말씀을 드리고 초판에서 소개했던 거래전략들과 기타 내용에 더하여 이번 2판에 추가된 새로운 전략들에 대해서 배울 수 있기를 바란다.

이 책《데이 트레이딩 & 스윙 트레이딩 전략》을 처음 읽는 독자라 할지라도 실망하지 않을 것이라 확신한다. 초판에서는 펀더멘털 분석을 다루는데 주로 초점을 맞추었으나 2판에서는 거래방법론 및 통계적 분석뿐만 아니라 여러 가지 새로운 전략들도 추가하였다. 그리고 외환시장에서의 계절적인 영향과 헤지펀드매니저처럼 거래하는 방법 등 포괄적인 내용도 추가하였다.

트레이더와 애널리스트의 오랜 경험에 기반하여 외환 트레이더들에게 가장 중요하다고 판단되는 내용들에 초점을 맞추고 책을 집필했다는 점도 말해두고 싶다. 초판이 외환시장에 대한 전반적인 개요, 실행 가능한 거래 전략들뿐만 아니라 펀더멘털 요인들에 대해 정확하고 자세하게 설명된 초보자를 위한 입문서였다면, 이번 2판은 초보 외환 트레이더뿐만 아니라 경험 많은 트레이더 모두를 위한 내용들로 구성되었다고 자부한다.

이번 2판을 집필하면서 두 가지 목표를 설정하였다. 하나는 모든 트레이더들, 특히 데이 트레이더들이 알아야 하는 외환시장의 특성들과 외환시장의 기초를 다루는 것이었다. 또 다른 하나는 거래에 활용 가능한 실용적인 전략들을 소개하는 것이었다. 이 책은 다른 외환거래 관련서적들이 다루고 있는 일반적인 내용을 넘어서 미국 달러가치의 변화에 큰 영향을 주는 시장 지표들처럼 흥미로운 주제뿐만 아니라 통화들 간의 상관관계를 분석하고 어떻게 활용하는지에 대하여도 서술하였다.

다음은 독자들을 위하여 이 책에서 다루게 될 주제들을 간략하게 요약한 것이다.

금융시장 중에 가장 빠르게 성장하는 외환시장

만약 당신이 외환시장에 뛰어들어야 할 것인지 말 것인지 망설이고 있다면 우선 왜 헤지펀드들과 기관과 같은 대형투자자들이 외환시장에 큰손으로 참여하고 있는지를 살펴보면 이해가 될 것이다. 이 내용이 담긴 해당 본문에서는 현물 외환시장 규모가 지난 3년 동안 폭발적으로 확대된 원인에 대해 살펴보고 전 세계의 많은 트레이더들에게 수십 년간 친숙한 시장인 전통적인 주식시장 및 선물시장과 비교해서 외환시장이 가진 장점들에 대해 알아본다.

외환시장에서의 역사적인 사건들

외환거래에 대해 언급하기 전에 먼저 오늘날의 외환시장을 태동시킨 과거의 주요 정치·경제적 사건들에 대하여 알아보는 것이 중요하다. 많은 시간이 흘렀음에도 불구하고 과거에 발생한 수많은 사건들이 아직도 여전히 사람들의 입에 자주 오르내리고 있다. 해당 본문에서는 외환시장에서 발생했던 주요사건 중에 브레튼우즈Bretton Woods, 브레튼우즈의 종식, 플라자 합의Plaza Accord, 조지 소로스가 어떻게 명성을 얻게 되었는지, 아시아 금융 위기, 유로화 출범, 그리고 테크놀로지 버블 붕괴에 대해 다뤄본다.

외환시장에서 거래할 수 있는 다양한 방법들

지난 몇 년 동안 외환시장은 놀라울 정도로 진화했다. 외환거래나 투자를 위한 대안으로 많은 금융 상품들이 도입되어 왔다. 현물환Foreign exchange spot은 외환시장에서 가장 역사가 깊은 상품이고 수많은 새로운 파생 상품들의 기초자산이라 할 수 있다. 이어서 옵션Option, 선물Futures, 선도Forwards 상품들이 소개되었는데, 선도 상품은 일반적으로 개인투자가보다는 기관들에게 적합한 상품이라 할 수 있다. 해당 본문에서는 파생상품들 간의 차이점들을 짚어보고 상품별 장점과 단점들에 대해 다룬다.

외환시장을 움직이는 변수

신참 트레이더들이 가장 흔히 하는 질문 중 하나는 외환시장을 움직이는 변수들이 무엇인가 하는 것이다. 환율변동은 단기와 장기 움직임으로 구분할 수 있는데, 3장에서는 환율에 영향을 주는 요소들 중 좀 더 거시적이고 장기적인 요소들에 대해 다룬다. 장기적인 요인들이 (4장에서 다룰) 환율의 단기적인 변동에 구애받지 않고 기술적, 펀더멘털적인 면에서 어떻게 외환시장에 영향을 주는지를 파악해본다. 그럼으로써 트레이더들이 외환시장에 관한 넓은 시야를 유지하는 데 도움이 될 것이다.

더불어 해당 장에서는 통화의 움직임을 예측하는 데 있어 좀 더 정량적 펀더멘털 분석을 활용하는 트레이더들을 위해 색다른 가치평가 모델^{Valuation Model}도 고찰해본다.

특정 통화쌍 거래를 위한 최고의 타이밍

타이밍은 외환거래에서 가장 중요하다고 할 수 있다. 트레이더들은 자신이 살고 있는 지역의 시간대에서 거래 기회를 극대화시키면서 효과적이고 시간적으로도 효율적인 투자 전략을 설계하기 위해서 24시간 동안 외환시장의 행태를 주목해야 한다. 해당 본문에서는 주요 통화쌍들이 언제 가장 큰 변동성을 보이는지 파악하기 위해 주요 통화쌍이 거래되는 다른 지역 시간대에서의 거래 행태에 대하여 살펴본다.

외환시장 움직임에 가장 큰 영향을 미치는 경제지표

데이 트레이더들에게 있어서 어떤 미국 경제지표가 시장에 가장 큰 영향을 미치는지를 아는 것이 매우 중요하다. 어떤 경제지표가 발표될 때 가장 큰 움직임이 야기되는지에 대해 기초하여 시스템 트레이더들은 시스템 트레이딩을 잠시 중단해야 하는 시점을 판단하고, 반대로 추세돌파형 트레이더들은 큰 자금을 배팅할 가격 목표가 어디인지를 결정할 것이다. 해당 본문에서는 발표되는 미국 경제지표들의 순위를 중요도별로 정리해보고, 지표 발표 시에 나타나는 즉각적인 환율 반응과 이후 거래 마감시간까지 그러한 반응이 계속 이어지는지도 알아본다.

통화별 상관관계를 파악하고 거래에 활용하기

외환시장에서 모든 통화들은 서로 밀접하게 연관되어 있는데 서로 다른 통화쌍 간 관계의 강도와 방향성에 대해 잘 알고 있다면 이는 모든 트레이더들에게 이점이 될 수 있다. 외환시장에서 거래전략을 수립할 때 기억해야 할 가장 중요한 사실은 통화쌍들을 분리해서 생각해선 안 된다는 것이다. 포트폴리오에 있는 통화쌍 간의 상관관계를 파악함으로써 포트폴리오의 위험 노출도와 리스크를 측정할 수 있다.

많은 트레이더들은 여러 통화쌍들에 투자함으로써 그들의 포트폴리오를 다양화하려 시도한다. 하지만 많은 통화쌍들이 실제로는 역사적으로 서로가 같은 방향으로 움직이거나 반대방향으로 움직이는 경향을 보인다는 사실을 아는 트레이더들은 많지 않다. 통화쌍 간의 상관관계는 강할 수도 있고 약할 수도 있으며 이러한 상관관계는 일주일, 수개월 또는 수년간 지속될 수도 있다. 때문에 이러한 상관관계를 계산하고 사용하는 방법을 배우는 것은 매우 중요하다. 이 또한 이번 2판에 새로이 추가된 부분이다.

헤지펀드매니저처럼 거래하는 방법

헤지펀드매니저처럼 거래하는 방법에 대해서는 성공적인 트레이딩 전략 개발을 위한 여러 단계에 관하여 설명하고 있다. 나는 많은 펀드매니저들과 함께 일하면서, 그리고 펀드 상품들의 출시에 참여하면서 모든 펀드매니저들이 아주 유사한 방식으로 일하고 있음을 알게 되었다. 그들의 전략들은 다를 수 있겠지만 그들이 이 전략들을 개발할 때 사용했던 방법론은 동일하였다. 해당 본문에서는 헤지펀드매니저처럼 사고하고 거래하는 다섯 가지 단계를 소개한다.

외환시장에서의 계절적 변동

경험이 많은 트레이더들은 펀더멘털 분석과 기술적 분석, 이 두 가지 분석 도구를 혼합하여 통화의 방향성을 예측하려 한다. 많은 트레이더들이 깨닫지 못하는 것이 있는데, 예전의 가격움직임을 분석하는 가장 확실한 방법은 보조지표들로부터 발생되는 착시 요인을 제거하고 가격움직임 그 자체로 봐야 한다는 사실이다. 한 가지 방법은 주식 트레이더들처럼 계절적 변동을 확인해보는 것이다. 해당 본문에서는 외환시장에서의 계절적 변동 요인에 대해 알아본다.

상이한 시장 여건하에서 외환시장의 변수들

어느 시장에서 거래를 하든 훌륭한 트레이더가 되기 위한 가장 중요한 첫 걸음은 거래일지를 쓰는 것이다. 하지만 외환거래일지를 작성하는 것은 일반적인 거래일지와는 다르다. 거래와 관련한 아이디어, 혹은 수익 목표치 및 스탑주문과 함께 실행된 거래의 일반적인 내용과는 별개라는 얘기다. 훌륭한 외환거래일지는 당신에게 약 10분 만에 각 통화쌍의 정확한 기술적 분석에 입각하여 즉각적인 판단 자료를 제공할 수 있는 통화쌍 체크리스트를 만드는 방법을 알려줄 것이다. 효과적으로 거래를 한다는 것은 게임 플랜을 가지고 있다는 의미이다. 해당 본문에서는 당신의 게임 플랜을 체계적으로 해부해보고 거래 환경을 정리하여 어떤 보조지표들을 그 거래환경에 적용시킬 것인지를 알려줄 것이다.

기술적 거래전략들

경험 많은 트레이더들에게는 바로 이 부분이 이 책의 핵심사항일 것이다. 데이 트레이더와 스윙 트레이더들을 위해 필자가 가장 선호하는 몇 가지 거래전략들에 대해 다뤄볼 예정이다. 해당 본문에서 각각의 전략들은 규칙 및 예시들과 함께 소개된다. 새로운 세 가지 전략들, 뉴스를 이용한 거래방법, 시장전환 시점에 효과적으로 거래하는 방법, 모멘텀에서의 변화를 감지하는 방법이 이번 2판에 추가되었다. 여기에 소개되는 많은 전략들은 오랫동안 외환시장만의 특징들을 관찰하면서 얻은 정보들을 활용한 것들이다. 이러한 전략들은 모든 종류의 트레이더들(레인지, 추세추종, 추세돌파 매매)에게 적용 가능하다.

펀더멘털 거래전략들

펀더멘털 전략들은 15~20포인트 수익보다는 150~200포인트 또는 그이상 수익을 목표로 하는 중기적 스윙 트레이더들에게 좀 더 적합한 전략이라 할 수 있다. 해당 본문에서는 상품가격, 채권가격, 그리고 옵션의 변동성을 활용한 거래방법에 대해 알려줄 것이다. 그리고 중앙은행의 시장개입 시 거래전략, 거시경제지표를 활용한 거래전략, 아울러 2002년과 2004년 사이에 헤지펀드들이 사용했던 레버리지 효과를 이용한 케리 트레이딩 전략들에 대해 다룬다.

주요 통화쌍들 소개 및 특징

이 책의 마지막 장은 아마도 가장 귀중한 내용을 다룬다고 해도 과언이 아닐 것이다. 이번에 업데이트된 자료는 주요 통화쌍들의 독특한 특징들, 각 통화쌍들이 언제 가장 활발히 움직이는지, 가격움직임을 촉발시키는 요인이 무엇인지, 그리고 어떤 경제지표 발표가 가장 중요한지를 면밀히 조사하여 만들었다. 끝으로 경제상황에 관해 폭넓게 고찰해보고 각국 중앙은행들의 통화정책들에 대해 살펴본다.

이 책이 외환거래에 관심 있는 한국 독자들에게 많은 도움이 되기를 기원한다.

2000년대에 들어서서 인터넷과 전자거래 플랫폼의 발달은 전 세계 개인투자자들에게 외환거래에 참여할 수 있는 문을 열어주었다. 2000년대 후반 글로벌 금융위기를 겪으면서 투자 패턴에도 변화가 찾아왔다. 주식이나 채권과 같은 전통적 투자상품에서 벗어나 투자 포트폴리오 다변화를 추구하는 과정을 보였는데, 이 기류를 타고 외환시장은 가장 각광받는 대안투자처 중 하나로 자리매김하고 있다.

국내의 경우에는 2000년대 중반부터 개인투자자들 사이에서 외환거래가 시작되었으나 최근 국내 주식시장의 침체와 저금리 상태가 지속됨에 따라 개인투자자들이 해외상품에 대한 관심이 고조되고 있으며 특히 외환시장은 풍부한 유동성을 가진 대안투자처로 각광받고 있다.

외환거래의 매력을 꼽자면 크게 세 가지를 들고 싶다. 첫째는 1일 3조 달러가 넘는 풍부한 유동성을 자랑하는 시장이라는 점, 둘째는 선물시장과 같이 개인투자자들도 레버리지를 이용할 수 있다는 점, 그리고 마지막으로 24시간 거래가 가능하다는 점이 외환시장의 매력적인 특징이다.

대한민국 외환거래의 역사와 함께 해온 현대선물은 외환시장을 올바르게 이해할 수 있는 '외환거래 지침서'가 필요함을 절실히 느끼게 되었다. 그러던 차에 이 책의 원서를 접하게 되었는데, 그 동안 외환거래에 관한 여러 책들이 국내에 출간되었지만 캐시 리엔이 쓴 이 책만큼 전문적인 외환거래 지식과 경험을 바탕으로 상세하게 쓰인 책은 없었다. 바로 이 책이 외환거래에 입문하길 원하는 투자자들뿐만 아니라 현재 외환거래를 하고 있는 투자자들 모두에게 도움이 될 것이라 확신하게 되어 마침내 번역서를 출판하게 되었다.

5개 국어(영어, 스페인어, 러시아어, 중국어, 일본어)로 번역되어 각지에서 출간될 정도로 전 세계 외환투자자들에게 사랑 받아온 이 책은, 저자가 외환시장에서 13년 동안 거래를 통해 쌓아온 귀중한 지식뿐만 아니라 다양한 거래 기술들을 이해하기 쉽도록 친절하게 설명해준다. 또한 외환시장에서 유용한 펀더멘털 분석방법에서부터 기술적 분석방법까지 성공적인 외환거래를 위해 투자자들이 알아야 할 필수 정보들도 담고 있다.

본 책을 함께 번역해준 현대선물의 해외선물/FX팀 직원들에게 감사드리고, 기꺼이 출판을 맡아준 이레미디어 측에게도 감사를 드린다.

원 저서의 일부 오류는 저자와 상의하여 수정하였으며, 전문용어의 번역은 독자의 이해를 돕기 위하여 한글화가 어려운 부분은 원래의 용어를 한글로 표기하였음을 일러둔다.

모쪼록 이 책이 독자들에게 훌륭한 '외환거래 지침서'가 되길 진심으로 바란다.

현대선물 대표이사 김광남

가장 빠르게
성장하는 외환시장

지난 수년 동안 외환은 가장 인기 있는 금융상품 중 하나로 자리매김해 왔다. 외환시장 거래량이 폭발적으로 늘어난 배경에는 많은 이유가 있겠지만, 가장 흥미로운 이유는 개인투자자들을 위한 온라인 통화거래 개시 시점과 거래량이 급증한 시점이 일치한다는 점이다.

외환시장은 전 세계 기관들 간에 통화를 거래하고 교환하기 위해 존재하는 시장을 가리키는 일반적인 용어이다. 외환^{Foreign exchange}은 'Forex' 또는 'FX'로 불리기도 한다. 외환시장은 주문들을 매칭시켜 주는 중앙거래소^{central exchange}와 청산소^{clearing-house}가 없는 장외시장^{over-the-counter}이다. 전 세계에 있는 외환딜러들과 시장 조성자들^{Market makers}은 전화, 컴퓨터, 팩스를 통해 서로 연결된 하나의 포괄적인 시장을 만든다.

지난 수년 동안 외환은 가장 인기 있는 금융상품 중 하나로 자리 매김해 왔다. 다른 어떤 금융시장도 지난 3년 동안 거래량에서 71퍼센트나 증가하지는 못했다. 2007년 10월, 국제결제은행이 각국 중앙은행과 금융당국을 대상으로 조사하여 3년마다 한 번씩 발표하는 외환시장 활동보고서에 따르면, 일일 거래량은 2004년에 1조 9,000억 달러에서 3조 2,000억 달러를 기록한 것으로 나타났다. 이런 수는 외환시장 거래량이 뉴욕증권거래소와 나스닥의 일일 거래량을 합한 것보다 약 20배 높다는 것을 의미한다. 외환시장 거래량이 폭발적으로 늘어난 배경에는 많은 이유가 있겠지만, 가장 흥미로운 이유는 개인투자자들을 위한 온라인 통화거래 개시 시점과 거래량이 급증한 시점이 일치한다는 점이다.

주식과 채권에 미치는 통화의 영향력

외환시장에서 거래량이 급증한 데에는 온라인 통화거래의 출현 하나만을 이유로 들 수는 없다. 지난 몇 년 동안 통화시장에서의 변동성 증가와 함께, 많은 트레이더들은 외환시장의 움직임이 주식과 채권시장에도 영향을 미친다는 사실을 알게 되었다. 그렇기 때문에 주식, 채권, 상품을 거래하는 트레이더는 거래 시에 좀 더 바람직한 의사결정을 내리기 위해 외환시장의 움직임도 주목해야 할 필요가 있다. 아래의 사례들은 통화의 움직임이 과거에 어떻게 주식과 채권시장의 움직임에 영향을 미쳐왔는지를 보여준다.

EUR/USD와 기업 수익성

상당한 규모의 재화를 미국으로 수출하는 유럽 기업들에 투자하는 주식 트레이더에게 유럽 기업들의 수익성과 그들의 수익을 예측하기 위해 환율을 주시하는 일은 필수업무이다. 2003년 이래 유럽 제조업체들은 유로화 가치의 급등과 미국 달러가치의 하락으로 큰 어려움을 겪었다. 미국 달러가치 하락의 주범으로 미국의 급격한 무역 적자와 예산 적자 증가가 지목되었는데, 이로 인해 EUR/USD 환율이 치솟고 유럽 수출업자들의 제품이 미국 소비자들에게 더 비싸게 팔리는 결과를 야기하게 되면서 유럽 기업들의 수익성이 크게 악화되었다. 2003년에 화학업체인 DSM^Dutch State Mines^은 EUR/USD 환율이 1퍼센트 움직일 때 수익이 700만 유로에서 1,100만 유로까지 줄어들 수 있다고 경고하였다. 하지만 폭스바겐은 불충분한 헤징^hedging^으로 인해 그들이 달성한 수익의 약 10억 유로를 잃게 되었다. 불행하게도 불충분한 헤징으로 인한 기업의 수익 감소 문제는 2008년에도 유럽에서 여전히 발생하고 있으므로 유럽 수출업자들의 수익성과 투자자들의 수익을 예측하는 데 EUR/USD 환율을 주시하는 일은 더 중요해졌다.

니케이와 미국 달러

일본 주식을 거래하는 트레이더에게도 미국 달러와 관련하여 벌어지고 있는 상황들과, 그것들이 니케이 지수 랠리에 어떤 영향을 미치는지를 알 필요가 있다. 일본은 최근까지 10년간의 스태그플레이션을 겪어왔다. 이 시기 동안 미국의 뮤추얼펀드와 헤지펀드들은 일본 주식의 보유 비중을 극도로 줄였다. 하지만 일본 경제가 회복하기 시작하자 이 펀드들은 포트폴리오를 재빠르게 변화시켰다. 일본 경제의 회복으로 인해 발생한 큰 수익을 얻을 기회를 잃지 않기 위해서였다. 헤지펀드들은 일본 주식을 매입할 목적으로 많은 양의 달러를 빌렸는데, 문제는 그들의 차입금이 미국 이자율과 연방준비은행의 긴축 통화정책 사이클에 너무 민감하게 반응한다는 것이었다. 미국 달러의 차입 비용 증가는 니케이 지수의 랠리를 저지할 수 있는데, 그 이유는 높아진 이자율이 미국 달러에 대한 자금 조달 비용을 증가시키기 때문이다.

막대한 경상수지 적자를 기록하고 있는 상황임에도 불구하고 연방준비은행은 달러 표시 자산들의 가치를 높이기 위해 금리를 계속해서 인상할 필요성이 있었다. 그러므로 일본 경제의 성장 둔화와 함께 지속되는 금리 인상은 과도한 레버리지를 이용하여 일본 주식의 매입을 늘린 이러한 펀드들의 수익성을 더 악화시킬 수 있다. 결과적으로 미국 달러가 어떻게 움직일지에 대한 문제는 니케이의 향후 방향성에도 매우 큰 영향을 미친다.

조지 소로스의 공격

채권시장 측면에서 외환시장 역사를 논할 때 빼놓을 수 없는 사람이 조지 소로스^{George Soros}일 것이다. 그는 영란은행^{Bank of England}을 굴복시킨 남자로 유명한데, 그에 대해서는 2장에서 좀 더 자세히 다룰 것이므로 여기서는 간단히 언급하겠다. 1990년 영국은 분데스방크^{Bundesbank}로 알려진 독일중앙은행에 의해 주도되던 낮은 물가와 안정적인 경제운용을 위하여 유럽통화제도^{European Monetary System}의 환율조정메커니즘^{Exchange Rate Mechanism} 가입을 결정하였다.

이 협약은 영국 파운드^{GBP}의 가치를 독일 마르크화의 가치에 연동되도록 하는 것으로, 영란은행의 통화정책이 분데스방크에 의해 통제된다는 의미를 가진다. 1990년 초 동독과 서독의 재통일로부터 야기된 인플레이션 영향을 피하기 위해 공격적인 금리 인상을 단행하였다. 하지만 영국은 국가적 자존심과 환율조정메커니즘 아래 고정환율제를 시행하기로 약속했기 때문에 파운드의 평가절하를 단행할 수 없었다. 1992년 9월 16일 수요일, 이른 바 '검은 수요일'로 알려진 이날에 조지 소로스는 ERM에 대항하여 그의 전체 펀드(10억 달러)를 총동원하여 100억 달러가치의 파운드를 매도하였다. 조지 소로스의 공격에 영란은행은 완전히 굴복하였고 파운드를 평가절하할 수밖에 없었다.

이로 인해 영국 파운드는 24시간 만에 약 5퍼센트, 5,000핍^{pips}가량 하락하였다. 영란은행은 파운드를 매입하기 위해 투기 세력들을 설득할 목적으로 금리를 인상하겠다는 약속을 하였다. 이로 인하여 런던은행 간 거래금리^{LIBOR}도 1퍼센트 상승하였다가 24시간 만에 다시 제자리로 돌아오면서 채권시장 또한 엄청난 변동성을 보였다. 만약 채권 트레이더들이 통화시장에 무슨 일이 일어나고 있는지 전혀 모르고 있었다면 그들은 채권 수익률에서 급격한 소용돌이 현상이 일어나고 있음을 본 뒤 아마 말도 못할 정도로 놀랐을 것이다.

외환시장과 주식시장을 비교하라

외환시장은 전통적으로 트레이더들에게 가장 인기가 있는 시장은 아니었다. 규제, 자산 충족조건, 기술적 요건 때문에 외환시장은 주로 대규모의 자산을 운영하는 헤지펀드 또는 CTA^{Commodity Trading Advisors}, 대기업과 기관투자자에게만 접근이 용이한 시장이었다. 외환시장이 전통적으로 앞에서 열거된 기관에게만 개방되었던 가장 큰 이유는 트레이더가 받아들일 수 있는 리스크가 그들의 투자 패턴에 따라 좌우되기 때문이다. 다시 말해서 어떤 트레이더는 100배의 레버리지를 이용할 수 있지만 다른 트레이더는 레버리지를 전혀 사용하지 않는 선택을 할 수 있다는 것이다.

하지만 최근 몇 년간 많은 회사들이 개인 트레이더에게도 즉각적으로 주문을 실행할 수 있는 플랫폼, 차트, 실시간 뉴스를 무료로 제공할 뿐만 아니라 레버리지를 이용한 거래 기회를 제공함으로써 외환시장을 개방해왔다. 결과적으로 외환거래의 인기는 치솟았고 대안 투자 자산으로서의 거래에 대한 매력도 증가하기 시작하였다.

주식이나 선물을 거래하는 많은 트레이더가 그들이 거래하는 상품 종목에 통화를 추가하기 시작하였고 일부는 오로지 통화만을 거래하기 시작하였다. 이러한 트렌드가 출현한 이유는 외환거래가 주식거래보다 매력적인 특징을 더 많이 갖고 있음을 트레이더들이 깨닫기 시작해서이다.

외환시장의 주요 특징들

- 외환시장은 전 세계에서 가장 큰 시장이며 풍부한 유동성을 자랑한다.
- 24시간 거래가 가능하다.
- 강세 시장뿐만 아니라 약세 시장에서도 수익을 낼 수 있다.
- 높은 레버리지는 거래 위험을 증가시키지만 높은 수익을 얻을 수 있는 기회를 제공한다.

현재 거래량과 유동성을 볼 때 외환시장은 전 세계 금융시장에서 가장 큰 시장 중 하나이다. 트레이더들은 외환시장에서 높은 레버리지를 이용하면서 강세와 약세 시장 모두에서 수익을 실현할 수 있고 24시간 거래가 가능하다. 게다가 주식시장 분석에 이용하던 전략들을 외환시장에서도 똑같이 사용할 수 있다. 펀더멘털 트레이더는 주식가치를 분석하는 것처럼 해당 통화의 국가들을 분석할 수 있다. 테크니컬 트레이더에게 외환시장은 기술적 분석 측면에서 가장 완벽한 시장인데, 이는 전문 외환 트레이더에게 기술적 분석은 가장 흔하게 사용되는 분석 도구이기 때문이다. 그러므로 외환시장이 트레이더들에게 매력적인 시장으로 여겨지는 이유를 이해하기 위해서는 외환시장이 가진 개별적 특징들을 자세히 살펴볼 필요가 있다.

24시간 열린 시장

외환시장이 인기를 끌고 있는 가장 큰 이유 중 하나는 활발하게 거래하는 트레이더에게 가장 이상적인 시장이기 때문일 것이다. 인터넷의 발달로 24시간 거래가 가능해지면서 트레이더들은 하루 내내 시장에 즉시 참여할 수 있게 되었다. 외환거래의 이러한 시간적 특징은 트레이더가 거래를 결정할 때 좀 더 유연하게 결정할 수 있도록 도와준다.

뉴욕시간으로 일요일 오후 5시에 호주의 시드니에서부터 시장이 열리면서 외환시장의 거래는 시작된다. 그 다음 뉴욕시간 오후 7시에 도쿄 시장이 열린다. 그리고 동부표준시간으로 오후 9시에는 싱가포르와 홍콩 시장이 열리고, 이어서 오전 2시에 프랑크푸르트를 필두로 유럽 시장이 열리며, 오전 3시에 런던 시장이 열린다. 유럽 시장은 오전 4시까지 한창 활발하게 움직이지만 아시아 시장은 폐장할 무렵이 된다. 미국 시장은 유럽 시장이 서서히 둔화되는 월요일 뉴욕시간 오전 8시경에 열리고, 오후 5시가 되면 시드니 시장이 다시 열린다.

거래가 가장 활발한 시간은 각 시장들이 겹치는 시간대이다. 예를 들어 아시아와 유럽 시장이 겹치게 되는 미국 동부시간 기준으로 오전 2시부터 오전 4시경까지, 그리고 유럽 시장과 미국 시장이 겹치는 오전 8시부터 오전 11시까지, 미국 시장과 아시아 시장이 겹치는 오후 5

시부터 오후 9시까지가 가장 활발히 거래가 이루어지는 시간이다. 뉴욕과 런던 시장이 겹치는 시간대에서는 모든 통화쌍들의 거래가 활발하지만 아시아 시장에서는 보통 GBP/JPY와 AUD/JPY의 거래가 가장 활발히 이루어진다.

고객맞춤형 레버리지

높은 레버리지가 고위험을 수반한다는 사실을 알고는 있지만, 트레이더들도 인간이기 때문에 남의 돈으로 거래할 기회를 과감히 뿌리칠 수 있는 이는 극히 소수일 것이다. 외환시장은 트레이더에게 가장 높은 레버리지를 제공함으로써 그들의 구미를 맞춰주는 시장이다. 대부분의 온라인 중개회사들은 일반 규모 계좌에 대해 100배 레버리지를 제공하고 소규모 계좌에 대해 200배까지 레버리지를 제공한다. 주식시장의 경우 일반 주식투자자에게 2배의 레버리지를 제공하고 전문 주식 트레이더에게 10배의 레버리지를 제공하는 것과 비교되는 부분이다. 이는 왜 많은 트레이더들이 외환시장으로 눈을 돌리고 있는지 그 이유를 알게 해주는 부분이기도 하다(국내에서는 현재 10배의 레버리지로 고정되어 있음).

외환시장에서 레버리지를 위한 증거금 예치$^{margin\ deposit}$는 주식시장에서 주식 매입 시에 지불하는 계약금$^{down\ payment}$과는 다른 개념이다. 외환시장에서의 마진은 거래에 따른 손실을 감수하겠다는 계약 이행 보증금 또는 위탁증거금이라 할 수 있다. 그러므로 외환시장의 이러한 증거금의 특징은 보다 빠르게 수익을 얻기 위해 자산 증대가 필요한 단기 데이 트레이더들에게 매우 유용하다고 할 수 있다. 레버리지는 고객이 원하는 규모로 얼마든지 조정 가능하다. 따라서 단지 10~20배의 레버리지를 사용하거나 레버리지 사용을 원치 않는 위험회피적 투자자인 경우에는 자신이 원하는 만큼 레버리지 규모를 선택할 수 있다. 하지만 레버리지는 사실 양날의 칼이다. 그러므로 적절한 위험 관리 없이 너무 높은 레버리지를 이용하는 매매는 큰 손실로 이어질 수 있음을 인지해야 한다.

약세 시장에서도 수익이 가능하다

외환시장에서 수익을 낼 수 있는 기회는 강세와 약세 시장 모두에서 가능하다. 통화거래는 항상 '한 통화는 사고, 동시에 다른 통화는 파는 것'이기 때문에 시장에 구조적 편향이 없다. 따라서 잠재적인 수익은 상승추세와 하락추세 시장에서 동일하게 존재한다. 이러한 점이 주식시장과의 차이이다. 주식시장은 대부분의 트레이더가 매도 대신에 매수를 위주로 하기 때문이다.

기술적 분석가에게 안성맞춤인 시장

기술적 분석가에게 있어 통화는 좁은 거래 범위 내에 좀처럼 오랫동안 머물러 있지 않고 강한 추세로 전개되는 경향을 보이고 있다. 거래량의 80퍼센트 이상이 투기적 거래여서 시장은 빈번하게 과열되면서 스스로 조정 과정을 거친다. 외환시장에서 자주 적용되는 기술적 분석에 숙련된 트레이더는 포지션 진입 혹은 청산을 위한 기회를 갖게 해주는 새로운 추세를 더 쉽게 파악할 수 있다. 모든 전문 외환 트레이더들은 차트와 지표들을 사용하고 있으며, 캔들스틱^Candlestick 차트

〈그림 1-1〉 GBP/USD 차트
출처:현대선물

는 대부분의 차트 작성 패키지에서 구할 수 있다. 게다가 피보나치 되돌림, 스토케스틱, 이동평균 컨버전스/다이버전스^{MACD}, 이동평균, RSI, 그리고 지지/저항 레벨 등 가장 흔히 사용되는 지표들은 많은 사례를 통해 그 유용함이 입증되었다.

　〈그림 1-1〉 GBP/USD 차트를 보면 피보나치 되돌림, 이동평균 그리고 스토케스틱 지표가 성공적인 매매 신호를 보냈음을 보여준다. 예를 들어 50퍼센트 되돌림 레벨은 2005년 1월과 2월 일부 기간 동안 GBP/USD의 지지선 역할을 하였다. 2005년 3월 21일에도 10일과 20일 단순이동평균선의 교차는 GBP/USD의 급락을 정확히 예측하였다. 기술적 분석에 주력하는 주식 트레이더들은 주식시장에서 사용하던 기술적 전략들을 외환시장에서도 쉽게 활용할 수 있다.

국가 분석은 마치 주식 분석처럼

펀더멘털 트레이더들에게도 통화거래는 어렵지 않다. 해당 통화 국가들을 주식처럼 분석할 수 있기 때문이다. 예를 들어 당신이 주식 성장률 분석에 필요한 국가의 성장률을 분석해야만 할 때 국내총생산 GDP을 사용할 수 있다. 혹은 당신이 재고비율과 생산비율을 분석한다면 산업 생산과 내구재 주문 데이터를 분석할 수 있을 것이다. 당신이 만약 판매 수치를 분석한다면 소매 판매 데이터를 분석하면 된다. 주식투자와 마찬가지로 다른 국가들보다 더 나은 경제 상황이거나 더 빠른 성장세를 보이는 국가의 통화에 투자하는 것이 좋다.

통화가격은 해당 통화의 수요와 공급에 의하여 결정된다. 통화의 수요와 공급에 영향을 미치는 두 가지 주요 변수는 금리와 전반적인 경제의 견실성이다. GDP, 외국 투자, 무역수지와 같은 경제지표는 전반적인 경제의 건강함을 반영하기 때문에 해당통화의 수요와 공급에서의 변화를 유발한다. 정기적으로 방대한 양의 경제데이터들이 발표되는데, 그 중 몇몇 지표들은 다른 지표들보다 중요하며 특히 그 중에서도 금리와 무역수지에 관련된 데이터는 면밀히 살펴봐야 한다.

만약 시장이 금리에 관한 불확실성을 갖고 있다면 금리와 연관된 자그마한 뉴스들도 통화시장에 직접적으로 영향을 미칠 수 있다. 일반적으로 한 나라가 금리를 인상하면 그 나라의 통화는 다른 나라의 통화 대비 강세를 보일 것이다. 투자자들이 더 높은 이자수익률을 얻기 위해 자산을 그 나라로 옮기기 때문이다. 하지만 금리 인상은 일반적으로 주식시장에는 좋지 않은 뉴스다. 어떤 투자자들은 금리가 인상될 때 그 나라의 주식시장에서 자금을 뺄 것이고 이는 곧 그 나라 통화의 약세를 유발할 것이다.

어떠한 효과가 더 우세할지를 결정하는 것은 힘든 일이나 금리의 변동에 미치는 영향에 관해서는 사전에 공통된 의견이 있다. 금리에 가장 큰 영향을 미치는 지표들은 생산자물가지수^{PPI}, 소비자물가지수^{CPI}, 국내총생산^{GDP}이다. 일반적으로 금리수준을 변경하는 시기는 사전에 알려진다. 금리수준 변경은 영란은행, 연방준비제도, 유럽중앙은행, 일본중앙은행, 그리고 각 나라 중앙은행들의 정기회의 이후에 이루어진다.

무역수지는 일정기간 동안 한 나라의 수출과 수입 간의 순 차이를 보여준다. 한 나라의 수입량이 수출량보다 많을 때 무역수지는 적자를 나타내고 좋지 않은 상황으로 간주된다. 예를 들어 수입 대금을 지불하기 위해 미국 달러가 다른 나라의 통화를 대가로 팔리게 될 경우 미국 밖으로 유출되는 달러로 인해 달러가치는 하락할 것이다. 이와 비슷하게 무역수지가 수출의 증가를 나타낼 경우 달러는 미국으로 유입될 것이고 달러가치는 상승할 것이다. 국가 경제의 입장에서 보면 무역수지 적자 그 자체만으로 반드시 나쁘다고 볼 수는 없다. 하지만 적자폭이 시장의 예상보다 크다면 그것은 부정적인 가격움직임을 촉발시킬 것이다.

외환시장의 참여자들

외환시장은 중앙집권화된 거래소가 없는 장외거래 시장이기 때문에 시장 조성자들 사이에서의 경쟁에 의하여 독점적 가격은 형성되지 않는다. 만약 어떤 시장 조성자가 가격을 극단적으로 왜곡시키려 한다면 트레이더들은 그냥 다른 시장 조성자를 찾으면 된다. 게다가 매수/매도 스프레드는 면밀히 주시되기 때문에 시장 조성자들은 거래비용(스프레드)을 일방적으로 변경하지 않는다. 대조적으로 많은 주식시장들은 완전히 다른 방식으로 운영된다.

예를 들어 뉴욕증권거래소^{NYSE}는 거래소에 상장된 회사들의 주식이 거래될 수 있는 유일한 장소이다. 중앙집권화된 시장들은 스페셜리스트라 불리는 이들에 의해 운영된다(매도자, 매수자에 의하여 제시되는 가격은 거래소를 통하여 단일 최우선 호가로 정리되어 가격이 제시되며 거래 상대방은 거래소가 된다). 이에 반해 시장 조성자들은 분권화된 시장을 말할 때 사용되는 용어이다(〈그림 1-2〉〈그림 1-3〉 참조). 뉴욕증권거래소는 중앙집권화된 시장이기 때문에 거래소에서 거래되는 주식은 항상 단 한 개의 매수/매도 호가(단일 호가)를 가진다. 외환시장처럼 분권화된 시장에서는 서로 다른 가격의 호가를 제공할 수 있는 다수의 시장 조성자들에 의하여 가격이 제시되고 있다. 중앙집권화된 시장과 분권화된 시장들이 어떻게 운영되는지 살펴보자.

중앙집권화된 시장

중앙집권화된 시장의 본질적 특징은 독점적인 경향이 있다는 점이다(매 시점 단일가격이 제시되고 있다). 시장을 통제하는 스페셜리스트가 단 한 명이기 때문에 제시된 가격은 트레이더들의 관점이 아닌 스페셜리스트의 관점에서 쉽게 왜곡되어 제시될 수 있다.

예를 들어 시장에 매도자들이 넘쳐나는데 반대편에서 매수자가 없는 경우를 가정해보자. 그렇다면 스페셜리스트들은 매도자들로부터 매수를 강요받게 될 것이고, 매도세가 강화되면서 가격이 하락하고

〈그림 1-2〉 중앙집권화된 시장 구조

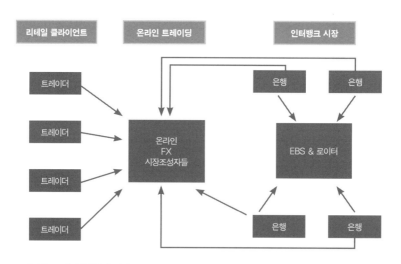

〈그림 1-3〉 분권화된 시장 구조

있는 상품을 매도하지 못할 것이다. 이런 상황에서 스페셜리스트들은 간단하게 스프레드를 넓게 확대하여 거래비용을 증가시킬 것이고 이에 따라 새로운 참여자들의 시장 진입이 지체될 것이다. 혹은 스페셜리스트들은 스스로를 보호하기 위하여 그들이 제공하는 가격호가를 간단히 변경할 것이다.

분권화된 시장 내 참여자들의 구조

외환시장은 분권화되어 있어서 단 하나의 스페셜리스트가 아닌 다수의 시장 조성자가 존재한다. 하지만 외환시장 참여자들은 여러 계층으로 구성되는데, 그중 우수한 신용, 높은 거래량 그리고 전문성을 갖춘 이들에게 우선권이 주어진다.

먹이사슬 구조의 상위층에는 가장 높은 규모로 거래(대부분 G7통화들)되는 인터뱅크 시장이 있다. 인터뱅크 시장에서 가장 큰 은행들은 인터뱅크 중개회사들이나 전산 중개서비스EBS와 같은 전산 중개시스템, 로이터시스템을 통해 서로 직접 거래를 할 수 있다. 인터뱅크 시장은 은행과 거래 당사자 간에 구축한 신용관계에 의존해서 거래되는 일종의 신용 승인시스템이다. 모든 은행들은 거래되고 있는 환율을 볼 수 있다. 하지만 각각의 은행들이 제시하는 환율에 의해 거래하기 위해서는 사전에 미리 상대 은행과 구체적인 신용관계를 맺고 있어야 한다. 온라인 FX 시장 조성자, 헤지펀드, 기업들과 같은 기타 기관들은 상업은행들을 통해 FX를 거래해야 한다.

그런데 많은 은행들(소규모 지방은행이나 신흥국가에 있는 은행들), 기업들, 그리고 기관투자자들은 이러한 인터뱅크 환율로 거래할 수가 없다. 왜냐하면 그들은 사전에 대형 은행들과 신용관계가 구축되어 있지 않기 때문이다. 이에 따라 소규모의 참여자들은 외환거래 시 오직 한 은행을 통해서만 거래를 할 수밖에 없다. 어쩔 수 없이 경쟁적이지 못한 환율을 제공받게 되며 시장구조의 하부계층으로 자리 잡게 되는 것이다. 가장 경쟁력이 떨어지는 환율을 받는 계층은 은행의 고객과 환전상들이다.

최근 들어서는 기술의 발달로 인하여 외환 서비스의 최종 이용자들과 인터뱅크 시장 간에 존재하던 장벽이 허물어지고 있다. 온라인 트레이딩 발달로 시장 조성자들과 시장 참여자들 사이가 저렴한 비용만으로도 효율적으로 연결되면서 소매고객들에게도 외환거래의 문이 열렸다. 본질적으로 온라인 트레이딩 플랫폼은 유동성이 풍부한 외환시장으로 가는 입구 역할을 하고 있다. 일반적인 트레이더들도 이제 전 세계에서 가장 큰 은행과 유사한 가격으로 주문을 체결하면서 거래할 수 있다. 큰손들에 의해 통제되고 지배되는 게임에서 서서히 개인들도 수익을 낼 수 있고 대형 은행들과 똑같은 기회를 누릴 수 있는 공평한 경쟁의 장이 되고 있다.

딜링 스테이션-인터뱅크 시장

FX 거래량의 대부분은 주로 인터뱅크 시장을 통해 이루어진다. 전 세계 대형 은행들은 전산 플랫폼(EBS와 Reuters Dealing 3000-Spot Matching)을 통하여 서로 거래하고 있다. 이 두 플랫폼을 통해 주요 통화쌍들이 거래되지만, 어떤 특정한 통화쌍들은 좀 더 유동적이거나 좀 더 빈번하게 거래되기도 한다.

이 두 회사들은 계속해서 시장점유율을 늘리기 위해 서로 경쟁하고 있는데 각각의 회사에서 유동성이 가장 높은 통화쌍을 소개하면 아래와 같다.

EBS	Reuters
EUR/USD	GBP/USD
USD/JPY	EUR/GBP
EUR/JPY	USD/CAD
EUR/CHF	AUD/USD
USD/CHF	NZD/USD

일반적으로 알려진 이종 통화쌍들은 어느 플랫폼에서도 거래되지 않지만, 대신에 주요 통화쌍들의 환율에 기초해서 계산되고 레그즈(legs, 통화쌍의 호가를 만들기 위해 사용되는 통화. '용어정리' 참조)를 사용하여 상쇄시킨다. 예를 들어 AUD/JPY를 매수하기 원하는 고객이 있다 치자. 이때 인터뱅크 트레이더는 Reuters D3000시스템에서는 AUD/USD를 매수할 것이고, EBS시스템에서는 USD/JPY를 매수할 것이다. 그리고 트레이더는 두 환율을 곱한 다음 고객에게 AUD/JPY 환율로 알려줄 것이다. 합성통화들로 알려진 이러한 이종 통화쌍들은 일반적으로 이종 통화들의 스프레드가 주요통화들보다 왜 넓은지를 설명해준다.

FX 거래를 위한 방법들 현대선물 제작《해외선물 가이드북》참조

외환거래의 경우 거래방식에 따라 현물거래와 선물거래로 구분된다. 현물거래는 자금결제가 거래일로부터 2영업일 이내에 이루어지고, 선물거래는 2영업일 이후 특정일자에 자금결제가 이루어진다. 현물거래에 적용되는 가격을 현물가격이라 하고, 선물거래에 적용되는 가격을 선물가격이라고 한다. 현물거래의 경우 2영업일자에 결제가 이루어지는 것이 일반적이나 당일 혹은 익일에 결제가 이루어지기도 한다. 은행창구에서 환전을 할 경우는 당일에 자금수수가 일어나며 기관 간 시장^{Wholesale market}에서는 대개 2영업일 결제가 일반적이다. 1개월 선물거래의 경우 현시점에서 1개월 후에 결제될 것을 전제로 하여 현시점에서 결정된 선물가격으로 거래하는 것을 의미한다.

그렇다면 선물가격은 어떻게 결정되는가? 외환거래의 경우를 예로 들어서 현물가격과 선물가격과의 관계를 설명해보자. 환율은 이자율을 변동률로 하여 시간이 경과함에 따라 변동하게 된다. 이렇게 통화의 미래 시간가치를 반영하여 결정된 환율을 선물환율(선물가격)이라고 한다.

현재의 원/달러 환율을 1,000원으로, 원화금리를 5퍼센트, 미국 달러화 금리를 2퍼센트로 가정하면, 원화와 미국 달러화의 미래가치는 각각의 금리만큼 변동하게 된다. 즉 현재 원화 1,000원의 1년 후 가치는 1,050원(1000×(1+5퍼센트)), 현재 1달러의 1년 후 가치는 1.02달러(1×(1+2퍼센트))가 된다. 환율은 양 통화의 교환비율이기 때문에 현시점에서 계산된 1년 후 원/달러 선물환율은 1,029.41원/달러(1,050/1.02)가 된다. 여기서 현물환율과 선물환율의 차이(29.41원/달러)를 스왑포인트^{Swap point}라 하며 이 스왑포인트는 양 통화의 금리차를 환율로 환산한 부분이다. 정리하면 선물가격은 '현물가격 + 스왑포인트'와 같다. 즉 양 통화의 금리가 동일하거나 양 통화의 금리가 0퍼센트라고 가정하면 각각의 미래가치는 동일한 변화율로 변동하기 때문에 선물환율은 현물환율과 동일하게 된다. 스왑포인트가 0이 될 것이기 때문이다. 따라서 선물환율을 결정하는 변수는 현물환율과 양 통화의 금리가 될 것이며, 양 통화의 금리가 단기간 불변이라고 가정하게 되면 선물환율은 현물환율과 스왑포인트만큼의 괴리를 보이며 변동될 것이다.

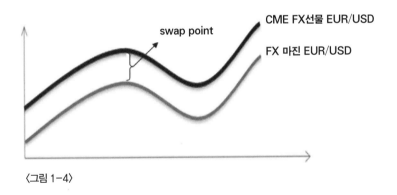

〈그림 1-4〉

FX 마진과 CME FX 선물

　　FX 마진거래의 경우는 현물환율을 대상으로 하는 현물 거래이지만(즉 2영업일 후 자금수수가 일어나는 거래), 실제로 현금결제는 없고 반대 거래를 통하여 청산하는 거래다. 따라서 FX 마진거래에서 환율이란 양 통화 간의 금리 차이를 반영하지 않은 순수한 현물가격이다. FX 마진거래의 경우 포지션을 당일 중에 청산하지 않고 익일로 연장할 경우 하루만큼의 이자를 정산하게 되는데 이를 '롤오버 이자'라고 하며 이는 앞에서 언급한 1일 동안의 스왑포인트다. 즉 FX 마진거래의 경우는 만기일이 없기 때문에 당일 중 포지션이 청산되지 않으면 롤오버 이자를 정산하여야 한다.

한편 CME FX 선물거래의 경우는 만기가 존재하기 때문에 만기일 이전까지는 어느 시점에서도 거래가 가능하며, FX 마진거래와 달리 당일 중 포지션이 청산되지 않더라도 '롤오버 이자'를 정산할 필요는 없다. 왜냐하면 이 부분은 가격에 이미 반영되어 있다고 볼 수 있기 때문이다. 아래는 동일 시점에서 FX 마진거래와 CME FX 선물 EUR/USD의 가격을 산출하는 방법이다.

선물환율 산출(만기 3월 16일)

1. 유로화의 미래가치=1.005=1×(1 + 3퍼센트×(2/12))

2. 달러의 미래가치=1.3043=1.30×(1 + 2퍼센트×(2/12))

3. 선물환율은 1.2978 (1.3043/1.005)

4. 스왑포인트는 0.0022 (22틱)

FX 마진 EUR/USD는 현물환율인 1.3000 수준에서 거래될 것이며 CME FX 선물 EUR/USD(2012년 3월물)의 가격은 1.2987 수준에서 거래될 것이다.

앞에서 언급한 바와 같이 '선물가격=현물가격 + 스왑포인트'이기 때문에 FX 마진거래를 하든지 CME FX 선물거래를 하든지 진입시점이 같다고 가정하게 되면 양 거래를 통한 손익은 거의 동일하게 된다.

당일 중 양 통화의 금리가 고정임에도 불구하고 스왑포인트의 차이가 발생되는 것은 현물환율 변화(1.3000→1.2800)에 기인한 것이다. 한편 FX 마진거래의 경우는 거래소를 통한 거래가 아니고 거래소 역할을 해외에 있는 브로커가 담당하고 있다. FX 마진이나 CME FX 선물거래를 하기 위해서는 거래증거금^{Margin}을 예치하여야 한다. FX 마진거래의 증거금은 액면의 10퍼센트(국내규정)이며, CME FX 선물거래의 경우는 시카고상품거래소^{CME}에서 요구하는 수준의 증거금(통상 5퍼센트 이내)을 사전에 예치해야 거래를 할 수 있다.

구 분	진입환율	청산환율
현물환율	1.3000	1.2800
선물환율	1.2979	1.2779
Swap point	21.56	21.23

FX마진 EUR/USD 거래			CME FX선물 EUR/USD 거래		
EUR/USD 매수	1.3000		EUR/USD 매수	1.2979	
EUR/USD 매도		1.2800	EUR/USD 매도		1.2779
거래손익	2,000.00(200핍)		거래손익	1,996.73(199핍)	

〈그림 1-5〉

외환시장에서 일어난 역사적 사건들

변동환율제로의 이행이 소로스가 이끈 파운드화에 대한 공격 때문인지, 아니면 단순한 펀더멘털 때문이었는지는 오늘날 여전히 논쟁의 대상이 되고 있다. '영란은행을 굴복시킨 남자'의 사례는 중앙은행이 투기적 공격들에 여전히 얼마나 취약한지를 보여주는 대표 사건이었다.

통화거래를 시작하기 전에, 외환시장에서 일어난 몇몇 핵심사건들을 이해하는 것은 모든 트레이더에게 필요한 일이다. 아직까지 수많은 전문 외환 트레이더들에 의하여 반복적으로 언급되는 사건들이기 때문이다.

브레튼우즈 _ 달러를 세계 기축통화로

1944년 7월, 2차 세계대전 종료 이후의 국제경제를 통제하기 위한 새로운 제도적 조약이 필요했다. 이를 위해 44개국의 대표들이 미국 뉴햄프셔 주 브레튼우즈Bretton Woods에 모였다. 국제경제의 불안정이 전쟁의 주요 원인 중 하나였다는 점과 그러한 불안정을 미래에는 방지해야 한다는 점에 많은 사람들이 동의하였다. 유명한 경제학자인 존 메이너드 케인스와 해리 덱스터 화이트에 의해 초안이 된 이 조약은 미국의 렌드리스Lend-Lease 법의 일부분으로 전후에 영국을 지원하기 위하여 제안되었다. 미국의 렌드리스 법은 1941~45년 기간 중 미국이 연합국인 영국, 소련, 프랑스, 중국 등 연합국에 물자지원을 하기 위한 법률로 1941년 3월 제정되었다. 그 후 여러 번의 협상을 거쳐 브레튼우즈 협정이 서명되었고 그 주요내용은 다음과 같다.

1. 공정한 무역과 국제경제의 조화를 증진하기 위하여 국제기구를 설립한다.
2. 통화들 간 고정환율제를 채택
3. 금과 미국 달러 간 태환을 허용함으로써 미국 달러를 세계의 기축통화로서 지정한다.

위 세 가지 내용 중 첫 번째 내용만이 오늘날까지 유효하게 적용되고 있다. 국제통화기금IMF과 세계은행, 그리고 관세와 무역에 관한 일반협정GATT을 포함하여 브레튼우즈의 직접적인 결과로써 형성된 조직들이 오늘날까지 남아 국제경제의 발전과 규제에서 중요한 역할을 하고 있다. 예를 들어 IMF는 브레튼우즈 제도가 시행되면서 금 가격을 온스당 35달러로 고정시켰고 각 통화 간의 고정환율제를 기본으로 하는 고정환율시스템을 도입하였다.

브레튼우즈 체제의 종식 이후에도 IMF는 브레튼우즈 체제하에서 설립된 세계은행과 밀접하게 일해왔다. 이 두 기관들은 개발도상국가들에게 정기적으로 자금을 서로 공여함으로써 개발도상국들이 그들의 공공 기반시설(그들이 국제무대에 기여할 수 있는 건전한 상업경제를 지원할 수 있는)을 개발하는 데 도움을 주고 있다. 또한 이러한 개발도상국가들이 산업화된 상대국들과 동등하고 공정하게 교역하기 위한 기회를 보장하기 위해서 세계은행과 IMF는 GATT와 친밀하게 일하고 있다. GATT는 처음에는 한시적인 기구로 발족되었으나 지금은 관세나 쿼타 등 무역장벽의 해체를 장려하기 위해 운영되고 있다.

브레튼우즈 협정은 1944년부터 1971년까지 시행되었으나 브레튼우즈 시스템의 결점을 보완하기 위하여 미국의 닉슨 대통령은 스미스소니언 협정을 제안하였고 결국 이로 대체되었다. 하지만 스미스소니언 협정은 불행히도 미 달러화에 대한 금태환은 인정하지 않은 채 고정환율제도를 유지하고 있었기에 결국 브레튼우즈 협정과 동일한 결정적인 약점을 지닌 셈이었다. 이러한 고정환율제도는 지속적인 미국의 무역적자와 달러 약세에 대한 국제적 요구를 수용하지 못하였고, 결과적으로 스미스소니언 협정은 오래 지속되지 못했다.

궁극적으로 환율제도는 시장에서의 수요와 공급에 의하여 통화의 가치가 결정되는 자유변동 환율시장으로 진화하게 되었다. 그러나 이로 인하여 여러 번의 통화 위기가 초래되고 통화 간의 변동성을 증대시켰다. 이에 따라 시장은 자동 조절되고 있으며 통화의 적정한 가치가 특별한 제한 없이 시장에서 형성되고 있다.

브레튼우즈 제도는 국제경제무대에서 미국 달러에 관한 인식을 변화시키는 데 큰 기여를 하였다. 영국 파운드화가 여전히 상당한 강세를 보이고 있고 유로화가 혁신적인 통화로 사회적으로나 국제무역에 있어서 새롭게 조명 받고 있지만, 당분간 달러는 전 세계의 기축(준비)통화로 선택될 것이다. 이것은 상당부분 달러의 금태환 제도를 기준으로 하여 달러의 신뢰성과 접근성을 보장하던 브레튼우즈 협정에 기인한다고 볼 수 있다. 브레튼우즈 제도는 과거의 정책일 순 있지만 미국 달러와 국제경제에 미친 영향은 오늘날까지 여전히 크다.

브레튼우즈의 종식 _ 자유시장 자본주의의 탄생

1971년 8월 15일, 통화의 가치를 금 가격에 고정시키는 데 브레튼우즈 체제는 공식적으로 중단되었다. 브레튼우즈 체제가 사라지기 전에 잠시 동안 새로운 형태의 체제가 등장했지만 브레튼우즈 체제는 공식적으로 종말을 고하게 되었다. 통화들의 가치가 금 가격에 고정되고, 또한 단지 1퍼센트 범위에서만 제한적으로 환율이 변동하는 제도는 사라지게 된다. 대신에 통화들의 공정한 가치는 무역과 외국 직접투자와 같은 자유시장의 경제 행위에 의해 결정되고 있다.

　미국 대통령 닉슨은 브레튼우즈 체제의 종식이 국제경제를 위해 더 나은 새로운 시대를 가져올 것이라고 자신하였다. 하지만 그는 시장이 통화의 진정한 가치를 공정하고 자유롭게 매길 수 있다고 믿는 자유시장 신봉자는 아니었다. 대부분의 경제학자들과 마찬가지로 닉슨 대통령 또한 완전히 비조직적인 외환시장은 경쟁적인 평가절하를 초래할 것이고 이는 국제무역과 투자의 장애요인이 될 것으로 판단했다. 닉슨 대통령과 그의 경제자문위원회가 예견했던 최종결과는 세계적인 경기침체였을 것이다.

　몇 개월 후에 스미스소니언 협정이 체결되었다. 닉슨 대통령으로부터 "전 세계 역사상 가장 위대한 통화협정"이라고 찬사를 받은 스미스소니언 협정은 금태환 없이 고정환율제를 유지하려고 노력하였다. 브레튼우즈 체제와의 핵심적인 차이점은 달러의 가치가 2.25퍼센트 범위(브레튼우즈 체제에서는 단지 1퍼센트 내로만 허용) 내에서 변동될 수 있도록 한 것이었다.

결국 스미스소니언 협정도 실행되기가 어려운 제도로 판명되었다. 환율을 금 가격에 고정시키지 않자 자유시장에서 금 가격은 온스당 215달러까지 급등하였다. 게다가 미국 무역적자는 계속해서 증가했고 펀더멘털 관점에서 미국 달러는 스미스소니언에 명시된 2.25퍼센트 한계를 넘어 통화가치 절하가 필요하게 되었다. 이러한 문제들이 노출됨에 따라 외환시장은 1972년 2월에 강제로 폐쇄되었다.

1973년 3월에 외환시장이 다시 열렸고 더 이상 스미스소니언 협정은 유효하지 않게 되었다. 이후 미국 달러는 어떠한 상품에 의해 고정되지도 않고 환율변동이 일정 한도 이내로 제한되지 않기 때문에 미 달러화 환율은 시장에서 전적으로 결정되었다. 이것은 미국 달러뿐만 아니라 자연스럽게 다른 통화들에게도 새롭고 급속하게 진화하는 국제무역 환경에 적응할 수 있도록 민첩함을 제공하였다. 그러나 한편으로는 전례 없는 인플레이션의 발판이 되기도 하였다. 중동지역의 갈등이 커지자 원유 가격도 따라서 크게 치솟았고, 그와 더불어 브레튼우즈와 스미스소니언 협정의 종식은 미국에서 실업과 인플레이션으로 대표되는 스태그플레이션을 만들어내는 데 일조하였다.

이 스태그플레이션은 미국 달러가 정상적인 가치로 돌아갈 수 있도록 폴 볼커 연방준비제도 총재가 새로운 경제 정책들을 시작하고 로날드 레이건 대통령이 새로운 재정 의제를 소개했을 때인 1980년대 초까지 계속되었다. 다행히 그 후 외환시장은 큰 발전을 이루었고 여러 목표들을 달성할 수 있게 되었다. 자유로운 국제무역을 위해 규제가 완화되자 풍부한 유동성과 지속적인 성장을 보이고 있는 시장에 참여하기를 원하는 투기자들이 외환시장에 유입되었다. 결론적으로 1971년 브레튼우즈 체제의 종식은 새로운 경제 시대, 즉 국제거래의 자유화 및 투기적 거래의 급증으로 대표되는 새 경제 시대의 시작을 의미하였다.

플라자 합의 _ 미국 달러의 평가절하(1985)

20세기를 특징짓는 다양한 환율규제메커니즘—금환본위제도, 브레튼우즈 체제, 스미스소니언 체제—이 모두 종말을 맞은 후, 통화시장은 자유시장 자본주의의 (수요와 공급에 의하여 경제적인 균형점을 찾아가는) '보이지 않는 손' 외에 규제가 전혀 남아 있지 않았다. 불행하게도 예측하지 못한 여러 경제적 사건들(OPEC 석유 파동, 1970년대 스태그플레이션, 미국연방준비제도의 급격한 재정정책 변화들)로 인해 공급과 수요는 그들 자체만으로 통화시장을 통제하기에는 비효율적인 수단이 되어버렸다. 어떤 체제의 필요성이 절실함에도 막상 확고하게 잡힌 체계는 없었다. 통화가치를 금과 같은 상품에 고정시키는 것, 혹은 최대 환율변동폭을 설정하는 제도 등은 경제 발전을 꾀하기엔 너무나 유연성이 없는 제도임이 이미 입증되었다. 체제와 엄격한 룰 사이의 균형은 20세기 동안 통화시장을 괴롭혀온 것이었고 진전이 이루어진 동안에도 최종적인 해결책은 여전히 필요했다.

그 때문에 1985년, 세계 경제대국(프랑스, 독일, 일본, 영국, 미국)의 재무장관들과 중앙은행 총재들은 외환시장의 경제적 효율성을 극대화시키기 위한 외교적 합의를 마련한다는 희망을 갖고 뉴욕에서 회의를 개최하였다. 플라자 호텔에서 열린 회의에서 국제 지도자들은 특정한 국가와 국제경제 전체에 대해서 일정한 합의점을 도출해냈다.

전 세계에 걸쳐 인플레이션은 매우 낮은 수준이었다. 1970년대의 스태그플레이션은 고 인플레이션과 저성장으로 대변되는 경우였지만, 이와 대조적으로 1985년 당시 세계경제는 저 인플레이션과 고성장을 보이며 이전과는 180도 다른 양상으로 나아갔다.

견고한 경제성장세를 보이고 있음에도 저 인플레이션에 의하여 개발도상국 국가들에게 매우 유리한 저금리 상황이 지속되고 있었지만 관세장벽 같은 보호무역주의 정책의 위험이 가시화되고 있었다.

일본과 독일은 엄청난 경상수지 흑자를 보이고 있는 반면 미국은 경상수지 적자가 걷잡을 수 없이 늘어나고 있었다. 현실적으로 이러한 기본적인 펀더멘털 불균형은 심각한 경제 불균형을 야기할 수 있고 그로 인해 외환시장과 국제경제의 왜곡을 초래할 수 있을 것이다.

경상수지 불균형과 그에 따른 보호주의 정책이 대두됨에 따라 그에 대한 대책이 요구되었다. 결국에는 이러한 것들이 미국 달러가치를 주요 통상 파트너 통화 대비 80퍼센트 이상 급속히 상승시키고 있다는 확신으로 이어졌다.

미국 달러가치 상승에 따라 미국은 엄청난 무역적자를 나타냈다. 반대로 미국 달러화의 가치 하락은 자동적으로 다른 모든 국가들의 수출과 수입의 균형을 가져와 국제경제를 더 효율적으로 안정화시키는데 도움이 되는 부분도 있었다.

플라자 호텔에서 열린 회의에서 미국은 다자간 개입을 조율하기 위해 다른 참석자들을 설득했고 1985년 9월 22일에 플라자 합의가 도출되었다. 이 합의는 달러의 가치 하락과 주요 상대통화의 가치 상승을 허용하기 위해 고안된 것이었다. 각 나라들은 그들의 경제 정책들에 대한 수정과 달러가치 하락을 유도하기 위해 통화시장에 개입하는 것에 합의했다. 미국은 예산적자를 줄이고 금리를 인하하기로 합의했고 프랑스, 영국, 독일, 일본은 금리를 인상하기로 합의했다. 또한 독일은 세금 인하를 시행하기로 합의했고 반면에 일본은 엔화의 가치가 "일본 경제의 근본적인 강세를 완전히 반영"하도록 합의했다.

하지만 플라자 합의의 실제 이행과 관련된 진짜 문제는 모든 국가들이 그들의 약속을 고수하지는 않았다는 점이다. 특히 미국은 예산적자를 줄이겠다는 처음의 약속을 이행하지 않았다. 일본은 엔화의 급속한 가치 상승으로 인하여 심각한 타격을 받았다. 일본의 수출업자들은 해외시장에서 경쟁력을 잃었고, 결국에는 이것으로 인하여 일본

〈그림 2-1〉 플라자 합의에 따른 가격움직임

에서 10년간 경기침체가 야기되었다고 주장하였다. 반대로 미국은 플라자 합의의 결과로 상당한 경제성장과 물가 안정을 이룰 수 있었다.

다자간 개입의 효과는 즉각적으로 나타났고, 2년 안에 달러는 독일 마르크^{DEM} 대비 46퍼센트, 일본 엔화^{JPY} 대비 50퍼센트 하락했다. 〈그림 2-1〉은 독일 마르크와 일본 엔화 대비 미국 달러의 가치 하락을 보여주고 있다. 이로 인하여 미국 경제는 훨씬 더 수출주도형으로 변신하였고, 반면 독일과 일본 같은 산업국가들은 수입국가로서의 역할을 맡게 되었다. 점진적으로 경상수지 적자 문제가 해결되었고, 또한 보호주의 정책은 국제경제에 위협이 되지 않을 정도로 최소화되었다.

하지만 가장 중요한 점은 플라자 합의가 환율 움직임을 통제하는 데 있어서 중앙은행들의 역할을 공고히 하였다는 점이다. 환율이 고정되지 않았기 때문에 환율은 시장에서의 공급과 수요에 의해 주로 결정되었다. 하지만 이러한 수요와 공급에 의한 보이지 않는 손만으로는 불충분하였기 때문에 필요할 때 국제경제를 대신하여 외환시장에 개입하는 것이 전 세계 중앙은행들의 권리와 책임이 되었다.

조지 소로스 _ 영란은행을 굴복시킨 남자

조지 소로스가 영국 파운드화 상대로 100억 달러의 투기적 베팅을 해서 승리했을 때 그는 "영란은행을 굴복시킨 남자"로 누구에게나 알려졌다. 사람들이 조지 소로스를 사랑하는지 증오하는지를 떠나 그는 통화거래 역사에서 가장 흥미로운 사건들 중 하나에 연루되어 있는 인

물이다.

환율조정메커니즘에 가입한 영국

1979년 환율의 안정화, 인플레이션 억제 및 통화 통합을 준비할 목적으로 프랑스와 독일 주도로 유럽통화제도^{European Monetary System}가 설립되었다. 유럽통화제도의 핵심요소 중 하나인 환율조정메커니즘^{Exchange Rate Mechanism}은 참여국가들의 통화에 대하여 일종의 바스켓 통화인 유럽통화단위^{European Currency Unit, ECU} 대비 기준 환율을 책정하였다. 참가국가들(처음엔 프랑스, 독일, 이탈리아, 네덜란드, 벨기에, 덴마크, 아일랜드, 룩셈부르크) 환율은 설정된 각각의 기준환율로부터 상하 ±2.25퍼센트 변동 범위에서 유지되도록 하였다. ERM은 조정 가능한 고정환율제도였고 1979년에서 1987년 사이에 아홉 차례의 기준환율 재조정이 이루어졌다. 영국은 최초 가입국은 아니지만 1990년 ERM에 가입하였고 파운드화 대 독일 마르크 기준환율은 2.95로 책정하고 상하 변동폭은 기준환율 대비 ±6퍼센트로 설정되었다.

1992년 중반까지 독일 중앙은행의 리더십 아래 발휘된 규제 효과로 인하여 유럽전역에 인플레이션이 억제되어 ERM은 성공적인 것처럼 보였다. 그러나 국제 투자자들이 ERM 안에서 일부 통화들의 가치가 부적절하다고 느끼기 시작하면서 초기의 안정은 오래 지속되지 않았다. 1989년 독일이 통일되자 정부 지출은 늘어났고 독일 중앙은행은 더 많은 돈을 찍어내야 했다. 이는 인플레이션을 상승시켰고 독일 중앙은행으로 하여금 금리 인상 외에는 다른 아무것도 할 수 없게 만들었다. 독일의 금리 인상은 독일 마르크화의 가치에 상승압력으로 작용하여 ERM에 추가적인 영향을 미쳤다. 이에 따라 ERM 내에서 고정 환율을 유지하기 위하여 어빙 피셔의 이자율 평형이론에 의거, 다른 중앙은행들도 그들의 금리를 인상하도록 하게 되었다. 조지 소로스가 행동을 개시한 것이 바로 이때이다. 영국의 취약한 경제와 높은 실업률을 생각할 때 영국 정부가 고정환율 정책을 유지할 수 없을 거라 그는 판단했던 것이다.

영국의 ERM 가입 실패에 베팅한 소로스

퀀텀헤지펀드매니저인 소로스는 영국이 파운드화를 평가절하하거나 아니면 ERM을 탈퇴할 수밖에 없다고 생각하고 파운드화의 가치가 하락하는 데 베팅하고자 했다. ERM 제도가 시행되던 시기에는 지속적으로 자본 규제가 제거되어 국제 투자자들은 불균형을 인지하고 이러한 불균형을 더 쉽게 기회로 만들 수 있었다.

소로스는 파운드화를 빌려 마르크화 표시 자산에 투자함으로써 파운드화에 대해 매도 포지션과 마르크화에 대해 매수 포지션을 구축했다. 또한 소로스는 막대한 옵션과 선물계약을 활용했다. 그의 포지션은 모두 합쳐 100억 달러에 달했다. 물론 소로스 혼자만이 아니었다. 많은 투자자들도 곧 그를 따라했다. 모두가 파운드화를 매도하였고 이는 파운드화에 엄청난 하락 압력으로 작용했다.

처음 영란은행은 막대한 준비자산을 동원, 150억 파운드를 매입함으로써 고정환율을 방어하려고 시도했지만 그들의 불태화 개입(sterilized interventions, 환율 방어를 위하여 외환시장에 개입할 경우 본원통화의 변동을 초래하나 이러한 본원통화의 변동을 공개시장 조작을 통하여 일정하게 유

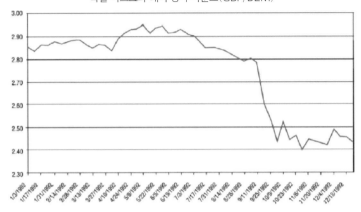

〈그림 2-2〉 소로스 이후 GBP/DEM

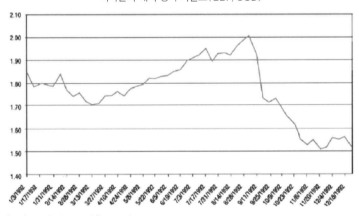

〈그림 2-3〉 소로스 이후 GBP/USD

지되게 하는 것을 의미함)은 효과가 한정되었다. 파운드는 고정된 환율변동 범위의 하단 아주 가까이에서 위태롭게 거래되었다. 1992년 9월 16일 나중에 검은 수요일이라고 불리게 된 그 날, 파운드화를 지지하기 위한 방안으로 중앙은행은 금리를 2퍼센트 인상(10퍼센트에서 12퍼센트로)한다고 발표하였다. 몇 시간 후 금리를 15퍼센트로 추가 인상한다고 약속했으나 소로스를 비롯한 국제 투자자들은 거대한 수익 실현의 기회가 다가온 것을 알고 흔들리지 않았다. 트레이더들은 계속 대규모로 파운드화를 매도하였고 영란은행은 파운드화를 계속해서 매입하였다. 같은 날 저녁 7시 노먼 라몬트 재무장관이 "영국은 ERM을 탈퇴한다"고 선언하자 금리는 10퍼센트인 처음의 수준으로 돌아가고 말았다. 혼돈의 검은 수요일은 파운드화의 효용가치가 가파르게 하락하고 있음을 알리는 서막이었다.

변동환율제로의 이행이 소로스가 이끈 파운드화에 대한 공격 때문인지, 아니면 단순한 펀더멘털 때문이었는지는 오늘날 여전히 논쟁의 대상이 되고 있다. 하지만 확실한 것은 이후 5주간 파운드화가 독일 마르크화 대비 15퍼센트가량 하락했고, 달러 대비 25퍼센트나 하락(〈그림 2-2〉〈2-3〉 참조)하여 소로스와 다른 트레이더들에게 엄청난 수익을 안겨주었다는 사실이다. 한 달 안에 퀀텀 펀드는 더 비싸진 독일 마르크화를 매도하고 더 싸진 파운드화를 매입함으로써 약 20억 달러에 이르는 수익을 챙겼다. '영란은행을 굴복시킨 남자'의 사례는 중앙은행이 투기적 공격들에 여전히 얼마나 취약한지를 보여주는 대표 사건이었다.

아시아 금융 위기(1997~1998)

1997년 7월 2일 도미노세트처럼 붕괴된 신흥 아시아 타이거 경제국가들은 글로벌 자본시장의 상호의존성과 그것들이 통화시장을 통하여 나타나는 후속 영향을 보여주는 완벽한 사례였다. 여러 번의 펀더멘털 붕괴에 기반을 두고 있지만, 아시아 신흥국 위기의 원인은 불투명한 대출관행, 무역적자의 증가, 그리고 미숙한 자본시장에서 주로 비롯되었다. 그러한 요인들이 합쳐지면서 주요 지역 시장들을 무능력하게 만들었고, 한때 고평가된 통화들을 상당히 낮은 수준으로 끌어내리는 태풍의 상황을 연출하였다. 주식시장에 쉽게 볼 수 있는 부정적 효과와 함께 통화시장도 같은 시기에 동일하게 부정적인 영향을 받았다.

버블

1997년에 이르면서 투자가들은 부동산 개발과 국내 증시에 초점을 맞춘 아시아 투자 전망에 점점 매력을 느끼고 있었다. 결과적으로 외국 투자 자본은 말레이시아, 필리핀, 인도네시아, 한국 같이 생산의 증대로 경제성장률이 상승하는 지역으로 유입되었다. 바트의 국가인 태국은 1988년에 13퍼센트의 경제성장을 나타냈다(이는 1996년에 6.5퍼센트로 하락했다). 강한 경제를 위한 추가적인 대출 지원을 위하여 견고한 미국 달러에 바트화를 페그시키는 고정환율제도를 시행한 것이다. 미국 달러에 환율을 고정시킴으로써 태국과 같은 나라들은 자국의 시장에서 재정 안정을 도모하였고 미국과의 수출 거래에 고정환율을 보장할 수 있었다. 결국 해당 지역의 국가 통화들은 근본적인 펀더멘털들이 뒷받침이 되고 가치 절상을 예상한 투기적인 포지션에 의하여 강세를 보였다.

팽창하는 경상수지 적자와 부실채권

하지만 1997년 초에 국제 경상수지 적자를 각 개별 정부들이 처리하기가 점점 더 어려워지고 그들의 대출관행들이 경제구조에 부정적인 것으로 드러나면서 이러한 펀더멘털에 대한 심리가 바뀌기 시작했다. 특히 경제학자들은 태국의 경상수지 적자가 1996년에 147억 달러로 팽창(1992년 이래 계속 증가해왔지만)했다는 사실에 긴장하였다. 미국의 경상수지 적자보다 비교적 작았지만 태국의 적자 갭은 GDP 대비 8퍼센트를 나타내고 있었다. 불투명한 대출관행들도 이러한 붕괴에 상당히 기여했다. 은행의 고위관료와 개인적으로 가까운 대출자는 대출로 인하여 특혜를 받았고 이는 놀랍게도 그 지역 전반에서 보편화되었다. 이러한 관행은 부채의존도가 높은 한국의 많은 대기업들에게 영향을 미쳤으며 총 부실여신 금액이 GDP의 7.5퍼센트까지 치솟았다.

이러한 관행을 보이는 추가 사례는 일본의 금융기관들에서 목격된다. 1994년 일본 당국은 대손충당금^{questionable loan}과 부실대출이 총 1,360억 달러라고 발표하였지만 1년 후에는 이를 총 4,000억 달러라고 수정했다. 무기력해진 주식시장에 더하여 부동산가치의 냉각, 경제 둔화에 따라 투자자들은 일본 엔화의 하락을 예상할 수 있었고, 결과적으로 이웃 국가 통화들에 대한 매도 압력을 증가시켰다. 일본의 자산 버블이 붕괴했을 때 자산 가격은 2년치 국가 생산량과 같은 가치인 100조 달러까지 하락하였고 전체 하락의 거의 65퍼센트를 부동산 가격 하락이 차지하였다.

이러한 자산 가격의 하락은 일본에서 은행 위기를 점화시켰다. 은행의 위기는 1990년대 초에 시작하여 1997년에 전반적인 시스템 위기로 번졌고 세간의 이목을 끄는 여러 금융기관들의 도산으로 이어졌다. 이에 대응하여 일본 통화당국은 자국의 통화가치를 방어하기 위해 잠재적으로 기준금리의 인상에 대해 언급하였으나 불행히도 이러한 생각들은 전혀 실행되지 않았고 공백만 계속되었다. 태국 바트의 변동환율제 이행 발표를 기폭제로 하여 중앙은행 보유고가 고갈되고 통화별 매도 하락 압력을 감안하여 볼 때 통화가치의 유지가 어려워지면서 환율의 하락이 눈덩이처럼 불어나고 있었다.

통화 위기

대규모의 숏투기와 시장개입 이후, 앞서 언급한 아시아 국가들은 재난을 겪었고 잠시 동안 무능력에 빠졌었다. 한 때 인정받던 투자 자산으로서의 태국의 바트는 48퍼센트(새해가 바뀔 때에는 심지어 100퍼센트 가까이 급락)나 가치가 하락했다. 가장 크게 영향을 받은 통화는 인도네시아의 루피아였다. 평가조정 환율제도Crawling peg 도입 이전에 태국 바트와 함께 상대적으로 안정적이었던 루피아는 미국 달러에 고정되었을 당시 최고 고점인 12,950에서 228퍼센트라는 엄청난 하락을 겪었다.

이러한 유별난 가격 급변 움직임은 〈그림 2-4〉에서 살펴볼 수 있다. 주요 통화들 가운데 일본 엔화는 〈그림 2-5〉에서처럼 1997년과 1998년 동안 미국 달러 대비 고점에서 저점까지 약 23퍼센트 하락했다. 1997~98년 금융위기는 국가 간의 상호연결성과 그것이 글로벌 통

1997-1998 아시아 통화의 변동

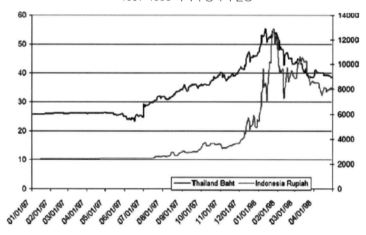

〈그림 2-4〉 아시아 금융위기에 따른 가격움직임

아시아 금융위기 동안의 USD/JPY

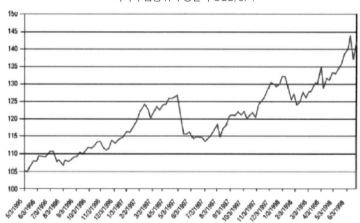

〈그림 2-5〉 아시아 금융위기에 따른 USD/JPY 가격움직임

화시장에 어떤 영향을 끼치는지 보여준다. 추가적으로 이러한 것들은 경제적 기본여건의 개선이 담보되지 않은 상태에서 시장에서의 엄청 난 압력에 직면해 있을 때 중앙은행의 성공적인 시장개입이 얼마나 어 려운지를 잘 보여주는 예이다.

오늘날 IMF 구조조정 패키지 지원, 그리고 보다 엄격한 요구 사항 을 잘 이행한 덕분에 아시아의 네 마리 작은 용들을 다시 꿈틀거리고 있다. 인플레이션 기준을 설정하고 활기를 되찾은 수출 시장을 앞세워 동남아시아는 전 세계의 산업화된 경제 지역들에서 예전의 두드러진 위상을 구축하고 있다. 아시아 타이거들은 외환 보유고의 고갈을 경험 한 뒤 투기세력들이 다시 자국통화에 대해 공격해올 것을 대비하여 충 분한 외화 준비금을 보유하는 데 주력하고 있다.

유로화의 출범(1999)

유로화의 출범은 전에 없던 가장 거대한 화폐 전환으로서 기념비적인 사건이었다. 유로화는 1999년 1월 1일 실물 발행 없이 전산 장부상으 로만 거래되는 통화로 공식적으로 출범하였다. 유럽통화동맹European Monetary Union의 초기 11개 회원국 중에서 벨기에, 독일, 스페인, 프랑스, 아일 랜드, 이탈리아, 룩셈부르크, 네덜란드, 오스트리아, 포르투갈, 핀란드 등은 유로 도입국이며, 그리스는 2년 후에 유로 사용 국가가 되었다.

각 나라들은 자국의 통화를 유로화 대비 특정 환산율로 고정시켰 고(구체적으로는 유럽연합 이사회에서 1998년 12월 31일 각 통화별 시장환율을 감안하여 결정됨), 유럽중앙은행이 관장하는 공통 화폐정책이 채택되었다. 많은 경제학자들에게 이 시스템은 유럽연합 15개 국가 모두를 포함하는 것이 이상적이었지만 영국, 스웨덴, 덴마크는 자국통화를 당분간 유지하기로 결정했다. 유로화 지폐와 주화는 2002년 첫 2개월까지 유통을 시작하지 않았다(공식적으로 유로화 지폐와 주화는 2002년 1월 1일부터 도입, 2002년 2월 28일까지 2개월간의 교환기간을 거쳐 2002년 3월 1일부터 전면적으로 유로화가 사용됨. 2014년 1월 1일 라트비아가 유로화에 참여하여 현재 유로를 공식통화로 사용하는 국가는 총 18개국으로 확대됨). 모든 유럽연합 회원국들은 유로화를 채택할 것인지를 결정하는 데 있어서 이해득실을 따져봐야 했다.

EMU 시민들에게는 여행의 편의성이 아마도 가장 두드러진 문제일 수 있겠지만 유로화는 다른 많은 혜택들도 가져왔다.

- 유로화는 사용국가 간 환율변동을 제거함으로써 유럽지역 내 무역에 더욱 안정적인 환경을 제공하였다.
- 유로존 안에서 모든 환율 리스크를 제거함으로써 기업들이 매우 정확하게 투자 결정을 계획할 수 있게 하였다.
- 거래비용이 줄어들었다(외환 관리, 헤징 관리, 국가 간 지불 및 여러 통화 계좌 운영과 관련된 비용을 의미함).
- 소비자와 기업들은 국가 간 상품가격들을 보다 쉽게 비교할 수 있게 되어 상품가격이 더욱 투명해졌으며 이로 인하여 경쟁이 치열해졌다.
- 거대한 단일 통화시장은 외국 투자자들에게 더욱 매력적인 대상

이 되었다.

- 엄청난 규모의 경제와 안정성은 신뢰를 높였고 덕분에 유럽중앙은
  행은 낮은 금리로 물가를 통제할 수 있었다.

하지만 유로화가 한계가 없는 것은 아니다. 정치적 자주권 문제
를 제쳐놓더라도 가장 큰 문제는 유로화를 채택한 국가는 기본적으로
어떠한 독자적 통화정책을 가질 수 없다는 점이다. 각 국가의 경제가
EMU의 경제와 완벽한 상관관계를 갖고 있지 않기 때문에 어떤 국가

EUR/USD 1999-2008

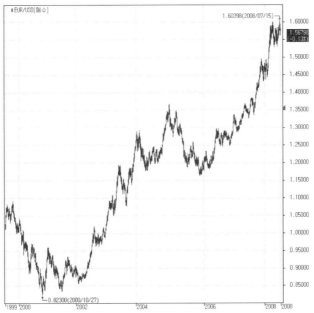

〈그림 2-6〉 유로화 출범 이래 EUR/USD
(출처: 현대선물)

는 경기침체를 겪는 동안 유럽중앙은행이 금리를 인상하는 상황을 맞을 수도 있다. 이런 상황은 많은 작은 국가들에서 실제 일어났다. 이러한 결과로, 각 국가들은 재정정책에 더 크게 의존하려 하지만 재정정책이 통화정책과 효과적으로 결합되지 않을 경우 재정정책의 효율성은 제한될 수밖에 없다. 이러한 비효율성은 EMU의 안정 및 성장협약에 명시된 예산 적자규모를 GDP의 3퍼센트로 제한하는 규정에 의하여 더욱 악화되었다.

중앙은행으로서의 유럽중앙은행의 유효성에 관해서도 일부 우려가 존재한다. 유럽중앙은행의 인플레이션 목표치가 2퍼센트보다 약간 낮게 책정되었지만 2000년부터 2002년까지 유로존의 인플레이션은 기준치를 약간 상회하고 있었고 최근까지 자발적 목표수준을 계속해서 초과했다. 1999년부터 2002년 말까지 유럽연합의 통화에 대한(유럽연합에 대해서도) 신뢰 부족으로 1999년 1월 유로화의 미 달러환율이 1.15에서 0.88까지 24퍼센트의 가치 하락으로 이어졌다.

2000년 후반 몇 개월 동안 유럽중앙은행은 외환시장에 적극 개입하였다. 하지만 그 후에 많은 변화가 일어나서 유로는 이제 달러 대비 프리미엄에 거래되고 있고 많은 분석가들은 유로가 언젠가는 세계에서 가장 권위가 있는 국제 통화로서 달러를 대체할 것이라고 언급한다(〈그림 2-6〉은 1999년 유로화가 출범한 이래 유로화 대미 달러 환율 차트를 보여주고 있다).

앞으로 몇 년 안에 10개국 이상의 회원국이 유로화를 채택할 예정이다. 이러한 유로화의 확대에 따라 유로화를 사용하는 인구가 유럽인구의 5분의 1가량 증가할 것이며 이러한 유로화의 확대는 정치적 경제적 이정표가 될 것이다. 새로운 참가국 중 두 나라를 제외한 나머지 국가는 15년간의 구조조정을 거친 후 EU에 가입하는 옛 소련 국가들이다. 이러한 나라들까지 유로존에 가입하게 되면 이곳은 세계에서 가장 큰 자유무역 지대(4억 5,000만 명의 역내 인구를 가진)의 일부가 될 것이다.

EU가입 과정에 있는 가장 큰 3개 국가인 폴란드, 헝가리, 그리고 신규 회원국들 총 GDP의 79퍼센트를 차지하고 있는 체코공화국은 당장 유로화를 채택할 가능성이 낮다. 유로 회원국은 GDP의 3퍼센트 이내로 재정적자를 유지하도록 규제받고 있지만, 이 세 나라들은 현재 거의 6퍼센트 수준의 재정적자를 운영하고 있다. 폴란드, 헝가리, 체코공화국의 유로화 참여는 빨라도 2009년까지 지연될 가능성이 높다. EU가입 조건에 충분히 맞는 보다 작은 나라들조차도 자국통화를 교체하는 데 오랜 과정이 걸리는 게 사실이다. 이미 고정 유로 환율을 유지하고 있고 좀 더 일찍 ERM에 참여할 수 있는 에스토니아와 리투아니아(상대적으로 빠른 절차를 밟고 있음에도)조차도 2007년까지는 유로화를 채택할 수 없을 것이다.

[바로 위의 본문은 필자가 2005년에 출간한 이 책의 초판본에 소개되었던 부분이다. 2014년 1월 1일 라트비아의 유로화 참여로 총 참여국은 현재 18개국(오스트리아, 에스토니아, 독일, 이탈리아, 몰타, 슬로베니아, 벨기에, 핀란드, 그리스, 라트비아, 네덜란드, 슬로바키아, 사이프러스, 프랑스, 아일랜드, 룩셈부르크, 포르투갈, 스페인)이며, 유로화에 참여하지 않은 국가는 총 10개국(불가리아, 체코, 덴마크, 크로아티아, 리투아니아, 헝가리, 폴란드, 루마니아, 스웨덴, 영국)이다─역자 주]

1993년 마스트리히트 조약은 EMU에 가입하는 회원국가들에 대해서 5개의 주요 수렴기준Convergence Criteria를 정하였다.

마스트리히트 조약 수렴기준

1. 각 나라의 정부예산 적자는 GDP의 3퍼센트를 초과할 수 없다.

2. 각 나라의 정부 부채는 GDP의 60퍼센트를 초과할 수 없다.

3. 각 나라의 환율은 가입하기 이전 2년 동안 어떠한 환율조정 없이 ERM 범위 내에서 유지되어야 한다.

4. 각 나라의 물가상승률은 EU회원국가 중 가장 낮은 인플레이션율을 가진 3개 국가의 평균 인플레이션율을 1.5퍼센트 이상 초과할 수 없다.

5. 각 나라의 장기국채 금리는 가장 낮은 인플레이션을 가진 3개 국가의 장기국채 평균 금리보다 2퍼센트 이상 초과할 수 없다.

통화시장을 움직이는
장기적 요소

펀더멘털 분석을 활용하는 트레이더들은 경제, 사회, 정치 환경에 잠재
적인 변화들을 초래할 수 있는 뉴스와 발표들을 지속적으로 잘 알아둬야
한다. 모든 트레이더들은 거래를 시작하기 전에 전반적인 경제여건에 대
하여 철저히 숙지하고 있어야 하는데, 이 점은 뉴스 이벤트에 기초해서
트레이딩 의사결정을 내리는 데이 트레이더들에게 특히나 중요하다.

금융시장을 분석하기 위하여 주로 기술적 분석과 펀더멘털 분석을 사용한다. 펀더멘털 분석은 근본적인 경제 상황을 기초로 해서 미래의 가격움직임을 예측하지만 기술적 분석은 오히려 과거의 가격들을 이용한다. 기술적 분석이 사용되기 시작한 이후로 어떤 방법론이 더 성공적인지에 대한 논란은 계속되고 있다. 단기거래에 집중하는 트레이더들은 주요 전략이 가격의 행태^{Price action}에 초점을 맞추기 때문에 기술적 분석을 사용하는 것을 선호한다. 반면에 중기 거래에 집중하는 트레이더들은 어떤 통화의 미래 가치뿐만 아니라 적정한 가치를 평가하기 위해 펀더멘털 분석을 사용하는 경향이 있다.

성공적인 거래전략들을 시행하기에 앞서 외환시장에서 통화의 움직임을 유발하는 것이 무엇인지를 이해하는 것이 중요하다. 최고의 전략들은 펀더멘털 분석과 기술적 분석을 혼합한 전략들일 것이다. 완벽한 기술적 패턴도 주요 펀더멘털적 사건들이 발생할 때 빈번하게 실패하는 모습을 보여왔다. 펀더멘털에서도 이와 같은 상황은 발생한다. 특별히 경제 관련 뉴스발표가 없는데도(가격의 움직임이 무작위적이고 패턴 형성에 불과한) 가격움직임에서 급격한 변동이 발생할 수 있다. 그러므로 테크니컬 트레이더들은 발표가 예정된 중요 경제지표나 사건들을 알고 있어야 하고, 펀더멘털 트레이더들은 대체로 시장이 초점을 맞추고 있는 중요 기술적 레벨을 알고 있어야 한다.

펀더멘털 분석을 사용하는 경우

펀더멘털 분석은 수요와 공급을 유도하는 경제, 사회, 정치적 영향력들을 분석하는 데 초점을 맞춘다. 트레이딩 도구로서 펀더멘털 분석을 사용하는 이들은 성장률, 금리, 인플레이션, 실업률과 같은 다양한 거시경제지표들을 살펴본다. 4장에서는 미국 달러에 가장 큰 영향을 미치는 경제지표들을, 12장에서는 세계 주요 통화별로 발표되는 중요한 경제지표들을 열거해놓았다. 펀더멘털 분석가들은 현재와 미래의 가격움직임들을 평가하기 위해 이러한 모든 정보들을 조합할 것이다. 펀더멘털 분석에 이르는 유일한 방법이란 없기 때문에 모든 정보들을 조합하는 일에는 많은 작업과 분석이 필요하다.

　　펀더멘털 분석을 활용하는 트레이더들은 경제, 사회, 정치 환경에 잠재적인 변화들을 초래할 수 있는 뉴스와 발표들을 지속적으로 잘 알아둬야 한다. 모든 트레이더들은 거래를 시작하기 전에 전반적인 경제여건에 대하여 철저히 숙지하고 있어야 하는데, 이 점은 뉴스 이벤트에 기초해서 트레이딩 의사결정을 내리는 데이 트레이더들에게 특히나 중요하다. 비록 연방준비제도이사회(이하 연준)의 통화정책 결정들이 항상 중요하지만, 금리의 움직임이 시장에 이미 완전하게 반영되었다면 EUR/USD에 미치는 영향은 그리 크지 않을 수 있기 때문이다.

원론으로 돌아가서 환율은 기본적으로 수요와 공급에 의하여 움직인다. 다시 말해서 대부분의 펀더멘털상 통화가 강세를 보이는 것은 그 통화에 대한 수요가 있기 때문이다. 수요가 헤징 목적이든 투기 목적이든 통화 전환 목적이든 상관없이 실제 환율의 움직임은 해당 통화의 필요에 기반을 두고 있다. 공급이 초과할 때 통화의 가치는 하락한다. 미래 가격움직임을 예측하는 데 있어서 수요와 공급은 진정한 결정요인이다.

하지만 수요와 공급을 예측하는 것은 많은 이들이 생각하는 것만큼 간단하지 않다. 자본의 흐름$^{Capital flow}$, 무역흐름$^{Trade flow}$, 투기적 니즈와 헤징 니즈와 같이 한 통화에 대한 순수요와 공급에 영향을 미치는 많은 요인들이 있다. 한 예로 1999년부터 2001년까지 미국의 인터넷과 주식시장 붐에 따라 외국투자가들의 자금이 유입되었고, 이에 미국 달러는 유로화에 대하여 강세를 보였다. 미국 자산들에 대한 수요에 따라 외국 투자자들은 그들의 통화를 매도하고 미국 달러를 매입하게 된다.

2001년 말 이래 지정학정 불확실성이 높아졌을 때 미국은 금리수준을 인하하기 시작했고 외국 투자자들은 더 높은 수익률을 찾아 이동하기 위하여 미국 자산들을 매도하였다. 이에 따라 달러의 공급은 늘어났고 반면 다른 주요 통화들 대비 달러의 가치가 떨어지고 말았다. 한 통화를 매입하고자 하는 의도나 그 통화에 대한 펀딩의 가능성은 그 통화가치의 방향성에 영향을 줄 수 있는 주요한 요소이다. 이러한 점들이 2002년과 2005년 사이에 미국 달러가치의 주요 결정요인이었다. 미국 재무부가 발표하는 자본유출입 동향$^{TIC data}$은 시장의 예측에 가장 중요한 경제지표 중 하나이다.

자본과 무역의 흐름

자본과 무역흐름은 국제수지를 구성하고 있으며 이를 통하여 일정 기간 동안 한 통화에 대한 수요의 규모를 측정할 수 있다. 이론적으로 한 통화의 현재 가치가 그대로 유지되기 위해서는 국제수지가 0이되어야 한다. 국제수지가 마이너스일 때는 한 나라의 경제에서 자본의유출이 유입보다 빠르다는 것을 나타내고 있기 때문에 이론적으로 그나라의 통화가치는 하락해야 한다.

이러한 점은 미국이 무역적자를 메울 충분한 외국자본 유입 없이지속적으로 거대한 무역수지 적자를 기록하고 있는 현재 상황(이 책이미국에 출간된 2009년 상황—역자 주)에서 특히나 중요하다. 일본 엔화는 또다른 좋은 예시가 될 수 있다. 전 세계에서 가장 큰 수출국가 중 하나인 일본은 매우 큰 규모의 무역흑자를 기록하고 있다. 이에 따라 자본유입의 증가를 저해하고 있는 제로금리정책에도 불구하고 다른 면, 즉무역흑자에 따라 엔은 자연적으로 강세로 거래되는 경향을 보인다. 이제부터 자본흐름과 무역흐름이 무엇을 포함하는지에 대하여 보다 구체적으로 알아보자.

자본흐름 _ 통화의 매매를 측정하다

자본흐름은 자본투자에 따라 매입하거나 매도한 통화의 순규모를 측정한다. 자본수지 흑자는 한 나라에 실물 투자 혹은 포트폴리오투자를 통한 외자 유입이 유출을 초과하고 있다는 것을 의미한다. 자본수지 적자는 자국민 투자자들에 의해 실물 투자 혹은 해외자산으로의 포트폴리오 투자가 외국인 투자자에 의한 자본 유입보다 많다는 것을 나타낸다. 두 종류(직접투자와 포트폴리오 투자)의 자본흐름에 대해 살펴보자.

실물 투자의 흐름

실물 투자의 흐름은 기업의 부동산 및 제조업 분야 투자, 그리고 현지 기업인수와 같은 외국인 직접투자를 포함하고 있다. 이러한 것들은 모두 외국기업으로 하여금 자국통화를 팔고 외국통화를 매입하도록 만드는 요인으로서, 이에 의하여 외환시장이 변동하고 있다. 이것은 주식보다 현금의 흐름을 가지고 있기 때문에 글로벌 기업인수에서 특히 중요하다.

실물 투자의 흐름은 실제 직접투자 활동에서의 근본적인 변화를 나타내기 때문에 주의 깊게 지켜보아야 한다. 직접적 흐름은 각 나라의 재무 건전성과 성장 가능성의 변화에 따라 바뀔 수 있다.

외국 투자를 유치하기 위한 현지 법률의 변화 또한 실물 투자의 흐름을 촉진시킬 수 있다. 예를 들어 중국의 세계무역기구[WTO]가입에 따라 중국의 외국 투자관련 법들이 완화되었다. 10억 이상의 인구를 바탕으로 중국의 값싼 노동력과 매력적인 투자 수익 기회를 보고 세계적인 기업들이 중국으로 물밀듯이 밀려들고 있다. 외환시장의 관점에서 살펴보자면, 중국 투자를 위한 자금을 조성하기 위해 외국 기업들은 자국통화를 팔고 중국 위안화[RMB]를 매입하는 것이 좋다.

포트폴리오 투자

포트폴리오 투자는 주식시장과 채권시장에서의 자본 유입과 유출을 측정하는 과정을 의미한다.

주식시장

기술의 발전에 따라 자본의 이동이 매우 수월해져 전 세계의 주식시장에 투자하는 것이 가능해졌다.

따라서 세계 어느 곳에서나 강세를 보이고 있는 주식시장은 지리적 위치와 상관없이 모두에게 이상적인 투자 기회를 제공한다. 이러한 결과로 한 나라의 주식시장과 그 나라의 통화는 강력한 상관관계를 갖게 되었다. 만약 주식시장이 상승한다면 투자자금이 유입된다. 반대로 주식시장에서 하락하게 되면 자국 투자자들은 국내 투자자산을 처분하여 해외투자의 기회를 모색하게 될 것이다.

채권시장과 비교해볼 때 주식시장은 최근 수년간 매력적인 요소가 점점 많아졌던 게 사실이다. 1990년 초반 이후 외국인의 미국 정부채권 대비 미국 주식거래 비율은 10:1에서 2:1로 줄어들었다. 〈그림 3-1〉에서 보는 것과 같이 1994년과 1999년 사이에 다우존스 산업평균지수와 독일 마르크화 대비 미국 달러환율이 약 81퍼센트의 높은 상관관계를 가지고 있음을 알 수 있다. 1991년부터 1999년까지 다우지수는 300퍼센트 상승하였고, 미국 달러 인덱스는 같은 기간 동안 거의 30퍼센트 강세를 보였다. 이에 따라 통화 트레이더들은 단기적, 중기적 주식시장으로의 자본흐름을 예측하기 위하여 글로벌 주식시장을 면밀히 주시하고 있다.

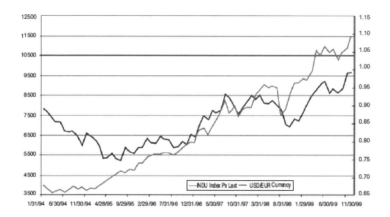

〈그림 3-1〉 다우존스 산업평균지수와 USD/EUR

　하지만 이러한 상관관계는 미국에서 기술주 거품붕괴^{Tech bubble burst}
가 일어난 이래로 변화되었다. 이유는 외국 투자자들이 비교적 위험회
피적인 모습을 계속해서 보임에 따라 미국 증시와 미국 달러 간의 상
관관계가 낮아졌다. 그럼에도 불구하고 이러한 상관관계는 여전히 존
재하기 때문에 모든 트레이더들은 시장 간 수익 기회를 찾기 위하여
글로벌 시장의 실적이나 성과 등을 계속해서 주시하고 있다.

　　채권시장

　주식시장이 외환시장과 상관관계를 갖고 있는 것처럼 채권시장
또한 외환시장과 상관관계를 갖고 있다. 전 세계적으로 불확실성이 높
은 시기에 채권투자는 채권이 가진 본질적인 안전함(주식시장과 대비할
경우) 때문에 특별히 매력적일 수 있다. 결과적으로, 매력적인 채권투
자 기회를 가지고 있는 나라로 외국의 투자가 이루어질 것이고, 이로

인하여 자연스럽게 그 나라의 통화 매입으로 이어질 것이다.

채권시장으로의 자본흐름을 알아볼 수 있는 유효한 잣대는 각국의 국채 간 단기/중기 수익률이다. 미국 10년물 국채 수익률과 외국 국채 수익률의 스프레드 차이를 주시하는 것이 도움이 될 수 있다. 국제 투자자들은 가장 높은 수익률을 가진 나라의 자산에 그들의 자본을 투자하는 경향이 있기 때문이다. 만약 미국 자산이 가장 높은 수익률을 주는 자산 중 하나라면 미국 금융상품에 더 많은 투자가 일어날 것이고 이는 곧 미국 달러의 절상을 가져올 것이다. 투자자들은 국제자본의 단기적인 흐름을 측정하기 위해 2년물 국채 스프레드와 같은 단기 수익률을 활용할 수도 있다.

장기국채의 수익률 외에 단기국채 선물가격^{Federal funds futures}도 미국 자금의 움직임을 예측하는 데 사용될 수 있다. 단기국채 선물가격은 향후 연준의 금리정책에 대한 기대치를 반영하고 있기 때문이다. 유리보(Euribor, Euro Interbank Offered rate의 줄임말로서 유로화의 단기 은행 간 금리) 금리 선물은 유로지역 미래 금리의 척도이기 때문에 향후 그곳의 정책 움직임에 대한 암시를 나타낸다. 10장에서 채권상품에 대해 보다 자세히 다룰 것이다.

수출과 수입의 비교 측정

무역흐름은 모든 국제거래의 근간이다. 한 나라의 투자환경이 그 나라 통화가치를 결정하는 주요인이며, 무역흐름(수출, 수입)에 따라 그 나라의 순무역수지가 산정된다. 수출이 수입을 초과하는 순수출 국가들은 순무역흑자를 보일 것이다. 순수출 국가들의 통화가치는 상승할 가능성이 높은데 이유는 국제무역의 관점에서 그들의 통화에 대한 매입 수요가 매도 수요보다 많기 때문이다. 수출되는 제품과 서비스 구매에 관심이 있는 해외 고객들은 우선 해당 통화를 매입해야 하기 때문에 수출국가의 통화에 대한 수요를 증가시킨다.

수입이 수출을 초과하고 있는 순수입 국가들은 무역적자를 시현할 것이며 이는 해당통화의 가치를 하락시키는 잠재요인으로 작용한다. 수입을 위하여 해당 수입국가들은 재화 또는 서비스를 판매하는 국가들의 통화를 매입하기 위해 그들 자국통화를 팔아야 한다. 이런 이유 때문에 수입규모가 커질 경우, 이는 통화가치의 하락을 이끄는 요인으로 작용할 수 있다.

이러한 수출, 수입에 의한 환율조정의 개념은 매우 중요하다. 이러한 이유로 많은 경제학자들은 미국의 무역적자 규모가 지속적으로 확대되는 것을 방지하기 위하여 앞으로 몇 년간 미국 달러의 가치하락이 이루어져야 한다고 이야기하고 있다.

좀 더 명확히 알기 위해 예를 들어보자. 영국 경제가 호황이고 영국의 주식시장도 강세를 보이고 있고, 반면 미국의 경제는 활력이 없어 투자가 부족한 상황이라고 가정해보자. 이러한 시나리오 아래서 미국 거주자들은 영국 경제의 랠리 이점을 누리기 위해 자연스럽게 미국 달러를 팔고 영국 파운드를 매입할 것이다. 이는 미국 입장에서는 자본 유출을, 영국에게는 자본 유입을 야기할 것이다. 그리고 환율 관점에서 미국 달러에 대한 수요 감소와 영국 파운드화에 대한 수요 증가로 인해 미국 달러 가치의 하락과 영국 파운드화 가치의 상승을 야기할 것이다. 다시 말하면 GBP/USD는 상승하게 된다.

데이 트레이더와 스윙 트레이더(데이 트레이딩보다 약간 길게 포지션을 가지고 가는 트레이더를 의미)들이 개별국가의 경제상황에 대한 폭넓은 이해를 갖기 위해서는 해당 국가들의 경제지표들을 주의 깊게 살펴보아야 한다.

트레이딩 팁 _ 경제지표를 도표화하라

트레이더들을 위한 한 가지 좋은 방법은 통화의 미래 움직임을 설명하고 예측하는 데 도움이 되도록 경제지표의 서프라이즈(각종 경제지표의 예측치와 실제 발표된 수치를 비교하는데, 이때 예측치보다 좋은 실적이 발표될 경우를 positive data surprises, 반대의 경우를 negative data surprises라

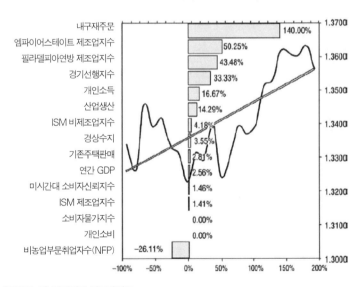

미국 경제지표 발표와 EUR/USD

〈그림 3-2〉 경제지표 서프라이즈

한다—역자 주)와 가격움직임을 비교하는 것이다.

〈그림 3-2〉는 경제지표의 서프라이즈와 가격의 관계를 보여준다. 그림에서 막대그래프는 발표된 경제지표들이 예측치와 어느 정도 괴리를 보이고 있는지를 서프라이즈의 비율(퍼센트)로 보여주고, 검은 곡선은 각각의 경제지표가 발표되었을 당시의 가격움직임을 추적한 것이다. 가로지르는 직선은 단순하게 작성된 가격회귀선이다. 이 표는 모든 주요 통화쌍들에 대해서도 적용가능하며, 경제적 펀더멘털에 따라 가격움직임이 어떤지를 이해하고 미래 가격움직임을 예측하는 데 도움을 주고 있다.

〈그림 3-3〉의 표를 보자. 2004년 11월 수치는 15개의 경제지표 중 12개가 긍정적인 경제 서프라이즈를 보여주고 있으나 경제지표가 발표된 12월 동안 유로화 대비 미국 달러의 매도가 발생하고 있다. 이러한 방법론이 정밀하지는 않지만 대신 분석방법이 간단하다는 장점이 있다. 그리고 과거의 표들은 미래 가격움직임에 대한 매우 유용한 실마리를 제공해주는데, 〈그림 3-3〉은 EUR/USD가 그 다음 달에 어떻게 움직였는지를 보여주고 있다. 차트상에서 EUR/USD는 1월 동안 빠르게 조정되는 모습을 보이고 있다.

12월에 일어났던 가격움직임과의 펀더멘털 다이버전스는 거의 600핍을 수확한 달러 매수자들에게 매우 유용한 것으로 입증되었다. 유로는 1월 한 달 동안 대부분의 상승폭을 빠르게 반납하였기 때문이다. '변형 인식variant perception'이라 불리는 이 분석방법은 30년 동안 연속해서 평균 24퍼센트의 수익률을 기록한 전설적인 헤지펀드매니저인 마이클 스테인하트에 의해 개발되었다. 이러한 표들은 명백한 신호

를 좀처럼 내놓지는 않지만 이것들의 분석적인 가치는 이상치 데이터
(outlier data, 정상치에서 많이 괴리된 데이터—역자 주)를 발견하고 해석하는
데 있다. 특정한 경제관련 통계자료에서 볼 수 있는 긍정적 혹은 부정
적 서프라이즈는 미래 가격움직임에 대한 단서들을 제공한다.

　〈그림 3-3〉의 EUR/USD 차트를 보면 10월과 12월 사이에 미국 달
러가 급락했음을 알 수 있다. 이러한 미국 달러의 급락은 2004년 10
월 당시의 경상수지 적자규모가 최고치까지 확대되었기 때문에 일어
난 일이다.

　경제적 기본여건(펀더멘털)은 아마도 다른 시장에서보다 외환시장
에서 더 중요하며, 이러한 표들은 가격의 방향성에 대한 귀중한 단서
를 제공한다. 일반적으로 각 지역별로 15개의 가장 중요한 경제지표
들을 선택하고, 그런 다음 지난 20일 동안의 가격 데이터와 가격회기

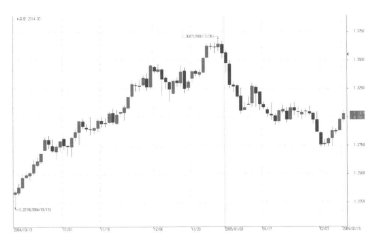

〈그림 3-3〉 EUR/USD 차트
（출처: 현대선물）

선을 겹쳐놓는다.

기술적 분석을 사용하는 경우

1980년대 중반 이전까지 외환시장은 주로 펀더멘털 트레이더들에 의해 지배되었다. 하지만 보편화되고 새로워진 기술의 출현으로 외환시장에서 기술적 분석에 기반을 둔 트레이딩이 그 영향력을 상당히 키우고 있다. 높은 레버리지가 가능해짐에 따라 모멘텀 또는 모델 펀드들이 늘어나기 시작했고, 이러한 펀드들은 외환시장에서 통화가격에 영향력을 미치는 중요한 참가자가 되었다.

기술적 분석은 가격움직임들에 대한 연구에 초점을 맞추고 과거의 환율 자료를 사용하여 미래 가격의 방향성을 예측한다. 기술적 분석에도 전제가 있다. 이미 모든 통화시장의 정보는 개별 통화의 가격에 이미 반영되었다는 전제이다. 그러므로 트레이딩 의사결정을 할 때 가격의 움직임에 대한 분석만을 사용한다. 추가적으로 기술적 분석은 '역사는 반복된다'는 가정하에서 작동되고 있다.

기술적 분석은 단기와 중기 트레이더들에게 매우 보편화되어 있는 분석 방법이다. 특히 통화시장에서 잘 작동하고 있는 바, 그 이유는 단기 통화가격 변동은 주로 사람의 감정이나 시장인식에 의하여 좌우되기 때문이다. 기술적 분석에서의 주된 도구는 차트이다. 차트는 거래에서 수익을 내기 위하여 추세와 패턴을 확인하는 데 사용된다. 기술적 분석의 가장 기초적인 개념은 '시장은 추세를 갖는 경향이 있다'

라는 점이므로 초기 단계에서 추세를 확인하는 것이 기술적 분석의 핵심이다.

그리고 기술적 분석은 미래의 통화가격움직임을 예측하기 위하여 과거의 통화가격움직임을 그래프로 표시하는데 이때 가격움직임과 모멘텀을 통합시킨다. 피보나치 되돌림 수준, 이동평균, 오실레이터, 캔들스틱 차트, 그리고 볼린저밴드Bollinger band와 같은 기술적 분석도구들은 매수자·매도자들이 심리적으로 어떤 지점에서 극과 극을 오가는지를 트레이더들에게 제공한다. 그렇게 하여 시장에서 수익과 손실이 최대화되는 수준에 대한 정보를 보여주고 있다.

시장은 추세 시장과 레인지 바운드Range-bound 시장, 이렇게 두 가지 유형으로 나누어볼 수 있다. 뒤에 소개되는 8장에서는 트레이더들이 현재 어떤 형태의 시장에서 거래하고 있는지, 그리고 어떤 방법으로 거래 기회를 찾아야 하는지를 판단하는 데 도움이 될 수 있도록 여러 룰을 살펴볼 예정이다.

기술적 분석과 펀더멘털 분석 중 어느 것이 더 좋은가?

기술적 분석과 펀더멘털 분석 중 어느 것이 보다 효율적인가 하는 문제는 시장에서 논란의 대상이었고 오랜 시간 동안 승자도 패자도 없는 상태가 지속되어 왔다. 대부분의 트레이더들은 기술적 분석을 따르는데, 이유는 학습에 많은 시간을 필요로 하지 않기 때문이다. 기술적 분석가들은 많은 통화들을 동시에 지켜볼 수 있다. 대조적으로 펀더멘털 분석가들은 시장에 유입되는 많은 데이터들 때문에 특정부분에 특화되는 경향을 보인다. 기술적 분석이 잘 들어맞는 이유가 있다.

〈그림 3-4〉 2001년 9월 11일, USD/JPY 차트
(출처: 현대선물)

통화시장은 강한 추세를 형성하는 경향이 있기 때문이다. 일단 기술적
분석을 숙지하면 어떤 기간이나 거래되는 모든 통화에 기술적 분석을
쉽게 적용할 수 있다.

　　하지만 두 가지 전략 모두를 고려해보는 것이 중요하다. 왜냐하
면 펀더멘털은 돌파, 추세전환과 같은 기술적 움직임을 촉발시킬 수
있기 때문이다. 반면에 기술적 분석은 펀더멘털 분석이 설명할 수 없
는, 특히 추세에서 저항선과 같이 조용한 시장에서의 움직임들에 대해
설명해준다. 예를 들어 〈그림 3-4〉에서 보는 것처럼 2001년 9월 11일
이전까지 USD/JPY는 삼각형^{triangle formation}을 막 돌파하여 반전하는 모습
을 보였다. 하지만 차트에서 볼 수 있듯이, 기술적 분석가들이 기대해
볼 수 있는 더 높은 레벨을 깨지 못했다. 테러리스트의 공격으로 인해
USD/JPY는 상승세를 유지하지 못하고 결국 9월 10일에 기록한 고점

인 121.88에서 하락하여 저점인 115.81을 기록하였다.

이론가들이 보는 통화 예측

펀더멘털 분석과 통화가치를 평가하는 것에 대해 좀 더 배우기를 원하는 열정적인 FX 학생들을 위해 주요 투자은행 분석가들이 이용하는 통화 예측 모델들에 대해 살펴보겠다. 일곱 가지의 통화 예측 모델이 있는데, 국제수지 이론, 구매력평가설, 이자율 평형이론, 통화모델, 실질금리 차이 모델, 자산시장 모델, 통화대체 모델 등이다.

국제수지 이론

국제수지 이론에서는 환율이 경상수지를 안정적으로 유지하기 위해 균형수준에 맞춰야 한다고 주장한다. 무역적자를 기록하고 있는 국가들은 수출국들이 대금을 받기 위해 그 수입국 통화를 팔기 때문에 외환보유고가 누출되는 현상을 겪을 것이다. 값싼 통화는 그 나라의 수출품을 해외에서 더 싸게 만들어주기 때문에 수출을 촉진시켜 환율을 균형점으로 끌어들인다.

국제수지란 무엇인가?

국제수지는 경상수지와 자본수지로 나누어 볼 수 있다. 경상수지는 자동차나 제조상품과 같은 품목들의 수출입을 측정한 것이다. 수출과 수입의 차이, 즉 흑자 또는 적자를 무역수지라 부른다. 자본수지는 주식이나 채권 투자의 결과로 발생되는 자금의 흐름을 측정한다. 미국 국제수지 자료는 미국 상무부 경제분석국^{Bureau of Economic Analysis} 웹사이트에서 찾을 수 있다(www.bea.gov).

무역흐름

한 나라의 무역수지는 일정기간 동안 그 나라의 수출과 수입의 순 차이를 보여준다. 한 나라가 수출보다 수입이 많았을 경우 무역수지는 마이너스이거나 적자이다. 만약 수출이 수입보다 많을 경우 무역수지는 플러스이거나 흑자이다. 무역수지는 여러 나라들 사이에 부의 재분배를 나타내고 한 국가의 거시경제 정책들이 다른 나라에 영향을 미치게 할 수 있는 주요 채널이다.

일반적으로 무역적자를 기록하게 되면 그 나라의 통화가치에 부정적인 영향을 미치기 때문에 그 나라에 불리한 것으로 간주된다. 예를 들어 미국 무역수지의 경우 수출보다 수입이 더 크다면 더 많은 달러가 유출될 것이고 미국 통화가치는 하락할 것이다. 반대로 무역수지가 플러스인 경우 다른 나라의 통화 대비 미국 달러의 가치를 상승시킬 것이다.

자본흐름

무역흐름에 더해, 여러 국가들 간에 일어나는 것으로 자본흐름이 있다. 이는 회사(전체 혹은 부분), 주식, 채권, 은행계좌, 부동산, 공장과 같은 투자에 수반하여 발생되는 자본의 흐름을 기록한 것이다. 자본흐름은 다른 국가들의 재정적, 경제적 상황 등을 포함하여 많은 요소들에 의해 영향을 받는다. 자본흐름은 직접투자 혹은 포트폴리오 투자의 형태로 나타난다. 일반적으로 개발도상국의 경우 자본흐름의 형태는 외국 직접투자나 은행대출에 치우쳐 있는 경향을 보인다. 반면 선진국의 경우는 주식시장과 채권시장의 강점 때문에 주식과 채권을 통한 자본흐름이 은행 대출이나 외국 직접투자보다 더 중요한 것으로 보인다.

주식시장

주식시장은 대규모의 통화 움직임이 발생하는 주요 장소이기 때문에 환율 움직임에 상당한 영향을 미친다. 대규모의 자본유출입이 발생하는 선진 자본시장을 가진 국가들은 많은 외국인 투자자들이 참여하기 마련이다. 그런 국가들의 통화에 주식시장이 미치는 영향은 중요할 수밖에 없다. 주식시장에서 외국인 투자흐름의 규모는 그 나라 회사나 특정 분야가 안정적으로 잘 돌아가고 있는지, 즉 시장의 건전성과 성장성에 좌우된다.

환율의 움직임은 외국 투자자들이 자국통화를 특정한 국가의 주식시장으로 이동시킬 때 발생된다. 그들이 투자하려는 나라의 통화로 그들의 자본을 전환시킬 때 그 나라의 통화 수요는 증가하고 따라서 통화 또한 강세를 보이게 된다. 하지만 주식시장이 침체를 겪고 있을 때에는 외국 투자자들이 탈출하는 경향을 보이기 때문에 그들의 자국통화로 다시 전환하는 수요로 인하여 그 나라의 통화가치는 하락한다.

채권시장

통화에 대한 채권시장의 영향력은 주식시장과 비슷하며 이 또한 자본 움직임의 결과이다. 채권시장에서 투자자들의 관심은 경제의 전반적인 건전성과 국가의 금리뿐만 아니라 회사의 세부내용과 신용등급 등에 쏠려 있다. 채권시장으로 유입되고 유출되는 외국 자본의 움직임은 통화의 수요와 공급에 변화를 이끌고, 통화의 환율에 영향을 미치게 된다.

무역흐름과 자본흐름 요약

펀더멘털 분석에 관심 있는 이들에게 아마도 가장 중요하고 유용한 도구는 한 나라의 국제수지를 측정하고 이해하는 것이다. 어떤 국제거래는 서로 상쇄되는 두 항목들인 경상계정을 통한 무역수지(경상계정) 흐름과 자본계정을 통한 자본수지의 흐름을 만들기도 한다. 무역수지가 마이너스이면 그 나라는 외국으로의 수출보다 수입이 더 많다는 것을 의미하며, 반대로 무역수지가 플러스이면 수입보다 수출이 더 많다는 것을 의미한다.

자본수지가 플러스일 경우는 외국으로부터의 실물 투자, 포트폴리오 투자의 규모가 외국으로의 자금유출보다 많다는 것을 의미한다. 반대로 자본수지가 마이너스일 경우는 외국인들의 실물 투자 혹은 포트폴리오 투자 규모보다 내국인의 해외 실물 투자 혹은 해외 포트폴리오 투자가 큰 경우를 의미한다. 이 두 항목(경상수지와 자본수지)을 합산한 것이 한 나라의 국제수지로 나타난다. 이론상으로 한 나라의 경제와 환율을 현재 상태로 유지하기 위하여 이 두 항목은 균형을 이루고 합산해서 0이 되어야 한다.

일반적으로 국가들은 자본수지나 무역수지에서 마이너스나 플러스를 겪을 수 있다. 무역수지와 자본수지가 환율에 미치는 영향을 최소화하기 위하여 각 나라는 이 두 항목 사이에 균형을 유지하도록 노력해야 한다. 예를 들어 미국은 수출보다 수입이 더 많기 때문에 상당한 무역적자를 기록하고 있다. 무역수지가 마이너스이면 그 나라는 외국으로의 수출보다 수입이 많다. 그러므로 그들은 적자를 메워야 한다. 이러한 무역수지 적자는 외국인으로부터의 실물 투자나 포트폴리오 투자를 통한 자본의 유입을 통하여 상쇄될 수 있다. 이 경우 미국은 두 항목이 균형을 이룰 수 있도록 무역수지 적자를 최소화하고 동시에 자본유입을 최대화하도록 노력해야 한다.

이러한 균형에서의 변화는 매우 중요한 의미를 가지며 경제정책의 근간과 환율 수준에 깊은 영향을 준다. 무역흐름과 자본흐름 간의 차이가 플러스 혹은 마이너스인지에 따라 그 나라 통화 움직임의 방향성이 결정될 것이다. 무역수지와 자본수지의 차가 마이너스이면 그 나라 통화가치는 하락할 것이고 만약 플러스라면 통화가치의 상승을 이끌 것이다.

국제수지의 변화가 통화 수준에 직접적 영향을 미친다는 것은 확실하다. 그러므로 투자자는 이 국제수지와 관련된 경제지표들을 관찰하고 일어날 결과들을 예측하는 것이 가능하다. 자본, 무역흐름과 관련된 데이터는 아주 면밀히 지켜보아야 한다. 예를 들어 미국의 무역적자가 계속되고 자본흐름 또한 감소하고 있다면 국제수지에서 적자가 발생할 것이다. 그 결과로 투자자들은 미국 달러가치의 하락을 어렵지 않게 예상할 수 있다.

<u>국제수지 모델의 한계</u>

국제수지 모델은 국제자본의 흐름보다는 거래되는 재화와 서비스에 초점을 맞추었다. 사실 1990년대 후반 들어 자본계정을 통한 국제자본흐름은 미국과 같은 채무국가들의 경상수지를 메꾸어주기는 했지만 통화시장에서의 거래를 빈번하게 위축시켜왔다.

예를 들어 1999년, 2000년, 2001년 미국에서는 거대한 규모로 경상수지 적자가 지속되었고 반면 일본은 거대한 경상수지 흑자 상황이었다. 하지만 같은 시기 동안 미국 달러는 경상계정을 통한 무역흐름이 미국 달러에 불리한 상황이었음에도 불구하고 엔화 대비 강세를 보였다. 이유는 자본계정을 통한 자본흐름이 경상계정의 무역흐름을 메워 균형을 맞춘 덕분이었다. 이로써 국제수지 예측 모델은 한계를 가지게 되었다. 이러한 이유로 자본계정을 통한 자본흐름의 증가로 인하여 자산시장 모델이 출현하였다(이러한 접근방식을 국제수지 이론이라 불리는 것은 잘못된 명칭일 수 있다. 왜냐하면 실제 국제수지가 아닌 단지 경상수지만을 고려하고 있기 때문이다. 하지만 1990년대까지 자본계정을 통한 자본흐름은 전 세계 경제에서 역할이 크지 않았기 때문에 대부분의 국가에서 무역수지는 국제수지의 큰 부분을 차지하고 있었다).

구매력평가 (PPP, Purchasing Power Parity)

환율은 두 나라 간에 유사한 재화 바스켓을 구성하여 그것의 상대적 가격에 의해 결정되어야 한다. 바로 이 생각을 기초로 하여 구매력평가 이론이 성립한다. 국가 물가상승률의 변화는 그 나라의 환율에서 정반대의 변화를 발생시켜 균형을 이루어야 한다. 그러므로 이 이론에 따르면 한 나라의 물가가 인플레이션 때문에 상승하게 되면 그 나라의 환율(통화가치)은 균형점으로 돌아오기 위해 하락해야 한다.

PPP의 재화묶음

구매력평가를 위해 가격화되는 재화와 서비스의 바스켓은 국내총생산GDP에 포함되는 모든 재화와 서비스의 표본이다. 이러한 재화와 서비스는 소비재와 소비자 서비스, 정부 서비스, 시설재, 건설 프로젝트들을 포함한다. 좀 더 자세히 살펴보면, 소비자 물품들은 음식, 음료, 담배, 옷, 신발, 렌트, 상수도, 가스, 전기, 의약품과 서비스, 가구, 가전제품, 개인 운송장비, 연료, 운송 서비스, 오락용구, 오락 및 문화 서비스, 전화 서비스, 교육 서비스, 개인생활용품 및 서비스, 가계운영, 수리 및 정비 서비스들을 포함한다.

빅맥 지수(Big Mac Index)

PPP의 가장 유명한 예시 중 하나는 이코노미스트의 빅맥 지수이다. 빅맥 PPP는 미국 내 빅맥 햄버거 가격을 다른 나라의 빅맥 햄버거 가격과 같다고 가정하여 산출된 환율이다(PPP환율 = 미국 빅맥 가격 / 다른 나라 빅맥 가격). PPI환율과 실제 다른 나라의 환율을 비교해서 그 나라의 통화가치가 저평가되었는지 고평가되었는지를 알려준다. 예를 들어 2002년 4월 미국과 캐나다 간의 환율USD/CAD은 1.57(1USD = 1.57CAD)이었다. 미국에서 빅맥 가격은 2.49달러였고 캐나다에서는 3.33달러이므로 캐나다 빅맥 가격은 미국 달러로 환산하면 2.12달러(3.33달러/1.57달러)로 계산된다. 따라서 USD/CAD환율은 구매력평가 이론상 15퍼센트 고평가되어 환율은 1.34달러(3.33달러/2.49달러)가 되어야 한다.

OECD 구매력평가 지수

좀 더 공식적인 지수는 경제협력개발기구^{OECD}에 의해 발표된다. 경제협력개발기구와 유럽연합통계청이 공동 구매력평가 프로그램 Joint OECD-Eurostat PPP program 아래 공동으로 PPP를 계산한다. 미국 달러 대비 통화들이 저평가되었는지 고평가되었는지에 관한 가장 최근 정보는 OECD 웹사이트(www.oecd.org)에서 찾아볼 수 있다. OECD는 주요 선진국들의 물가수준을 보여주는 표를 발행한다. 각 열은 동일한 대표 소비재와 서비스 바스켓을 구매하기 위해 명시된 목록에 있는 각 나라들에서 필요한 화폐단위의 수를 나타낸다. 한 나라에서 각각의 대표적인 재화묶음^{basket} 100단위를 구매하는 데 드는 비용이며, 이때의 비용은 해당 국가의 통화로 명시된 것이다.

그리고 한 국가의 PPP와 실제 환율을 비교하여 차트가 만들어진다. 차트는 현재 환율을 반영하기 위해 매주 업데이트된다. 또한 PPP의 새로운 예측치를 반영시키기 위해 1년에 약 두 번 업데이트된다. PPP 예측치는 OECD에 의해 수행되는 연구들로부터 나오기는 하지만, 이것들은 결정적인 것으로 간주해서는 안 된다. 상이한 계산 방법의 차이 때문에 또 다른 PPP환율이 도출될 것이다.

2002년 9월 OECD 정보에 따르면 미국과 캐나다 간의 환율은 1.58이었으나 미국의 물가수준과 캐나다의 물가수준은 122(환율1.22)였다. PPP모델에 따르면 USD/CAD는 매우 고평가되었던 것이다(25퍼센트 이상까지. 결국에는 빅맥 지수와 크게 차이 나지 않는다).

구매력평가 활용의 한계

PPP이론은 장기적 펀더멘털 분석에만 사용되어야 한다. PPP 뒤에 가려진 경제요인들은 결국에는 개별 통화의 구매력을 동일하게 만들 것이다. 하지만 이렇게 되는 데 수년이 걸릴 수 있으며 보통 5년에서 10년 정도가 일반적이다. PPP의 주요 약점은 재화가 관세, 쿼터, 세금 같은 것들을 무시하고 쉽게 거래될 수 있다는 가정을 두고 있다는 점이다. 예를 들어 미국이 수입에 대한 새로운 관세를 발표하게 되면, 자국에서 제조된 재화의 비용은 상승한다. 하지만 이러한 증가들은 미국 PPP표에는 반영되지 않는다.

PPP를 다룰 때 또한 고려해야 하는 요소들이 있다. 인플레이션, 이자율 차이, 경제 발표/보고, 자산시장, 무역흐름, 정치적 사태의 전개 등을 보아야 한다. 사실 PPP는 단지 트레이더들이 환율을 결정할 때 사용해야 하는 여러 이론 중 하나일 뿐이다.

이자율평가

이자율평가 이론은 두 나라의 금리가 차이가 있을 경우 그 차이는 무위험 차익거래를 방지하기 위해 선도 환율에 프리미엄 또는 할인으로 반영된다고 말한다. 예를 들어 만약 미국 금리가 3퍼센트이고 일본 금리가 1퍼센트라고 한다면, 무위험 차익거래를 방지하기 위해 미국 달러는 선도환율 계산 시 일본 엔화 대비 2퍼센트 하락해야 한다. 이러한 미래 환율은 오늘 계산된 선물환율에 반영된다. 예를 들어 달러의 선도환율은 디스카운트에 있다고 부른다. 왜냐하면 미국 달러 선도환율로 엔화를 매입할 경우 현물환율로 매입했을 때보다 더 적게 일본 엔화를 살 수 있기 때문이다. 엔화는 프리미엄에 있다고 부른다.

이자율평가 이론은 최근 들어 잘 작동하지 않는 것으로 보인다. 무위험 차익거래와는 관련 없이, 금리 인상을 통해 경제활성을 둔화시키기 위한 중앙은행의 결정 때문에 고금리통화들이 빈번히 상승했기 때문이다.

통화 모델

통화 모델은 '환율은 국가의 통화정책에 의해 결정된다'는 이론이다. 통화모델에 따르면 일정기간 동안 안정적인 통화정책을 시행하고 있는 나라들의 통화는 강세를 보인다. 일관성 없는 통화정책이나 지나친 팽창주의 정책을 가진 나라의 통화는 가치 하락을 보인다.

<u>통화 모델 사용방법</u>

이 이론 아래서 환율에 영향을 미치는 세 요인들을 정리해본다.

1. 국가의 통화량
2. 국가의 미래 통화량
3. 국가의 통화량 증가율

이런 요인들은 환율에서 변화를 일으킬 수 있는 통화 동향을 이해하고 발견하는 데 핵심이다. 예를 들어 일본 경제는 지난 10년 동안 경기침체에 빠져 있었다. 금리 수준은 거의 0이었고 재정 적자로 인하여 경기침체를 벗어나기 위한 지출을 늘리지 못했다. 이로 인해 일본 경제를 살리기 위해 일본정부가 취할 수 있는 방법은 한 가지밖에 없었다. 더 많은 돈을 찍어내는 것이다. 주식과 채권을 매입함으로써 일본 중앙은행은 국가의 통화량을 증가시켰고 이에 따라 환율변화를 야기하는 인플레이션이 발생했다. 〈그림 3-5〉의 예제는 통화 모델을 사용하여 통화량의 변화에 따른 영향을 설명하고 있다.

〈그림 3-5〉 통화모델

이는 통화모델이 가장 성공적으로 적용될 수 있는 과도한 통화공급 확대정책을 실행하고 있는 예이다. 한 나라가 통화가치의 급격한 하락을 막기 위해 취할 수 있는 몇 가지 방법 중 하나는 통화 긴축정책을 펼치는 것이다. 예를 들어 아시아 외환위기 시기에 홍콩 달러는 투기자들의 공격 아래 놓였었다. 홍콩 당국은 미국 달러에 연동된 시스템을 유지하기 위하여 금리를 300퍼센트로 인상시켰다. 이 방법은 완벽한 효과를 거두었다. 하늘 높이 치솟은 금리로 인해 투기자들을 퇴출시킬 수 있었던 것이다. 반면 단점은 홍콩경제가 침체에 빠질 수 있는 위험이었다. 하지만 결국에는 미 달러화 페그 시스템은 유지되었고 통화 모델은 효과를 거두었다.

통화 모델은 극소수의 경제학자들이 지지하고 있는데, 그 이유는 이 모델이 무역흐름과 자본흐름을 고려하지 않기 때문이다. 예를 들어 2002년에 영국은 미국과 유럽연합보다 높은 금리와 성장률, 그리고 높은 인플레이션 증가율을 보이고 있었으나 파운드의 가치는 미국 달러와 유로화 대비 강세를 나타내었다.

통화 모델은 변동환율제도가 도입된 이후 의미가 많이 상실되었다. 통화 모델에서 높은 금리는 대부분 그랬듯이 인플레이션 증가의 신호를 보내고 있으며 이는 바로 통화가치의 하락으로 이어졌다. 하지만 이 모델은 고금리 수익이나 경제호황으로 주식시장이 활황을 보일 때 그로써 발생되는 자본의 유입을 고려하지 않고 있다. 이 경우에 통화는 강세를 보일 수도 있다. 어쨌든 통화 모델은 미래의 환율변동 방향을 예측하기 위하여 다른 모델들과 같이 사용할 수 있는 유용한 펀더멘털 도구들 중 하나이다.

실질금리 차이 모델

실질금리 차이 이론에서 환율 움직임은 한 나라의 금리 수준에 의해 결정된다고 말한다. 고금리를 유지하고 있는 나라의 통화는 강세를 보여야 하고 반대로 저금리를 유지하고 있는 나라의 통화는 약세를 보여야 한다.

모델의 기초

한 나라가 금리를 올릴 경우 외국 투자자들은 수익률 면에서 그

금리 vs 미국	Eurozone	Japan	U.K.	Canada	Australia	New Zealand
2003년말 중앙은행 금리	100	−100	275	175	425	400
2003년 변화율 vs 미국달러	20%	12%	11%	21%	34%	27%

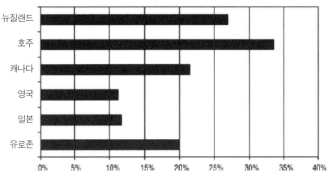

〈그림 3-6〉 실질금리 모델

통화에 대한 매력을 느껴 그 나라의 통화를 사들일 것이다. 〈그림 3-6〉
은 2003년도에 금리 스프레드가 가장 넓은 수준으로 확대되었을 때 이
이론이 얼마나 잘 맞았는지를 보여준다.

　이 그래프로부터 얻은 데이터는 혼합된 결과를 보여준다. 호주 달
러는 미 달러화 대비 베이시스 포인트[BP] 스프레드가 가장 컸으며 미국
달러 대비 가장 높은 수익을 기록했다(양 통화 간 수익률 격차는 425BP이
지만 호주 달러는 미 달러화 대비 34퍼센트 가치가 절상되었다). 투자자들이 더
높은 수익률을 가진 호주 달러를 마구 사들이고 있기 때문에 이 모델
은 잘 맞는 것처럼 보인다. 미국 달러 대비 높은 수익률 금리격차(400
BP)를 가진 뉴질랜드 달러는 호주 달러와 동일하게 미 달러화 대비 27
퍼센트 절상되었다.

하지만 양 통화 간 베이시스 포인트 차이가 단지 100BP인 유로화의 경우는 미 달러화 대비 20퍼센트 절상된 것을 보면 이 모델은 약간 설득력이 떨어진다. 이 모델은 특히 영국 파운드와 일본 엔과 비교했을 때 결정적인 딜레마에 빠진다. 일본 엔화의 경우 금리 차이는 -100BP인데 미국 달러 대비 거의 12퍼센트 강세를 기록하였다. 반면에 영국 파운드는 275BP가 큰 금리 차이를 가지고 있음에도 미국 달러 대비 단지 11퍼센트만 강세를 보였다.

이 모델에서 금리 변화에 대한 환율의 반응 강도를 결정하는 데 있어 핵심요소 중 하나가 있다. 바로 금리 변화의 지속성이 기대된다는 점을 강조하는 것이다. 간단히 말해서, 5년 동안 지속될 것으로 예상되는 금리 상승은 단지 1년 동안 지속될 것으로 예상될 때보다 환율에 미치는 영향이 더 크다는 얘기다.

금리 모델의 한계

한 나라의 금리 변화와 통화가격 간에 강력하고 통계적으로 중요한 연관성이 있는지에 대해 국제경제학자들 사이에 논쟁이 있어왔다. 이 모델의 주요 약점은 한 나라의 경상수지를 고려하지 않고 대신 자본계정을 통한 자본흐름에 의존한다는 점이다.

금리 모델은 정치적 안전성, 인플레이션, 경제성장 등 다른 수많은 요소들을 희생하면서 자본흐름을 지나치게 강조하는 경향이 있다. 이러한 다른 요소들이 없다고 가정하면 금리 모델은 매우 유용할 수 있다. 투자자들은 더 높은 보상을 지급하는 투자 대상으로 자연스럽게 끌릴 것이라는, 지극히 논리적인 이유가 있기 때문이다.

자산시장 모델

이 이론은 주식과 채권 같이 한 나라의 금융자산들로 자본이동이 늘어날 때 그 나라의 통화수요 또한 증가한다는 것이 기본전제이다 (그 반대의 경우도 마찬가지이다). 이러한 증거로 이 모델의 옹호자들은 주식과 채권 같은 투자상품에 투하된 자본의 규모가 재화와 서비스 수출입거래에서 발생되는 외환거래 규모를 축소시키고 있다고 지적한다. 자산시장 이론은 기본적으로 국제수지 이론의 정반대이다. 이 이론은 한 나라의 경상수지가 아닌 자본수지만을 고려하기 때문이다.

달러주도 이론

1999년 한 해 동안 많은 전문가들은 미국의 경상수지 적자 확대와 고평가된 미국의 주식시장으로 인하여 달러가 유로화 대비 하락할 것이라고 주장하였다. 이러한 주장의 근거는 미국 투자자가 아닌 이들이 미국 주식과 채권으로부터 그들의 자본을 회수하여 경제적으로 좀더 건실한 시장으로 옮기기 시작할 것이며 이는 미국 달러에 상당한 압력으로 작용할 것이라는 점이다. 이러한 두려움은 1980년대 초 미국 경상수지가 사상 최고치인 GDP 대비 3.5퍼센트까지 치솟았을 때부터 남아 있던 것이다.

지난 20년 동안 달러의 변동성을 평가하는 데 있어 국제수지 접근법은 자산시장 접근법으로 바뀌어왔다. 이 이론은 미국 자본시장의 거대함 때문에 전문가들을 지배하여 왔다. 2002년 5월과 6월에 미국 월스트리트를 괴롭히고 있었던 회계 스캔들 때문에 주식투자자들이 미국 주식시장에서 이탈함과 동시에, 달러가 엔화 대비 1000포인트 이상 급락하였다. 2002년 말에 회계 스캔들이 진정되자 비록 전체 기간 동안 경상수지 적자가 큰 규모로 유지되고 있음에도 불구하고 달러는 엔화 대비 저점인 115.43에서 500BP 상승하면서 120.00에 마감하였다.

자산시장 이론의 한계

자산시장 이론은 실제 입증되지 않은 매우 새로운 이론이라는 점이 한계이다. 한 나라의 주식시장 움직임과 통화시장 움직임 사이에 장기적으로 관계가 없다는 것에 대해서 자주 논쟁이 일어나고 있다. 이를 비교한 〈그림 3-7〉을 보자. 1998년과 2008년 사이에 S&P 500지수와 미국 달러 인덱스는 단지 25퍼센트의 상관관계를 보이고 있다.

주식시장이 강세와 약세 심리에 휘둘려 횡보할 때 한 나라의 통화에는 어떤 일이 일어날까? 이것은 2002년 미국에서 일어난 시나리오였는데 결과적으로 통화 트레이더들은 자신들이 금리 차익거래 같은 구형 머니메이킹 모델로 돌아가고 있다는 사실을 발견했다. 자산시장 모델이 유효한지 아니면 단지 통화 예측에서 나타난 일시적인 현상인지는 시간이 말해줄 것이다.

통화대체 모델

통화대체 모델은 한 나라의 투자흐름을 고려하기 때문에 통화 모델의 연장으로 봐야 한다. 한 나라에서 다른 나라로 민간과 공공부문 포트폴리오의 이동은 환율에 중대한 영향을 미친다고 전제하고 있다. 자국 및 외국통화로부터 자산을 바꾸는 개인들의 행위를 통화대체라고 한다.

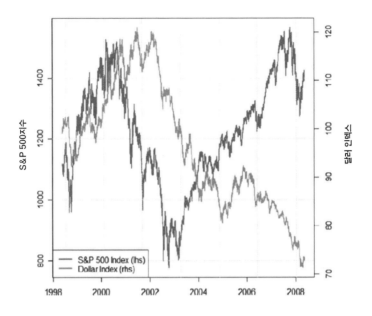

〈그림 3-7〉달러 인덱스와 S&P 500지수

이 모델과 통화 모델을 결합하면 한 나라의 통화량에 대한 기대 변화는 그 나라의 환율에 결정적인 영향을 줄 수 있다는 증거를 보여 준다. 투자자들은 통화모델 데이터를 잘 살피고 있다가 자금흐름에서 변화가 일어나 환율 변화를 초래한다고 예상할 것이고, 이에 따라 투자를 실행하게 되어 통화 모델은 자체적으로 예측능력을 갖게 된다. 이 이론을 지지하는 투자자들은 통화 모델의 보완수단으로서 통화대체 모델을 사용하고 있다.

<u>엔화의 예시</u>

앞의 통화 모델의 예(그림3-5)에서 일본정부는 엔화를 찍어내어

시장에서 주식과 채권을 매입하고 있는 것을 보았다(이는 통화량을 증가시키고 있다). 통화 모델 이론가들은 이러한 통화량의 증가는 사실 인플레이션(엔화의 구매력 저하)을 유발하여 엔화 수요를 감소시키고 궁극적으로는 엔화를 하락하게 만들 것이란 결론을 내릴 것이다. 통화대체 이론가들은 이 시나리오에 동의하면서 이 기회를 활용하기 위하여 엔화를 매도할 것이다. 만약 엔화가 롱포지션 상태에 있다면 롱포지션을 청산할 것이다. 이러한 실행 등으로 인해 시장은 예상되는 방향으로 움직일 것이며(엔화 매도에 의한 엔화 약세화), 통화이론 모델이 기정사실화 될 것이다. 〈그림3-8〉에서 단계적인 과정이 설명되어 있다.

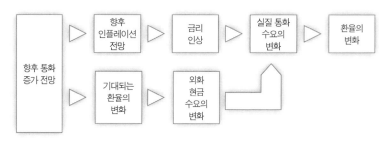

〈그림 3-8〉 통화대체 모델

1. 일본은 주식과 채권을 되 사들이는 새로운 계획을 발표한다. 경제학자들은 이제 일본의 통화량이 급격히 증가할 것이라고 예측한다.
2. 경제학자들은 이 새로운 정책 도입으로 인플레이션이 증가할 것으로 예상하고, 투기거래자들은 결과적으로 환율 변화를 예상한다.
3. 경제학자들은 인플레이션이 경제의 발목을 잡게 될 때 금리가 올라갈 것으로 기대한다. 투기자들은 환율의 변화를 예측하고 엔화를

팔기 시작한다.

4. 일본 경제에 엔화의 공급이 증가하면서 엔화에 대한 수요는 급감할 것이며 투기자들이 시장에서 엔화를 투매하기 시작한다.

5. 투자자들이 엔화를 대체할 수 있는 외화에 대해 엔화의 가치가 하락하게 되면 일본 엔화 환율은 급격하게 변동된다.

통화대체 모델의 한계

활발히 거래되는 주요 통화들 사이에서 이 모델은 아직까지 환율 움직임에 대하여 설득력 있고 유일한 결정요인이라는 확신을 주지 못했다. 이 이론은 핫머니가 큰 영향력을 가지고 유입 또는 유출되는 후진국들에게는 더 확실하게 적용될 수 있겠지만, 통화대체 모델에 의해 설명되지 않는 너무나도 많은 변수들이 여전히 존재하고 있다. 예를 들어 앞서 엔의 예시에서 보면, 일본은 증권 매입계획을 시행함으로써 인플레이션을 유발할 수 있지만 일본은 여전히 엔화의 가치를 지지해줄 수 있는 거대한 경상수지 흑자를 가지고 있다. 또한 일본은 수많은 정치적 장애 요인들을 갖고 있으며, 자국 통화가치를 절하하려고 시도할 경우 수많은 저항에 부딪힐 거라는 점도 알아두어야 한다. 이런 것들은 통화대체 모델이 고려하지 않는 많은 요소들 중 두 가지 변수이긴 해도, 다른 수많은 통화예측 모델들처럼 균형 있는 환율 예측을 위한 방법 중 한 가지일 뿐이다.

통화시장을 움직이는
단기적 요소

한 나라가 지속 불가능한 무역적자를 기록하고 있을 때 무역수지 발표는
더욱 중요하다. 반면에 고용창출에 어려움을 겪는 경제상황에서는 실업
률 지표가 더욱 중요하다. 그럴 때에는 자신이 중앙은행 총재의 입장이라
면 어떤 문제를 가장 긴급한 것으로 여길 것인지 생각해보는 것이 좋다.

펀더멘털 또는 기술적 트레이더들에게 있어 경제지표의 중요성은 결코 과소평가되어서는 안 된다. 스스로를 기술적 분석가라 표방하는 많은 사람들이 있지만 외환시장에서 필자가 얻은 경험으로는 거의 모든 이들이 자신들의 트레이딩 전략에 경제지표를 중요 요인으로 포함시킨다는 것을 알게 되었다.

예를 들어 레인지(Range, 낮은 가격에 매수하고 높은 가격에 매도하는 전략—역자 주) 거래에만 집중하는 훌륭한 기술적 분석가는 비농업취업자수^Nonfarm payrolls, NFP처럼 시장에 매우 큰 움직임을 촉발시키는 경제지표가 발표되는 날에는 아마도 거래를 하지 않고 시장에서 벗어나는 것을 선택할 것이다. 기술적 돌파(Breakout, 상단 혹은 하단 돌파 시 매도, 매수하는 전략. 가령, 상단 돌파 시 매수, 하단 돌파 시 매도—역자 주)에 집중하는 트레이더들은 반대로 가격움직임을 촉발시키는 중요한 경제지표가 발표되는 날만 거래하기를 원할 것이다. 자동화시스템 거래를 하는 이들에게는 펀더멘털 분석을 추가하는 것이 특히 중요하다. 발표될 경제지표에 기초해서 자신의 전략들(시스템)을 켜거나 *끄는* 것이(선택적으로 사용하는 것을 의미) 그들의 거래전략의 전반적인 성과에 잠재적으로 큰 영향을 미칠 수 있기 때문이다.

펀더멘털 트레이더들은 경제지표가 발표되는 시기에는 거래 성적이 더 좋은 경향을 보인다. 이때 환율에 가장 큰 영향을 미치는 경제지표는 당연히 미국 경제지표이다. 90퍼센트에 가까운 모든 통화거래들이 미국 달러를 대가로 거래가 이루어진다. 즉, 미국 달러는 대부분의 거래에서 기준 또는 상대통화라는 의미가 된다.

모든 경제지표가 영향을 미치진 않는다

어떤 경제지표는 환율에 매우 중요하고 지속적인 영향을 미칠 수 있지만, 반면에 어떤 경제지표들은 전혀 중요하지 않을 수 있다. 초판에서 나는 2004년도에 얼마나 많은 미국 경제지표들이 미국 달러(유로화 대비)에 영향을 주는지 살펴보았다. 유로/달러를 선택한 이유는 전 세계 모든 통화쌍 중에 가장 유동성이 풍부하고 미국 경제지표 발표에 가장

〈표 4-1〉 경제지표 발표에 따른 EUR/USD의 반응범위

2007년 최상위 경제지표들 (20분 반응)		2004년 최상위 경제지표들 (20분 반응)
1 비농업취업자수	69 pips	1 비농업취업자수
2 금리결정(FOMC)	57 pips	2 금리결정(FOMC)
3 인플레이션(CPI)	39 pips	3 무역수지
4 소매판매	35 pips	4 인플레이션(CPI)
5 생산자물가지수	35 pips	5 소매판매
6 신규주택판매	34 pips	6 국제자본유출입동향(TIC)
7 기존주택판매	34 pips	7 ISM제조업지수
8 내구재 주문건수	33 pips	8 생산자물가지수
9 국내총생산(GDP)	32 pips	9 국내총생산(GDP)

순수한 반응을 보이는 경향이 있기 때문이다. 이번 개정판에서는 2007
년도에 발표되었던 경제지표들을 활용하여 연구결과를 갱신하였다.
지표의 중요 순위가 변경되었고 지표에 대한 반응 정도도 달라졌다.

다양한 경제지표들이 발표된 후 20분 동안 그리고 60분 동안 유
로/달러가 어떻게 반응하는지와, 미국 시장이 폐장될 때까지 그 움직
임이 얼마만큼 지속되는지를 살펴보는 것이 이 연구의 목적이었다. 나
는 20분을 자동적인 반응시간으로 간주하였고, 핍^{pip}의 변화는 경제지
표가 발표된 시간과 20분 또는 60분 후 종가에 기초하였다. 이러한 방
법론은, 예를 들자면 최초 20분 동안의 격한 움직임을 배제시키는 데
도움을 줄 것이다.

〈표 4-1〉에서 보는 것처럼, 미국 비농업취업자수 발표는 미국 달
러에 가장 큰 시장 움직임을 야기하는 지표임을 알 수 있다. 이 지표
는 2004년과 2007년 모두 목록에서 최상위에 올라와 있다. 비농업취
업자수가 그렇게 중요한 이유는 취업자수 증가는 한 나라의 전반적인
경제상황을 가장 잘 나타내기 때문이다. 취업자수의 강한 증가세는 더
강력한 소비 지출과 통화 긴축정책으로 이어지는 경향이 있으며, 증가
추세가 미약한 경우 소매판매 감소, 경제둔화와 금리인하로 이어질 수
있다. 2007년에 평균적으로 EUR/USD는 비농업취업자수가 발표되었
을 때 첫 20분 동안 69핍 움직임을 보였다. 보통 일간 기준으로 EUR/
USD는 평균 98핍 움직임을 보였던 것과 큰 대조를 이루었다.

비농업취업자수나 기타 미국 경제지표 발표에 대한 반응의 강
도는 2004년과 2007년 사이에 상당히 감소해 왔다. 이것은 부분적으
로 통화시장의 변동성 축소에 기인하고 있다. 실제로 2006년도 외환

시장 변동성은 사상 최저수준을 기록했는데, 지난 3년 동안 외환시장에서 거래량이 거의 두 배로 늘어났고 유동성도 상당히 증가했다. 유동성이 풍부해지면서 시장은 경제지표 발표를 더욱 잘 흡수하는 경향을 보였다.

다른 한편으로는 2004년도 평균 43핍의 움직임과는 다르게 2007년도에는 평균 32핍의 움직임을 보인 국내총생산GDP이다. 2007년도에 GDP 발표에 대한 반응은 일간 기준으로 90핍 이하였다. 이는 미국 달러의 움직임에 큰 영향을 미치는 지표 목록에 GDP가 포함되지 않는다는 의미이다. 2004년으로 돌아가면 GDP 발표 후에 EUR/USD는 일일 평균 110핍의 움직임을 보였다.

지난 몇 년 동안 우리가 보아온 가장 큰 변화 중 하나는 지수발표 시 자동적인 반응들이 좀 더 완화되었다는 점이다. 2004년도에 우리는 되돌림을 동반한 많은 자동적인 반응 스파이크를 보곤 하였다. 종종 이러한 스파이크는 미국 경제지표 발표에 대해 첫 20분 동안 반응이 마지막 반응보다 더 큰 것으로 나타났다. 하지만 2007년도에 우리는 더욱 작아진 자동 반응과 더 길어진 반응 기간을 목격하였다. 이러한 변화가 생긴 주요 이유 중 하나는 연방준비제도가 2007년 금리를 지속적으로 인하하고 있었기 때문이다. 그러므로 트레이더들은 연방준비제도의 다음 통화정책 결정에 미칠 경제지표 발표에 어떤 영향이 올지를 잘 평가해야 한다. 20분과 일간 반응에 대한 우리만의 분석에 따라 미국 경제지표에 대한 아래와 같은 순위를 매겨보았다.

미국 달러 움직임에 큰 영향을 미치는 경제지표들(2007년 자료 활용)

첫 20분간

1. 비농업취업자수

2. 금리발표(FOMC 금리 결정)

3. 인플레이션(소비자물가)

4. 소매판매

5. 생산자물가

6. 신규 주택판매

7. 기존 주택판매

8. 내구재 주문건수

9. 국내총생산

1일간

1. 비농업취업자수

2. ISM 비제조업지수

3. 개인소비

4. 인플레이션(소비자물가)

5. 기존주택판매

6. 소비자신뢰지수(컨퍼런스보드)

7. 미시간대학 소비자신뢰지수

8. FOMC 의사록

9. 산업생산

ISM 비제조업 지표가 20분 순위에는 없는데 일간 순위에서 두드러진 모습을 보인 것도 주목할 만하다. ISM 지표에는 여러 가지 기본적 요소들과 더불어 눈에 보이는 이상의 것이 있다. 트레이더들은 연준의 다음 정책결정이 어떻게 될지를 알아내기 위해 고용과 가격 구성요소들 모두 살펴봐야 한다. 서비스부문 ISM지표 역시도 매우 중요하다. 이 지표의 고용 구성요소는 비농업취업자수가 증가할지 감소할지에 대한 최적의 선행지표이다.

시간에 따라 달라지는 경제지표의 중요성

시간이 흐르면서 세계가 변화함에 따라 각종 경제지표 발표들의 중요성도 변해왔다. 2004~2007년의 경우, 단지 2007년에만 다른 경제지표들이 우리의 지표 순위 목록에 올라왔다. 예를 들어 2004년에 주택시장과 관련된 계수에 사람들은 거의 관심을 갖지 않았다. 당시 부동산시장이 붐을 일으켰고 모두가 이러한 붐이 계속될 것으로 기대하였기 때문이다. 그러나 2007년에 들어 주택시장의 거품이 발생되자 이 문제가 미국전역과 세계경제에 퍼져나갔다. 주택가격 하락, 재고 증가뿐만 아니라 점점 더 많은 주택소유자들이 주택담보대출에 대한 채무불이행에 빠지고 있었다. 이에 따라 주택시장의 건전성은 미국 경제 전망에 매우 중요한 요소가 되었다. 모두가 미국 경제의 회복을 위해서 주택시장이 안정화되어야 한다는 것을 깨달았다. 이에 따라 트레이더들은 무역수지 발표보다는 월간 기존주택 판매건수 발표에 더 반응하기 시작했다.

미국 국가경제연구소^{National Bureau of Economic Research}의 조사보고서인 〈외환 트레이더들의 믿음과 행동의 거시경제적 의미〉[1]에 따르면 흥미롭게도 1992년에 무역수지는 발표 후 첫 20분 동안 미국 달러의 움직임에 가장 큰 영향을 미치는 경제지표였다. 당시 비농업취업자수 발표는 세 번째였다. 1999년에는 실업자수 또는 비농업취업자수가 최상위에 올랐지만 무역수지는 네 번째로 하락하였다. 앞서 〈표 4-1〉에서 나타나듯이 비농업취업자수는 계속해서 미국 달러의 움직임에 가장 큰 영향을 주는 경제지표이고 무역수지는 많은 트레이더들의 관심에서 완전히 멀어졌다.

시장의 관심이 경제상황의 변화에 맞춰 다른 경제지표와 미국 경제의 다른 부문으로 옮겨가는 것은 당연한 일이다. 예를 들어 한 나라가 지속 불가능한 무역적자를 기록하고 있을 때 무역수지 발표는 더욱 중요하다. 반면에 고용창출에 어려움을 겪는 경제상황에서는 실업률 지표가 더욱 중요하다. 그럴 때에는 자신이 중앙은행 총재의 입장이라면 어떤 문제를 가장 긴급한 것으로 여길 것인지 생각해보는 것이 좋다.

외환딜러들이 선정한 변화된 경제지표의 중요성 순위

2007년

1. 비농업취업자수(실업률)

---

[1] Yin-Wong Cheung and Menzie D. Chinn, "Macroeconomic Implications of the Beliefs and Behavior of Foreign Exchange Traders," NBER Working Paper 7417, November 1999

2. 금리(FOMC 금리 결정)

3. 인플레이션(소비자물가)

4. 소매 판매

5. 생산자물가

1992년

1. 무역수지

2. 금리(FOMC 금리결정)

3. 비농업취업자수(실업률)

4. 인플레이션

5. GDP

점차 영향력이 없어지는 GDP

일반적인 생각과는 달리 GDP 발표는 더 이상 미국 달러의 움직임에 큰 영향을 미치는 지표가 아니다. 이에 대한 한 가지 유력한 설명은 연구에 활용된 기타 경제지표들보다 GDP가 덜 빈번하게 발표된다는 점이다(경제지표들은 월간으로, GDP는 분기별로 발표). GDP 지표는 애매모호한 점이 있어 잘못 해석하기 쉽다. 예를 들어 수출 증가에 의해 GDP가 솟구치는 것은 자국통화에 긍정적이다. 하지만 GDP 성장이 재고누적의 결과라면 통화에 미치는 영향은 실제로는 부정적일 수 있다. 게다가 GDP를 구성하는 많은 요소들(경제지표들)은 GDP 발표보다 앞서 공

〈그림 4-1〉 EUR/USD 일중 차트
(출처: 현대선물)

개된다는 점도 생각해야 한다.

　　돌파형 트레이더들의 경우엔 거래 당일 어떤 데이터가 발표되는
지를 알고 있는 것이 거래의 규모를 결정하고 자신감을 갖는 데 도움
이 된다. 예를 들어 〈그림 4-1〉의 EUR/USD 일중 차트를 보자. 가격
이 보합국면일 때 삼각형 모양을 형성하는 것을 볼 수 있다. 만약 비농
업취업자수가 다음날 발표될 예정이었다면, 돌파형 트레이더는 아마
도 발표에 따라 거대한 돌파를 기대하고 직전에 과중한 포지션을 구
축했을 것이다.

　　그에 반해서 보합국면의 세 번째 막대는 GDP가 발표되는 날이었
다. 그림에서와 같이 돌파가 금방이라도 일어날 것 같음에도 불구하
고 레인지는 여전히 비교적 좁았다. GDP 발표 후 즉시 일어나는 20분
간의 평균적인 움직임은 비농업취업자수 발표 후의 움직임과는 비교

할 수 없다. 그런데 이를 알고 있는 상황에서 돌파형 트레이더들은 아마도 비농업취업자수 발표라면 구축했을 포지션의 50퍼센트만을 구축해야 한다. 이것은 레인지 트레이더들이나 시스템 트레이더들에게도 동일하게 적용된다. 비농업취업자수가 발표되는 날은 조용히 관망하며 가격 정착을 기다리는 이들 입장에서는 완벽한 날일 것이다. 반대로 GDP가 발표되는 날은 견고한 레인지 또는 시스템 기반 트레이딩을 할 수 있다.

전반적으로 어떤 경제지표가 시장에 가장 큰 영향을 미치는지를 아는 것은 모든 트레이더에게 매우 중요하다. '20분 대 일중' 레인지를 안다는 것 역시 매우 중요하다. 외환시장에서 어떤 경제지표가 자동적인 반응을 야기할 것인지, 그리고 어떤 경제지표가 그러한 반응을 더 오래 지속시킬 것인지 보여주기 때문이다. 어느 특정시기에만 중요시되는 경제지표를 파악하는 것도 꼭 필요하다. 시장이 순환하는 것처럼 트레이더들이 주목해야 하는 경제지표도 마찬가지로 그때그때 달라지기 때문이다.

최적의 매매 시간대는
언제인가?

가장 효과적이고 시간 대비 효율성이 뛰어난 거래전략을 개발하기 위해
서는 시간대에 따라 시장의 움직임이 얼마나 활발하게 나타나는지를 아
는 것(보통 '유동성'이라고 부른다)이 중요하다. 그래야만 자신이 거래에
참여하는 시간대에서 매매 기회를 최대한 많이 얻을 수 있다.

외환시장은 24시간 운영된다. 트레이더가 모든 시간대에 참여하기는 불가능하며 매번 즉각적으로 대응하는 것 역시 쉽지 않다. 그래서 타이밍 선정이 외환거래에서 제일 중요하다. 가장 효과적이고 시간 대비 효율성이 뛰어난 거래전략을 개발하기 위해서는 시간대에 따라 시장의 움직임이 얼마나 활발하게 나타나는지를 아는 것(보통 '유동성'이라고 부른다)이 중요하다. 그래야만 자신이 거래에 참여하는 시간대에서 매매 기회를 최대한 많이 얻을 수 있다.

유동성과 더불어 통화쌍별 변동폭 역시 지정학적 위치와 국가별 거시경제적 상황에 크게 좌우된다. 따라서 통화쌍이 언제 가장 크게 움직이고, 언제 가장 적게 움직이는지 알아냄으로써 트레이더는 효율적인 자산분배를 통하여 자신의 투자 효율성을 높일 수 있다.

5장에서는 서로 다른 시간대에 거래되는 주요 환율이 유동성 면에서 가장 활발한 타이밍에 어떻게 움직이는지 알아보도록 하자. 〈표 5-1〉은 2002년부터 2004년까지의 기간 중 다양한 시간대에서 거래되는 서로 다른 통화쌍들의 평균 변동폭을 나타낸다.

〈표 5-1〉 시간대별 통화쌍들의 평균변동폭				
통화구분(한국시간)	아시아 시장 9시 ~ 18시	유럽 시장 16시 ~ 익일 2시	미국 시장 22시 ~ 익일 7시	미국&유럽 중첩시간대 22시 ~ 익일 2시	유럽&아시아 중첩시간대 16시 ~ 18시
EUR/USD	51	87	78	65	32
USD/JPY	78	79	69	58	29
CBP/USD	65	112	94	78	43
USD/CHF	68	117	107	88	43
EUR/CHF	53	53	49	40	24
AUD/USD	38	53	47	39	20
USD/CAD	47	94	84	74	28
NZD/USD	42	52	46	38	20
EUR/GBP	25	40	34	27	16
GBP/JPY	112	145	119	99	60
GBP/CHF	96	150	129	105	62
AUD/JPY	55	63	56	47	26

아시아 시장(도쿄 외환시장)

9시~18시(한국시간 기준, 미국 동부시간 기준으로는 19시~익일 4시)

아시아 시장에서 외환거래는 특정 금융 중심지에서 주로 이루어지고 있다. 아시아 시간대에서 가장 큰 비중을 차지하는 시장은 도쿄 외환시장이며, 홍콩과 싱가포르가 뒤를 잇고 있다. 외환시장에서의 일본중앙은행의 영향력은 점차 약화되고 있지만 여전히 도쿄 외환시장은 아시아에서 가장 중요한 외환시장 중 하나다. 이곳은 아시아 시장 중 제일 먼저 개장되는 주요시장이기 때문에 상당수의 투자자들은 시장의 역동성을 측정하거나 거래전략을 수립하기 위한 벤치마크로서 도쿄 시장을 거래 모멘텀으로 사용한다.

가끔 도쿄 외환시장의 거래가 활발하지 않을 때도 있지만 대형 투자은행들과 헤지펀드들은 아시아 시장에서 중요한 스탑주문이나 옵션 베리어 레벨(barrier level, 옵션의 효력이 발생하는 환율수준—역자 주)을 운용하는 것으로 알려져 있다.

리스크를 선호하는 트레이더들에게는 USD/JPY, GBP/CHF, GBP/JPY가 좋은 선택이다. 해당 통화쌍들은 보통 변동폭이 크기 때문에 짧은 시간 동안 거래하는 트레이더들에게 평균 90핍 정도의 매력적인 수익기회를 제공한다. 주로 달러표시 자산을 보유하고 있는 외국계 투자은행들이나 기관투자자들은 일본증시나 채권시장에 참여할 때 대량의 거래를 발생시킨다. 약 8,000억 달러의 미국채를 보유한 일본중앙은행은 공개시장조작을 통하여 USD/JPY의 수요와 공급에 영향을 미치며 외환시장에서 큰 영향력을 행사하고 있다.

마지막으로 일본의 대형 수출기업들 역시 도쿄 외환시장 시간대에 그들의 해외수익분을 본국으로 송금하는 것으로 알려져 이로 인하여 환율변동폭이 커지기도 한다. 한편 GBP/CHF와 GBP/JPY는 중앙은행과 대형투자자들이 유럽 시장 개장에 대비하여 그들의 포지션을 조절하기 위해 아시아 시장에서 높은 변동성을 나타낸다.

리스크를 선호하지 않는 트레이더들에게는 AUD/JPY, GBP/USD, USD/CHF가 좋은 선택이다. 대개 이러한 통화들은 중기 혹은 장기 트레이더들이 의사결정 시 펀더멘털적 요소를 감안할 수 있기 때문이다. 트레이더는 변동폭이 크지 않은 통화를 선택함으로써 투기적인 데이트레이더 때문에 발생할 수 있는 비정상적인 시장 움직임으로부터 자신들의 투자전략을 보호할 수 있다.

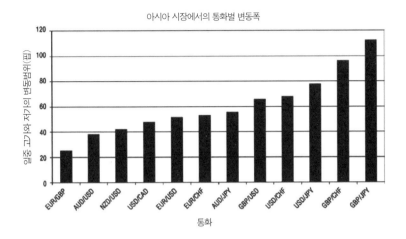

아시아 시장에서의 통화별 변동폭

〈그림 5-1〉 아시아 시장에서의 통화쌍별 평균변동폭

미국 시장(뉴욕 외환시장)

22시~익일 7시(한국시간 기준, 뉴욕 동부시간 기준으로 8시~17시)

뉴욕 시장은 외환시장에서 두 번째로 크다. 2004년 4월 BIS(국제결제은행)가 3년 주기로 발표하는 외환과 파생상품 시장 활동에 관한 중앙은행의 조사에 의하면, 뉴욕 시장은 전체 외환시장 거래량의 약 19퍼센트를 차지하고 있다. 또한 뉴욕 시장은 오후장 이후 외환거래 활동이 다음날 도쿄 외환시장의 시작 전까지 최소화되기 때문에 하루 중 마지막 시장의 역할을 수행하기도 한다. 미국 시장이 열리는 시간대 중 상당부분은 우리나라 시간으로 대개 오후 9시부터 새벽 1시까지(뉴욕시간 기준 오전 8시부터 정오까지)이며, 이 시간 동안에는 유럽 시장의 트레이더들 역시 아직 거래를 하고 있는 시간대이기 때문에 서로 중첩하여 거래가 이루어지면서 매우 높은 유동성을 나타낸다.

리스크를 선호하는 트레이더라면 GBP/USD, USD/CHF, GBP/
JPY, GBP/CHF를 거래하는 것을 추천하는데, 그 이유는 하루 중 평균
변동범위가 약 120핍 정도로 크게 나타나기 때문이다(그림5-2 참조). 위
에 제시한 통화들의 거래가 이 시간대에 특히 활발한 이유는 거래에
있어 직접적으로 달러화가 포함되기 때문이다. 좀 더 자세히 말하면,
미국 외환시장 개장시간대에 미 증시와 채권 현물시장이 개장되기 때
문에, 외국투자자들은 주식이나 채권 투자를 위하여 그들의 자국통화
(엔화, 유로화, 스위스 프랑화 등)를 미국 시장에서 달러표시 자산으로 전
환하게 된다. 더불어 이 시간대는 유럽 시장과 미국 시장이 서로 겹치
면서 GBP/JPY와 GBP/CHF가 하루 중 가장 큰 변동폭을 나타내는 시

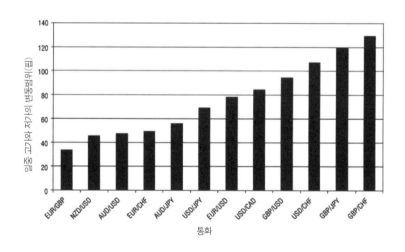

〈그림 5-2〉 미국 시장에서의 통화별 평균변동폭

간대이기도 하다.

외환시장에서 대부분의 통화에 대한 환율은 달러로 호가되는데, 이는 다른 통화로 바꾸기 전에 반드시 달러화로 환전되는 과정을 거치기 때문이다. 예를 들어 GBP/JPY는 엔화에서 파운드화로 곧장 변환되는 것이 아니라, 일단 달러화로 변환된 후에 엔화로 최종적으로 변환된다. 따라서 GBP/JPY를 거래한다는 것은 GBP/USD와 USD/JPY라는 두 개의 상이한 거래를 포함하며, GBP/JPY의 변동성 역시 앞서 언급한 두 개 통화쌍의 상관관계에 따라 결정된다. GBP/USD와 USD/JPY는 서로 반대 방향으로 움직이기 때문에 부(-)의 상관관계를 가지고 있으며 이로 인하여 변동성은 증폭된다.

USD/CHF의 움직임 역시 이와 유사한 방법으로 설명할 수 있지만 변동의 강도가 더 크다. 높은 변동성을 지닌 통화거래는 어찌 보면 매력적일 수도 있지만 내재된 리스크 역시 크다는 점을 명심해야 한다. 갑작스러운 환율 변화로 인하여 주문이 중단되거나 자신의 장기 전략이 무효화될 수 있기 때문에 트레이더들은 항상 시장 상황에 맞추어 전략을 지속적으로 수정하여야 한다.

리스크를 선호하지 않는 트레이더들은 주로 USD/JPY, EUR/USD, USD/CAD를 선택하는 것이 좋은데, 이유는 위 통화쌍들의 경우 트레이더들이 작은 리스크를 안고 매력적인 수익을 얻을 수 있을 만큼 적당한 변동폭을 나타내고 있기 때문이다. 이러한 통화쌍들은 유동성이 풍부하므로 투자자들은 신속하고 효율적으로 손절이나 이익을 실현할 수 있다. 또한 이런 통화들은 변동성이 아주 크지 않아 장기 전략을 사용하는 트레이더들에게 유리하다.

유럽 시장(런던 외환시장)

16시~익일 2시(한국시간 기준, 미국 동부시간 기준으로 2시~정오)

런던 외환시장은 세계에서 가장 크고 중요한 시장이다. BIS 조사결과에 의하면 전 세계 거래량의 약 30퍼센트 이상을 차지하고 있다. 대형 은행들의 딜링데스크가 대개 런던에 위치하고 있으며, 주요 통화거래의 상당부분이 높은 유동성과 효율성 때문에 런던 시간대에 이루어진다. 많은 시장 참여자들과 엄청난 거래량으로 인하여 런던 외환시장은 전 세계에서 제일 변동성이 큰 시장이다.

〈그림5-3〉에서 보는 바와 같이, 12개의 주요 통화쌍들 가운데 50퍼센트 이상이 유럽 시장에서 80핍 이상의 변동폭을 보이고 있으며

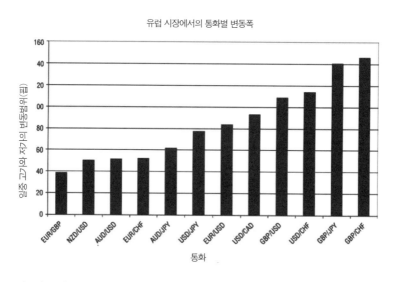

〈그림 5-3〉 유럽 시장에서의 통화별 평균변동폭

GBP/JPY와 GBP/CHF는 각각 140핍, 146핍의 큰 변동폭을 보여주고 있다.

GBP/JPY와 GBP/CHF는 리스크를 선호하는 트레이더들에게 적합하다. 해당 통화쌍들은 140핍 이상의 일중 평균변동폭을 나타내고 있어 짧은 시간에 대규모의 수익을 올릴 수 있다. 이 두 통화쌍이 큰 변동폭을 지니는 이유는 바로 대형참여자들이 유럽 시장에서 거래를 마무리하고자 하여 거래량이 증가하기 때문이다. 유럽 시장은 직접적으로 미국 시장과 아시아 시장을 연결한다. 대형은행들과 기관투자자들은 이 시간대에 자신들의 포트폴리오에 대한 리밸런싱 작업을 마무리하고 미국 시장의 개장에 대비하여 유럽통화표시 자산을 미 달러화표시 자산으로 바꾸기 시작할 것이다. 대형시장 참여자들의 두 번에 걸친 자산 전환에 따라 이러한 통화쌍들은 유럽 시장에서 극심한 변동성을 보인다.

리스크를 더 감내할 수 있는 투자자라면 선택의 폭이 넓다. 평균 100핍의 변동폭을 나타내고 있는 EUR/USD, USD/CAD, GBP/USD, USD/CHF들은 높은 변동성 때문에 시장 진입의 기회가 많으므로 선택하기에 좋은 통화쌍들이다. 앞서 언급한 바와 같이, 대형투자자들이 미국 시장의 개장을 앞두고 포지션을 재조정하기 때문에 유럽통화와 달러화 간의 거래는 다시 활기를 띠게 된다.

리스크를 선호하지 않는 투자자들은 평균 변동폭이 50핍 정도인 NZD/USD, AUD/USD, EUR/CHF, AUD/JPY를 선택할 수 있다. 이러한 통화쌍들의 경우는 거래수익에 더하여 고금리로 인한 금리 수익을 기대할 수 있기 때문이다. 해당 통화쌍들은 펀더멘털적 요인에 따라 움직이는 경향이 강하고, 투기적인 일중 거래자들 때문에 발생될 수 있는 손실가능성이 낮다.

미국 시장과 유럽 시장이 겹치는 시간대

22시~익일 2시(한국시간 기준, 미국 동부시간 기준으로 8시~정오)

외환시장은 미국 시장과 유럽 시장이 겹치는 시간대에 가장 활발하게 움직이는 경향이 있다(그림5-4 참고). 한국시간으로 오후 10시와 새벽 2시 사이의 변동폭은 유럽 시장에서 거래되는 환율의 경우 평균 변동폭의 약 70퍼센트가, 미국 시장에서 거래되는 환율의 경우 평균 변동

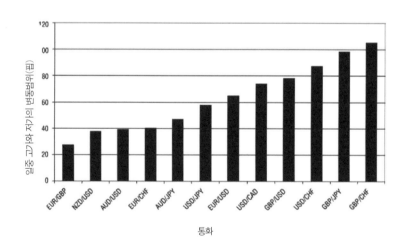

〈그림 5-4〉 미국 시장과 유럽 시장이 겹치는 시간대의 통화별 평균변동폭

폭의 80퍼센트가 이 시간대에 움직인다. 만약 트레이더들이 하루 종일 데스크를 지키며 일하지 못할 경우, 가격 변동폭이 크고 변동성 또한 높기를 기대한다면 미국과 유럽의 시간대가 겹치는 이때가 가장 적당한 거래시간이다.

유럽 시장과 아시아 시장이 겹치는 시간대
16시~18시(한국시간 기준, 미국 동부시간 기준으로 2시~4시)

아시아와 유럽이 겹치는 시간대는 유럽의 아침 시간대이기 때문에 거래가 많지 않아 다른 시간대와 비교할 때 거래량이 매우 적다(그림5-5

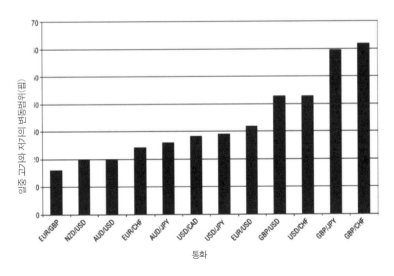

〈그림 5-5〉 유럽과 아시아 중첩시간대에서의 통화별 변동폭

참조). 더불어 실제 겹치는 시간도 짧다. 이 시간대에는 거래량이 많지 않기 때문에 리스크를 선호하는 트레이더들은 유럽 시장에서 브레이크 아웃(돌파)이 발생될 때를 기다리거나, 혹은 미국 시장이 개장될 때까지 낮잠을 자거나 포지션 전략(장시간 매수 혹은 매도를 보유하여 수익을 내는 거래전략의 일종—역자 주)을 짜면서 시간을 보낼 수도 있다.

통화 상관계수와
트레이더 이용법

외환시장에서 모든 것들은 일정부분 서로 상호 연관되어 있으며 이런 상
호 연관성의 정도나 앞으로의 전개방향 등을 알고 있으면 거래전략을 수
립하는 데 유용하게 활용할 수 있다. 상관계수에서 나오는 정보는 자신의
포트폴리오를 다양화하거나 다른 통화쌍으로 포지션을 증가시키려고 하
는 트레이더에게 많은 도움이 된다.

외환시장 트레이딩에서 한 가지 명심해야 할 것은 각 통화쌍별 가격움직임이 상호 배타적으로 움직이지는 않는다는 점이다. 대부분의 경우 외국의 경제환경, 금리, 가격변화 등은 한 통화쌍뿐만이 아니고 다른 많은 통화쌍에도 영향을 미치고 있다. 외환시장에서 모든 것들은 일정부분 서로 상호 연관되어 있으며 이런 상호 연관성의 정도나 앞으로의 전개방향 등을 알고 있으면 거래전략을 수립하는 데 유용하게 활용할 수 있다. 또 트레이딩 도구로서도 활용이 가능하다. 한 번에 한 통화쌍만을 거래하는 것이 아니라면 다른 통화쌍들과 비교하여 어떻게 움직이는가를 파악하는 것이 매우 중요하다.

위의 경우를 알아내기 위하여 흔히 상관분석을 사용하고 있다. 상관관계는 가격 데이터를 사용하여 계산하며 산출된 상관계수를 통하여 다른 통화쌍 사이에 존재하는 관계를 측정한다. 이러한 상관계수에서 나오는 정보는 자신의 포트폴리오를 다양화하거나 다른 통화쌍으로 포지션을 증가시키려고 하는 트레이더에게 많은 도움이 된다. 그리고 트레이더들이 얼마만큼의 리스크에 노출되어 있는지도 파악이 가능하다. 이를 잘 활용하게 되면 수익을 극대화하거나 리스크를 측정할 수 있고, 비효율적인 트레이딩을 방지할 수도 있다.

정·역관계 상관도

트레이더의 포트폴리오에서 통화쌍들 간의 상관관계를 파악하는 것은 노출의 정도나 리스크를 측정하는 데 아주 훌륭한 방법이다. 다른 통화쌍에 투자함으로써 포트폴리오를 다양화하고 있다고 생각할지 모르지만 포트폴리오 안의 대부분의 통화쌍들은 서로 같은 방향이나 반대방향으로 움직이는 경향을 가지고 있다. 통화쌍들 간의 상관관계가 강하게 혹은 약하게 나타날 수도 있고 이러한 상관관계가 몇 주, 몇 달 심지어는 몇 년까지 지속될 수도 있다.

기본적으로 상관계수 수치는 특정 기간 동안 통화쌍들이 얼마나 밀접하게 같은 방향 혹은 다른 방향으로 움직이는지 추정할 수 있게 해준다. 상관계수 수치는 소수의 형태를 띠며 최소 -1.0에서 최대 +1.0 값을 가진다. 상관계수 값이 +1값에 가깝다는 의미는 두 통화쌍이 서로 같은 방향성을 가지고 같이 움직인다는 것을 의미한다.

예를 들어 6장 끝부분에 나와 있는 〈표 6-1〉을 살펴보면, USD/JPY와 USD/CHF는 지난 한 달 동안 +0.83의 상관계수 값을 보여주고 있다. 만일 소수 형태의 값에 둔감하다면 이를 백분율 형태로 전환해보자. 그러면 두 통화 간에 83퍼센트의 상관도가 존재한다고 판단할 수 있다. +1.0에 가까운 상관계수 값은 두 통화쌍 간 '정의 상관관계'를 가지며 같은 방향으로 움직인다. 반대로 -1.0에 가까운 값은 두 통화쌍 간 '역의 상관관계'를 나타내며 이는 환율이 반대로 움직인다는 것을 의미한다. 그러므로 위에 예시한 USD/JPY와 USD/CHF를 함께 포트폴리오에 담으면 효율적으로 포지션을 증가시킬 수 있다(각각의 통화쌍에서 미 달러화를 매수하는 경우 순포지션은 증가하며, 반대로 한 통화쌍에서 USD를 매수하고 다른 통화쌍에서 USD를 매도하는 경우 순포지션은 감소한다).

한 통화쌍을 매수하고 다른 통화쌍을 매도하는 전략은 바람직하지 않을 수 있다. 왜냐하면 상승장에서 매수 통화쌍의 가치는 올라가지만 다른 매도 통화쌍의 가치가 하락하여 매수 통화쌍에서의 상승분을 상쇄시켜버린다. 이러한 매수/매도 전략은 트레이더의 이익을 보장하지 못할뿐더러, 두 통화쌍의 핍 가치가 다르기 때문에 손실을 정확히 0으로 만들지도 못한다. 이렇듯 두 통화쌍 간 움직임이 유사한 포트폴리오 조합에서 매수/매도 반대 포지션이 구축되면 수익이 줄어들 수 있고 심지어 손실이 발생한다.

비단 양의 상관관계만이 통화쌍 간 연계성을 측정하는 데 유용한 것만은 아니다. 역의 상관관계 역시 통화 포트폴리오 구축에서 유용하게 이용된다. 다음 예제에서는 양의 상관관계 대신 높은 부(-)의 상관관계를 가진 경우를 생각해보자. 양의 상관관계와는 반대로 상관계수가 -1에 접근할수록 통화쌍의 움직임은 반대 방향으로 연결되어 있다 (즉 환율의 움직임이 반대로 나타나게 된다).

USD/CHF와 부의 상관관계를 가지고 있는 EUR/USD의 경우를 살펴보자. 두 통화쌍 간의 상관계수는 1년 자료 기준 -0.83, 한 달 자료 기준 -0.94를 나타내고 있다. 이 수치가 의미하는 바는, 양 통화쌍은 서로 반대 방향으로 움직이는 성향이 매우 강하다는 것이다. 그러므로 두 개의 통화쌍이 서로 반대방향의 포지션을 취하게 되면 서로 높은 양의 상관관계를 가진 두 개의 통화쌍에서 같은 방향으로 포지션을 구축하는 것과 같다. 이와 같이 부의 상관관계를 가진 양 통화쌍의 매수/

매도 전략은 포지션을 늘리는 것과 같은 효과를 가지며 결과적으로는 포트폴리오의 위험 노출도를 증가시킨다.

하지만 이러한 전략, 다시 말해 각 EUR/USD, USD/CHF에서 미 달러화 EUR과 CHF를 대가로 매수/매도하는 전략은 양 통화쌍의 가격이 서로 반대로 움직이기 때문에 비생산적일 수 있다. 그리고 한 통화쌍에서 발생된 수익을 감소시키거나 혹은 손실을 초래할 수도 있다. 한 통화쌍에서는 수익이 나겠지만 다른 통화쌍에서는 손실이 발생되기 때문이다(그러나 이 손실과 수익 금액은 정확히 일치하지 않으며 각 통화쌍의 핍 가치에 따라 다르게 나타날 수 있다).

변하는 상관계수 값

외환거래를 한 번이라도 경험한 사람이라면 외환시장이 매우 역동적이라는 것을 알고 있을 것이다. 각종 경제 상황, 가격, 심리 등은 매일 변화하고 있다. 변화무쌍한 외환시장 특성에 따라 통화 간 상관관계를 분석할 때 명심해야 할 사항은 이런 주요 변수들이 시간의 흐름에 따라 매우 쉽게 변화한다는 것이다. 오늘 관측된 강한 상관관계는 다음 달에 관측된 것과 다를 수 있다는 얘기다.

외환시장 환경이 계속 변화하기 때문에 상관계수 분석방법을 거래에 활용하기 위해서는 시장 흐름을 인식하고 있는 것이 매우 중요하다. 예를 들면 AUD/USD와 GBP/USD의 경우 한 달간 관측된 상관계수는 0.08이다. 이렇듯 낮은 상관관계는 양 통화쌍 간 움직임이 서로 영향을 미치지 않고 움직인다는 것을 나타내고 있다. 그러나 양 통화쌍 간 3개월 상관계수를 산출해보면 이는 0.24로 증가하고 있고, 똑같은 방법으로 산출된 6개월 상관계수는 0.41, 1년 상관계수는 0.45로 급격히 증가한다. 해당 예시에서 볼 수 있듯이 양 통화쌍 간의 관계가 단기적으로는 명백하게 무너지고 있다는 것이다. 장기적으로는 강한 양의 상관관계가 보이고 있지만, 단기적으로는 상관관계가 거의 없는 것으로 나타나고 있다.

반면 EUR/USD와 AUD/USD의 경우는 단기적으로 더 강한 상관관계를 보이고 있다. 즉 양 통화쌍 간 상관계수는 1년 기준 -0.52, 한 달 기준으로는 -0.63을 보이고 있다. 이러한 상이한 관측기간에 따른 상관계수의 변화를 보여주는 극적인 예는 USD/JPY와 AUD/USD의 통화쌍에서 볼 수 있다. 양 통화쌍 간 1년 자료의 상관계수는 +0.41을 보이고 있다. 이 양 통화쌍은 장기적으로는 같은 방향으로 움직이고 있는 추세를 보이고 있으나, 2008년 5월 한 달 동안은 반대 방향으로 움직여 부(-)의 상관계수 -0.30을 보이고 있다. 이렇듯 각각의 통화쌍들이 서로 연계된 방향과 강약은 시간의 흐름에 따라 시장 심리와 경제 여건의 변화에 좌우된다.

직접 상관계수 값을 구하라

앞서 살펴보았듯이 통화쌍 간 상관도가 시간에 걸쳐 변하기 때문에 양 통화쌍 간 상관관계의 강도나 방향과 같은 추세를 알기 위해서는 개인

스스로가 상관계수를 계산해보아야 한다. 다소 혼란스러울 수 있는 개념이지만 상관계수 값을 직접 구하는 방법은 매우 간단하다. 가장 간단한 방법은 마이크로소프트 액셀 프로그램을 이용하는 것이다. 액셀 프로그램을 열어, 상관계수를 알아보고자 하는 통화쌍들의 가격 데이터를 가지고 특정 기간을 선택하여 상관계수 함수를 이용하면 된다. 1년, 6개월, 3개월 그리고 한 달 기간의 자료를 토대로 양 통화쌍 간 유사성과 차이점에 대한 포괄적인 그림을 그릴 수 있다. 이러한 많은 자료를 가지고서 무엇을 어떻게 활용할지 결정하여야 한다.

다음에서는 USD/GBP와 USD/CHF 예제를 단계별로 나누어 직접 상관계수를 구해보도록 하겠다. 첫째, 사용자는 두 통화쌍의 가격 데이터를 수집한다. 한눈에 알아보기 쉽게 하기 위해 한 열에는 주간단위 종가 GBP자료와 다른 쪽에는 CHF자료를 배열한다. 얼마 동안을 기간으로 정할 것인지는 사용자의 판단에 맡기며, 두 기간이 일치되는 마지막 열 아래 빈 칸에 엑셀 함수 '=CORREL'이라고 기입한다. 그런 다음 모든 GBP 가격 데이터를 선택하고 콤마(,)를 기입한 다음 모든 CHF 가격 데이터를 선택한다(=correl(GBP data, CHF data)). 여기서 도출되는 값이 두 통화쌍 간의 상관계수이다. 비록 이렇게 얻어진 상관계수 값을 매일 업데이트해야 되는 건 아니지만, 격주에 한 번씩 또는 적어도 한 달에 한 번씩은 상관계수 값을 업데이트 해보는 것이 바람직하다.

아래 〈표 6-1〉은 상관계수 결과 예제이다.

〈표 6-1〉 상관도 표						2008년 4월 자료
EUR/USD	AUD/USD	USD/JPY	GBP/USD	NZD/USD	USD/CHF	USD/CAD
1 Month	0.63	-0.70	0.36	0.47	-0.94	-0.15
3 Month	0.43	-0.61	0.46	0.31	-0.86	-0.20
6 Month	0.51	-0.36	0.55	0.50	-0.85	-0.33
1 Year	0.52	-0.26	0.60	0.47	-0.83	-0.38
AUD/USD	AUD/USD	USD/JPY	GBP/USD	NZD/USD	USD/CHF	USD/CAD
1 Month	0.63	-0.30	0.08	0.82	-0.46	-0.26
3 Month	0.43	0.13	0.24	0.85	-0.07	-0.52
6 Month	0.51	0.35	0.41	0.86	-0.15	-0.60
1 Year	0.52	0.41	0.45	0.86	-0.16	-0.60
USD/JPY	AUD/USD	USD/JPY	GBP/USD	NZD/USD	USD/CHF	USD/CAD
1 Month	-0.70	-0.30	-0.10	-0.02	0.83	-0.16
3 Month	-0.61	0.13	-0.07	0.22	0.86	-0.30
6 Month	-0.36	0.35	0.01	0.36	0.68	-0.39
1 Year	-0.26	0.41	0.04	0.44	0.61	-0.36
GBP/USD	AUD/USD	USD/JPY	GBP/USD	NZD/USD	USD/CHF	USD/CAD
1 Month	0.36	0.08	-0.10	0.20	-0.31	-0.24
3 Month	0.46	0.24	-0.07	0.25	-0.30	-0.36
6 Month	0.55	0.41	0.01	0.37	-0.34	-0.42
1 Year	0.60	0.45	0.04	0.41	-0.38	-0.44
NZD/USD	AUD/USD	USD/JPY	GBP/USD	NZD/USD	USD/CHF	USD/CAD
1 Month	0.47	0.82	-0.02	0.20	-0.29	-0.04
3 Month	0.31	0.85	0.22	0.25	0.04	-0.44
6 Month	0.50	0.86	0.36	0.37	-0.13	-0.52
1 Year	0.47	0.86	0.44	0.41	-0.10	-0.55

USD/CHF	EUR/USD	AUD/USD	USD/JPY	GBP/USD	NZD/USD	USD/CAD
1 Month	-0.94	-0.46	0.83	-0.31	-0.29	0.02
3 Month	-0.85	-0.07	0.86	-0.30	0.04	-0.09
6 Month	-0.85	-0.15	0.68	-0.34	-0.13	0.04
1 Year	-0.83	-0.16	0.61	-0.38	-0.10	0.09

USD/CAD	EUR/USD	AUD/USD	USD/JPY	GBP/USD	NZD/USD	USD/CHF
1 Month	-0.15	-0.26	-0.16	-0.24	-0.04	0.02
3 Month	-0.20	-0.52	-0.30	-0.26	-0.44	-0.09
6 Month	-0.33	-0.60	-0.39	-0.42	-0.52	0.04
1 Year	-0.38	-0.60	-0.36	-0.44	-0.55	0.09

Date	EUR/USD	AUD/USD	USD/JPY	GBP/USD	NZD/USD	USD/CHF	USD/CAD
5/1/2007–10/31/2007	6-Month Trailing	0.54	-0.02	0.71	0.46	-0.80	-0.49
6/1/2007–11/30/2007	6-Month Trailing	0.54	0.03	0.72	0.48	-0.80	-0.51
7/2/2007–12/31/2007	6-Month Trailing	0.55	-0.03	0.74	0.52	-0.81	-0.47
8/1/2007–1/31/2008	6-Month Trailing	0.58	-0.01	0.67	0.60	-0.83	-0.50
9/3/2007–2/29/2008	6-Month Trailing	0.57	-0.20	0.66	0.54	-0.84	-0.45
10/1/2007–3/31/2008	6-Month Trailing	0.52	-0.30	0.60	0.49	-0.83	-0.39
11/1/2007–4/30/2008	6-Month Trailing	0.51	-0.36	0.55	0.50	-0.85	-0.33
	Average	0.55	-0.13	0.66	0.51	-0.82	-0.45

외환시장의
계절적 요인

연중 일정기간에 걸쳐 되풀이되는 계절적 요인은 주식시장만의 고유한 특성은 아니다. 외환시장에서도 계절적 요인을 발견할 수 있다. 주식시장 처럼 외환시장에서도 가장 널리 알려지고 유명한 계절적 요인은 1월 효과이다. 1월 효과가 가능한 이유는 외국인 투자자들이 1월에 그들의 주식시장에서 해당국 통화를 달러로 환전하여 미 달러화로 주식 재매수 작업을 진행하기 때문이다.

다수의 트레이더들은 미래 환율을 예측하기 위해 기본적 분석 또는 기술적 분석을 이용한다. 물론 전략적 사고방식이 뛰어난 거래자는 두 가지 방법을 동시에 사용하기도 한다. 하지만 대다수 트레이더들이 지표에서 발생하는 교란요인을 생각하지 않고 가격움직임만을 가지고서 과거 가격추이를 분석하기란 쉽지 않다. 이번 장에서는 가격추이 분석법 중 하나인 계절적 요인을 알아보도록 한다.

주식시장에서는 이전부터 꽤 유명한 '1월 효과'라는 개념이 있다. 1942년 처음 알려진 이 개념은 로버트 하우겐Robert A. Haugen과 조세프 라코니쇼크Josef Lakonishok의 공동저서《믿기 어려운 1월 효과The Incredible January Effect》에서 다루게 되면서 시장에 공개되었다. 주식시장에서 1월 효과 개념은 '연말 12월 마지막 거래일과 다음 연도 1월 5거래일 동안 주식은 강세를 보인다'라는 것이다. 역사적으로 해당기간 강세장을 보인 이유는 연말에 발생된 자금흐름의 역전 현상이 이 기간 중 일어난다고 보기 때문이다. 회계연도 결산기가 다가오게 되면 대부분의 투자자들은 자본 이득을 실현하거나 손실을 확정짓기 위하여 주식을 현금화하고 있다. 반면 어떤 기업들은 그들의 재무재표를 재구성하기 위하여 이와 비슷한 거래를 하게 된다.

비단 주식시장에서만 1월 효과가 존재하는 것은 아니다. 마크 트웨인 효과^{Mark Twain Effect} 라 불리는 것도 있다. 10월 들어 특별히 주식시장이 약세를 보인다는 이론이다. 이는 마크 트웨인의 소설《푸든헤드 윌슨^{Pudd'nhead Wilson}》에서 유래되었다. 이에 따르면 "특히 10월. 투기적 수요에 입각한 주식매수는 매우 위험하다. 다른 월별로는 7월, 1월, 9월, 4월, 11월, 5월, 3월, 6월, 12월, 8월 그리고 2월이 있다"라고 쓰여 있다.

연중 일정기간에 걸쳐 되풀이되는 계절적 요인은 주식시장만의 고유한 특성은 아니다. 외환시장에서도 계절적 요인을 발견할 수 있다. 주식시장처럼 외환시장에서도 가장 널리 알려지고 유명한 계절적 요인은 1월 효과이다. 1월 효과가 가능한 이유는 외국인 투자자들이 1월에 그들의 주식시장에서 해당국 통화를 달러로 환전하여 미 달러화로 주식 재매수 작업을 진행하기 때문이다. 하지만 명심할 부분은 모든 통화쌍들이 항상 같은 결과를 가져다주지는 않는다는 점이다. 따라서 계절적 요인으로 인해 미국 달러가 어떤 통화들에 대하여는 다른 통화보다 아주 강세를 보이는 경우가 많다.

1월의 계절적 요인

2007년 말에 필자가 개인적으로 연구한 1월 효과를 살펴보겠다. 이번 연구에서는 1997년부터 2007년까지 11년간 개별 통화쌍의 1월 초와 1월 말 가격변화를 조사하였다. 해당 자료에 따르면 EUR/USD와 USD/CHF가 가장 강력한 1월 효과를 보여주고 있다. 아래 〈그림7-1〉

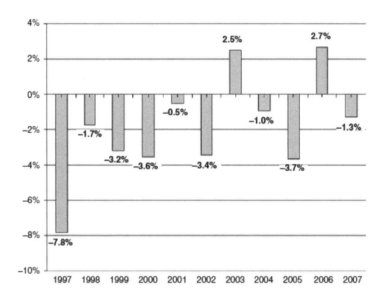

〈그림 7-1〉 EUR/USD 1월 효과(1997~2007)

을 살펴보면 대상기간 11년 중 1월 1일부터 1월 31일 사이에 달러는 9번, 비율로는 81.8퍼센트 유로 대비 상승하였다(유로가 도입된 1999년 이전 유로 가격은 유로 가격 추정치 사용, 이전 1유로는 1ECU(European Currency Unit)와 동일). 유로의 하락폭이 가장 큰 기간은 1997년이며 해당기간 유로는 달러 대비 7.8퍼센트 하락하였다. 1월 효과에서 평균 하락률은 유로가 상승했던 2003년과 2006년을 포함하더라도 -1.9퍼센트를 기록하였다. 기간을 좀 더 확대해서 보면 1979년부터 2007년 기간 중 유로의 평균 하락폭은 -1.2퍼센트였다.

1월에 계절성이 강하게 나타나는 주 이유는 연초에 포지션 재조정이 이루어졌기 때문이다. 하지만 그렇다고 항상 발생하는 건 아니

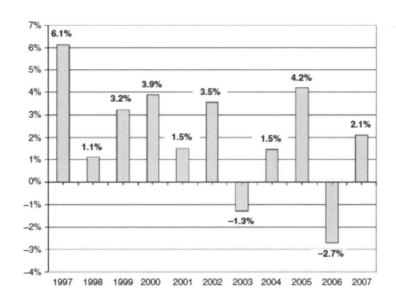

〈그림 7-2〉 USD/CHF 1월 효과(1997~2007)

다. 즉 과거 11년간 두 번을 제외하고 81.8퍼센트가량 발생한다는 것은 통계학상 매우 눈여겨볼 만하다. 이러한 계절적 요인에 관심을 갖게 되면 확률적으로 자신에게 유리한 방향으로 전략을 수립할 수 있다.

　USD/CHF 통화쌍에서도 이러한 1월 효과가 유사하게 나타난다. 아래 〈그림7-2〉를 살펴보면 달러는 1월 1일부터 1월 31일 사이에 과거 11년간 9번, 81.8퍼센트 비율로 스위스 프랑 대비 강세를 보였다. 사실 EUR/USD와 USD/CHF 두 통화쌍들이 전통적으로 반대방향으로 움직이고 있다는 점(높은 부(-)의 상관관계를 가짐)을 생각하면 이는 놀라운 결과는 아니다. 달러의 상승폭이 가장 컸던 해는 1997년이며 해당기간 달러는 스위스 프랑 대비 6.1퍼센트 상승하였다. 반면 미 달

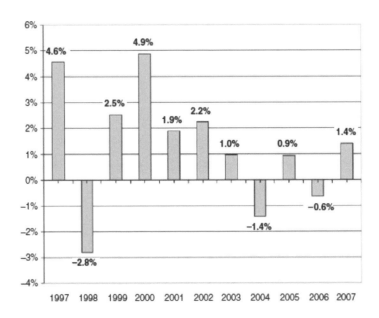

〈그림 7-3〉 USD/JPY 1월 효과(1997~2007)

러화의 하락폭은 2006년도에 -2.7퍼센트로 손실폭이 가장 크게 나타나고 있다.

1997~2007년까지 11년 기간 동안(매년 1월 중 스위스 프랑이 미 달러화 대비 강세를 시현한 2년(2003, 2006년)을 포함하여) 1월 효과는 미 달러화가 평균 2.1퍼센트 상승한 것으로 나타나고 있다. 조사기간을 좀 더 늘려보면 1979년에서 2007년까지 1월 효과로 인한 달러 상승률은 2.0퍼센트이다.

USD/JPY가 보인 1월의 계절적 요인 효과는 EUR/USD와 USD/CHF에 비해서는 상대적으로 약하다. 아래 〈그림7-3〉을 살펴보면 달러는 11년 동안(1월 1일부터 1월 31일까지) 8번, 72.7퍼센트 비율로 엔화 대비 상승하였다. 달러의 상승폭이 가장 큰 기간은 2000년이며 해당기간 달러는 엔화 대비 4.9퍼센트 상승하였다. 달러가 가장 큰 하락폭을 보인 시기는 1998년으로 엔화 대비 2.8퍼센트 하락하였다. 달러가 하락한 3개년을 포함한 11년간(매월 1월 1일부터 1월 31일) 1월 효과에 의한 달러 상승폭은 평균 1.3퍼센트이다. 기간을 좀 더 늘려보면 1979년부터 2007년 사이에 달러의 상승폭은 평균 1.04퍼센트였다.

이렇듯 USD/JPY의 계절성이 다른 통화보다 약하게 나타나는 원인에는 일본의 회계기간이 미국과 다르다는 사실이 큰 비중을 차지한다. 일본의 재정 장부상 회계결산 기간은 3월이기 때문에 일본 기업들의 포지션 재조정에 따른 윈도우 드레싱 효과가 1월에는 그리 크게 나타나지 않는다.

앞에서 다룬 EUR/USD, USD/CHF 그리고 USD/JPY를 제외하고 다른 통화쌍에서 1월의 계절적 요인을 찾아보기는 힘들다. 지난 11년간 자료를 분석해본 결과, 달러는 파운드, 호주 달러 그리고 캐나다 달러 대비 6번, 54퍼센트 비율로 상승하였다. 한편 뉴질랜드 달러에 대해서는 같은 기간 중 5번, 45퍼센트 비율로 강세를 보였다. 이러한 수치는 통계적으로 볼 때 큰 유의성이 없으며 해당 통화들에서 계절성이 존재한다고 보기는 어렵다.

여름휴가 계절요인

7월과 8월은 북반구에서 가장 무더운 여름철이다. 외환시장에서 여름

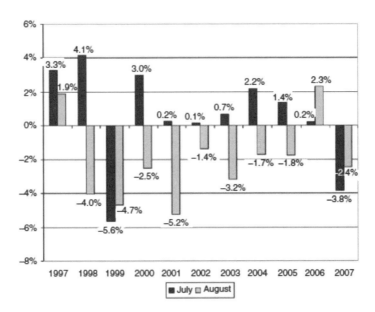

〈그림 7-4〉 USD/JPY 7월과 8월 효과(1997~2007)

은 트레이더들의 하계휴가 기간이기 때문에 가격 변동성이 평소보다 줄어든다. 한편 흥미롭게도 여름 두 달 동안 USD/JPY와 USD/CAD 모두 독특한 계절적 요인을 가진다. 두 통화쌍들은 7월에 달러가 상대통화 대비 강세를 보이고 8월에 전월 상승분을 반납하는 특징을 보인다.

위의 〈그림7-4〉를 살펴보면 1997년부터 2007년까지 11년 기간 중 7월에 USD/JPY는 9번 상승하였다. 기간 중 1998년에 상승폭이 가장 컸으며 1999년 하락세가 가장 심했다. 해당기간 중 평균적으로 7월에 USD/JPY는 0.5퍼센트 상승하였으나, 8월에는 11년 기간 중 9번 하락하였다. 특히 가장 낙폭이 심했던 기간은 2001년으로 달러가 엔화 대비 5.2퍼센트나 하락하였다. 그림에서도 알 수 있듯이, 8월 환율변동

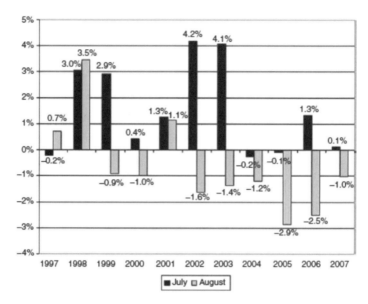

〈그림 7-5〉 USD/CAD 7월과 8월 효과(1997~2007)

폭은 통상 7월보다 컸으며 이 기간 동안 평균 −2.1퍼센트 하락하였다.

　　USD/CAD 통화쌍에서도 계절적 요인은 매우 중요한 변수이다. 〈그림7-5〉를 살펴보면 1997년과 2007년 사이의 11년 동안 7월에 USD/CAD는 8번 상승하였고 이 중 2002년에 가장 큰 상승폭을 기록하였다. 환율이 하락했던 3년(1997, 2004, 2005년)을 포함하여도 해당기간 USD/CAD는 1.5퍼센트 가치절상 되었다. 흥미로운 점은 1997년, 2004년 그리고 2005년 기간 동안 가치하락폭이 매우 작았다는 사실이다.

　　그렇다면 상대적으로 적은 위험부담을 가지고서 7월 이전에 환율 상승 전략을 세워볼 만하다는 얘기다. 그러나 8월 움직임은 다소 차이가 있다. 달러는 캐나다 달러 대비 11년 기간 중 8번 하락하였으나, 나머지 3년(1997, 1998, 2001년)의 달러 상승폭은 상대적으로 크게 나타났다. 결론적으로 8월 들어 달러 하락 확률이 우세하게 나타나고 있으며 평균 하락률은 -0.7퍼센트를 보이고 있다.

USD/CAD가 해당기간 중 이러한 계절성을 보이는 이유는 다양하겠지만 그 중 대표적인 것으로 관광 요인을 들 수 있다. 2007년 관광청 자료에 따르면 미국 관광객이 가장 선호하는 나라가 캐나다이며 다음으로 멕시코, 영국 그리고 일본 순이다. 대개 여름에 휴가 수요가 몰려 있기 때문에 8월 중 미 달러화의 하락은 이러한 여행 수요를 반영하고 있는 듯하다.

주목할 만한 또 다른 계절 요인

5월 효과

〈그림7-6〉과 〈그림7-7〉을 살펴보면 달러는 유독 5월 호주 달러와 뉴질랜드 달러 대비 강세를 보이는 경향이 있다. 호주 달러는 과거 11년 조사기간 동안 단 2년을 제외하고는 해당월에 달러 대비 약세를 보였다. 한편 뉴질랜드 달러는 같은 조사기간 동안 세 번 강세를 보였지만, 남은 기간 동안 달러가 강세를 시현하는 계절성을 보이고 있다.

9월 효과

9월의 계절적 요인 효과는 USD/CHF와 GBP/USD에서 동시에 발견할 수 있다. 다음 〈그림 7-8〉을 살펴보자. 해당 조사기간 동안 두 통

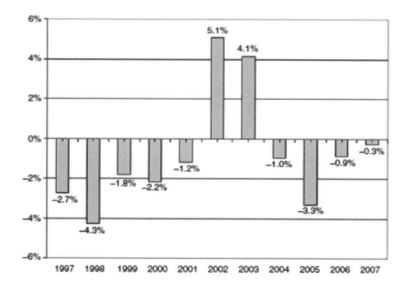

〈그림 7-6〉 AUD/USD 5월 효과(1997~2007)

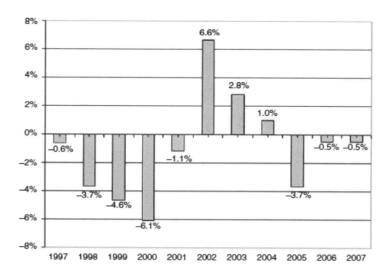

〈그림 7-7〉 NZD/USD 5월 효과(1997~2007)

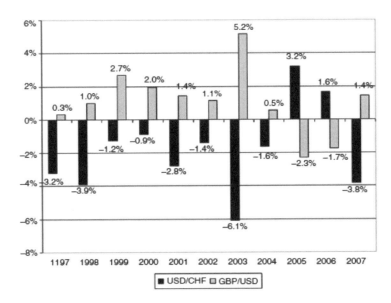

〈그림 7-8〉 USD/CHF, GBP/USD 9월 효과(1997~2007)

화쌍에서 달러는 상대통화 대비 약세를 보였다. 자세히 살펴보면 11
년 조사기간 동안 달러는 9번 약세를 보였다. 반면 2005년과 2006년
에는 달러가 두 통화쌍의 상대통화 대비 모두 강세를 보였다. 이러한
계절성은 사실 EUR/USD에서도 볼 수 있었으나 그리 중요하지는 않
았다. EUR/USD의 9월 효과는 과거 11년 기간 동안 8번 달러가 약세
를 보였다.

11월 효과

마지막으로 강한 계절 요인을 가진 것은 11월 효과이다. 비록 5월
과 9월 효과만큼이나 통계적으로 강한 유의성을 심어주지는 못했으
나, 과거 11년 기간 동안 뉴질랜드 달러는 달러 대비 8번 강세를 보였

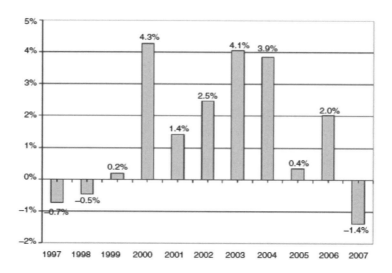

〈그림 7-9〉 NZD/USD 11월 효과(1997~2007)

다. 평균적으로 강세폭은 1.9퍼센트이며 이것은 통계학상 상당한 유의
성을 보이고 있다.

트레이딩 전략에 계절 요인을 접목시켜라

외환거래에 있어 최선의 방법은 이러한 계절성 요인을 항상 염두
에 두고 있어야 한다는 것이다. 예를 들어 11월에 NZD/USD는 매도
포지션보다는 매수 포지션 기회를 엿보는 것이 좋다. 이러한 계절적
추세를 감안한다는 것은 단지 맹목적으로 월초에 한 통화를 매입하고
월말에 매도하는 그러한 행태를 되풀이하는 것을 의미하지는 않는다.
단지 이러한 계절적 추세가 확률상 어느 쪽으로 치우쳐 있는지를 보
아야 한다는 뜻이다.

다양한 시장 조건하의
트레이드 변수

자기 자금으로 거래를 한다는 것은 투자의 손실이나 이익이 모두 자신에게 귀속된다는 의미임을 명심해야 한다. 그러므로 개인투자자들이 여유자금이나 혹은 투자자금으로 거래한다고 하더라도 손실이 발생할 경우 부담을 피할 수는 없다. 그렇기 때문에 그런 실수를 되풀이하지 않고 대규모 손실 가능성을 줄이기 위해서는 거래일지를 작성하는 것이 매우 중요하다.

지금까지 외환시장 탄생 배경을 살펴보면서 시장에서 주요 참가자들이 누구인지, 역사적 중요한 사건들, 그리고 시장을 움직이는 변수들을 알아보았다. 이제부터는 필자가 유용하게 생각하는 외환거래 전략들을 살펴보도록 하자. 하지만 이에 앞서, 어떤 상품을 거래하든 상관없이 트레이더라면 먼저 거래일지부터 꼭 기록하자.

거래일지 기록하기

필자의 경험으로 비추어 볼 때, 성공한 트레이더는 시장 움직임을 100 퍼센트 완벽하게 예측하는 신의 도구를 찾으려 하지 않는다. 대신 그들은 철저한 딜링 규칙을 세운다. 개인적으로 필자는 성공하는 트레이더가 되기 위한 첫걸음으로 거래일지를 써보길 강력히 추천한다. 필자가 J.P.모건 인터뱅크 FX 데스크, 그리고 체이스은행과 합병 이후 이종통화시장 거래 데스크에 근무하였을 당시, 모든 딜러들은 직위에 관계없이 거래일지를 작성하는 것이 습관화되어 있었다.

은행 자금으로 엄청난 규모의 거래를 수행하고 있기 때문에 딜러들은 책임의식이 있어야 한다. 모든 거래에 관해 딜러는 진입/청산 수준에 대한 기준과 확고한 이성적 근거를 가져야 한다. 보다 자세히 얘기하자면 최악의 상황에서 발생할 수 있는 손실의 규모를 예상하고 리스크를 관리하기 위하여 시장 진입 전에 청산수준을 미리 설정하여야 한다. 이러한 위기관리 시스템 아래에서 세계 대형은행들은 유능하고 전문적인 딜러들을 양성할 수 있었다.

개인투자자는 타인의 자금이 아닌 자신의 자금으로 투자를 하기 때문에 이러한 규칙이 더욱 더 중요하다. 인터뱅크 트레이더의 경우는 자신의 자금이 아닌 타인의 자금으로 거래를 한다는 점, 게다가 자신의 실적이 열악하더라도 급여는 틀림없이 받는다는 점 등에서 엄청난 차이가 있다.

은행딜러들은 하루에 큰 금액의 손실을 낸 경우를 제외하고는 언제든지 지난 손실을 만회할 기회가 주어진다. 하지만 본인의 자금을 가지고 거래하는 개인 트레이더들에겐 그런 호화로운 기회는 주어지지 않는다. 자기 자금으로 거래를 한다는 것은 투자의 손실이나 이익이 모두 자신에게 귀속된다는 의미임을 명심해야 한다. 그러므로 개인투자자들이 여유자금이나 혹은 투자자금으로 거래한다고 하더라도 손실이 발생할 경우 부담을 피할 수는 없다.

그렇기 때문에 그런 실수를 되풀이하지 않고 대규모 손실 가능성을 줄이기 위해서는 거래일지를 작성하는 것이 매우 중요하다. 거래일지를 작성함으로써 자신의 실수에 대하여 배울 수 있고 손실이 발생하더라도 사전에 계산된 금액 이내로 막을 수 있기 때문이다.

거래일지는 다음 세 가지 틀로 구성해보길 추천한다.

1. 통화 체크리스트

2. 거래진입가격 수준

3. 미청산(미결제) 또는 청산 거래

통화 체크리스트

거래일지 첫 항목은 인쇄 가능한 표를 작성하여 이를 매일 기입
한다. 표를 구성하는 개별 항목들은 관심 통화종목들과 주요 가격구간
그리고 보조지표들로 구성된다. 체크리스트를 작성하는 목적은 외환
시장 분위기 감지와 진입거래 기회를 엿보기 위함이다. 표 좌측 세로
행에는 주요 통화쌍들을 나열하고, 왼쪽 세로 3행에 현재가, 고가, 저

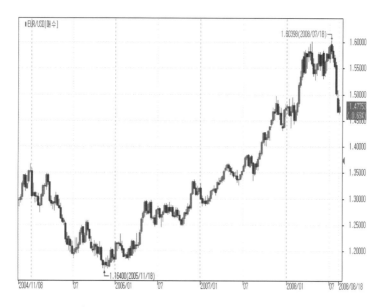

〈그림 8-1〉 EUR/USD 3년간 차트
자료출처 : 현대선물

가를 기입할 수 있게 만든다. 다음 우측 세로행에 진입거래를 촉발시키는 보조지표들을 기입한다.

외환거래를 막 시작한 초보거래자라면 주요 통화쌍인 EUR/USD, GBP/USD, USD/JPY 그리고 USD/CHF만으로 표를 작성하고 점진적으로 교차통화들을 추가시킨다.

뒤 페이지에 실린 필자가 작성한 〈표 8-1〉은 상당히 복잡하게 보이지만, 매일 표의 빈칸을 채우는 연습은 유익한 훈련이 된다. 그리고 보조지표들을 저장해 놓으면 표를 작성하는 데 걸리는 시간은 20분을 넘지 않을 것이다. 이렇게 체크리스트를 작성하는 이유는 표에 기입된 통화들이 추세를 보이는지 또는 레인지 보합권을 보이는지 알아내기 위해서이다. 이렇게 큰 그림을 그리고 이해하는 것이 성공적인 외환거래의 첫 걸음이다.

트레이더들은 자기들이 거래하고 있는 전반적인 시장 환경을 보지 못하기 때문에 실패하는 경우가 많이 있다. 최악의 경우 이러한 환경들을 아예 보지 못하고 맹목적으로 거래하는 일도 많다. 강한 추세가 형성된 상황에서 고점 매수나 저점 매도는 대규모의 거래 손실을 초래할 수 있다. 〈그림 8-1〉에서 볼 수 있듯이 EUR/USD는 3년간 강한 상승추세를 보이고 있다. 이러한 시장 상황에서 고점 매도전략은 실망스러운 결과를 가져올 뿐이다. 추세장의 경우를 보면 상승추세장에서는 되돌림조정retracement이 발생될 때 매수를 하고, 하락장에서는 반등이 시도될 때 매도를 함으로써 거래의 성공률을 높일 수 있다. 고점이나 저점에서 시장에 진입하는 전략은 시장이 박스권을 형성하고 있을 때 사용하여야 하며 가격변동 범위가 축소됨에 따라 추세변동이 발생될

〈표 8-1〉 통화 체크리스트

2005년 3월 30일 AM 7:30(EST기준)

통화쌍	현재가	일중 고점	일중 저점	10일 고점	10일 저점	추세					레인지				
						ADX(14) 250이상 교차	볼린저 교차	50 이평선 교차	100 이평 선 교차	200 이평 선 교차	ADX(14) 250이하	RSI(14) >70 <30	RSI(14) >70	스토캐스틱 <30	스토캐스틱 <30
EUR/USD	1.3050	1.3275	1.2998	1.3250	1.2876	×									
GBP/USD	1.9150	1.9160	1.9100	1.9160	1.8935										
USD/JPY	106.45						×								
USD/CHF	1.1855							×							
AUD/USD	0.7126								×						
NZD/USD	0.7150														
USD/CAD	1.1975									×					
EUR/JPY															
EUR/GBP											×				
EUR/CHF												×			
AUD/JPY													×		
CHF/JPY															
AUD/JPY															
EUR/CHF															
GBP/JPY															
GBP/CHF															
AUD/CAD															
EUR/CAD															
AUD/NZD															

경우에 항상 주의를 기울여야 한다.

〈표 8-1〉은 일일 시장 분석자료를 단순화시킨 버전이다. 좌측 2개의 세로행에는 일간 고점과 저점을 기입하고, 다음 세로행에는 10일 동안의 고점과 저점을 기록해둔다. 이러한 방식으로 표를 작성하여 현재의 가격수준이 과거 가격변동 범위 안에서 어디에 위치해 있는지 쉽게 이해할 수 있다. 그리고 현재의 환율이 10일 동안의 고점 혹은 저점으로 진행되고 있는지, 아니면 단순히 보합구간에 머물고 있는지 판단하는 데 큰 도움을 얻을 수 있다.

현재의 가격 하나만으로는 가격이 추세장에 있는지 혹은 보합권 안에 있는지 판단하는 데 어려움이 있다. 다음에 추가한 다섯 가지 지표들은 추세장인지를 판단할 수 있는 정보를 제공한다. 표에서 'X' 표시가 많을수록 강한 추세를 보이고 있음을 의미한다. 추세 지표들 중 첫 번째 세로행에는 'ADX(14) 25 이상'이 있다. ADX^Average Directional Movement Index는 추세의 강도를 나타내는 가장 보편적인 지표이다. 인덱스가 25 이상이면 추세가 형성되고 있음을 의미한다. 일반적으로 인덱스 수치가 클수록 추세가 강하게 나타나고 있다는 의미이다. 다음 세로행은 볼린저밴드이다. 강한 추세가 형성되기 시작하면 환율은 볼린저밴드의 상단 또는 하단을 반복적으로 돌파한다. 다음 세로행의 3개 보조지표는 장기 단순이동평균선^Single Moving Averages이다. 가격이 이러한 이동평균선을 돌파하면 추세가 형성되고 있음을 나타낸다.

상승(하락)추세 형성 과정에서 이평선들이 교차하며 방향성을 같이 가는 경우는 해당 추세확장으로 이어지곤 한다. 표의 추세 영역에서 'X'가 2개 이상 표시되면, 다시 말해 세 가지 지표^ADX, Bollinger, SMA 중 2

개 이상이 해당되면 트레이더들은 상승(하락)추세 속에서 매수(매도)전략을 가지고 수익창출 기회를 엿봐야 한다. 강한 추세가 형성되고 있는 환경에서 역 전략이 될 수 있는 고점 매도 또는 저점 매수 전략은 매우 위험하다.

자, 이제 통화 체크리스트의 마지막 항목인 레인지 거래에 관해 알아보도록 하자. 첫 번째 보조지표는 마찬가지로 ADX이다. 하지만 추세 형성 기준과는 반대로 ADX 지수가 25 이하로 내려오면 해당통화의 추세는 매우 약한 것으로 판단된다.

다음은 외환시장에 전통적 보조지표인 RSI$^{Relative Strength Index}$와 스토캐스틱^{Stochastic}을 살펴보도록 하자. 먼저 ADX 지수가 약세를 보이고 주요 기술적 저항이 상단에 위치해 있다고 가정하자. 그런 가운데 이동평균선 또는 피보나치 조정구간, 그리고 RSI와 스토캐스틱이 과매수 또는 과매도를 가리킨다면 레인지 거래에 적합한 장세로 판단할 수 있다.

물론 체크리스트에서 얻는 정보가 완전하지 않을 수도 있다. 체크리스트의 추세 혹은 레인지 항목에서 많은 'X' 표시가 확인되더라도 추세가 지속되지 못하고 힘을 잃기도 한다. 한편 레인지 구간을 보이는 자료에서도 언제든지 구간 돌파를 이끄는 강한 추세의 힘을 경험할 수도 있다. 다만 체크리스트를 작성하는 습관을 들이면서 거래진입 실수를 줄이는 기회로 삼아야 할 것이다.

당신이 기다리는 거래들

거래일지를 구성한 뒤 다음 항목은 일중 거래가능성을 체크하기 위한 리스트이다.

관심종목 차트를 바탕으로 거래진입 기회를 확인할 수 있는 목록을 만든다. 거래진입 리스트의 예시는 다음과 같다.

2005년 4월 5일

0.7850(전일 고점) 돌파 시 AUD/USD 매수

손절(stop) at 0.7800 (50일 단순이동평균선)

1차 목표구간 0.7925 (11월과 5월 상승장 조정구간 38.2퍼센트 되돌림선)

2차 목표구간 0.8075 (볼린저밴드 상단)

3차 목표구간 10 거래일 저점

이렇게 표를 작성함으로써 환율이 거래진입 수준에 도달하게 되면 어떤 행동을 취해야 하는지, 어떤 수준에 스탑주문을 설정할지를 확실하게 알 수 있다. 또한 시장의 상황이 예상했던 것과 일치하는지 다시 한 번 살펴보아야 한다. 예를 들어 시장진입 가격수준이 조정과정 없이 강한 돌파를 시도할 것이라는 예측을 하고 있는 상황에서 돌파가 이루어지면, 예측한 대로 시장상황이 전개되고 있다는 사실을 확인할 수 있다. 이러한 연습을 통하여 거래를 위한 상황에 따른 행동계획이 만들어진다. 이는 전쟁터에서 공격계획을 검토하고 전열을 재정비하듯이 트레이딩에 있어서도 같은 마음가짐을 지닌 채 임하여야 한다. 항상 최악의 상태를 대비하고 계획하며 당일 거래전략을 숙지하여야 한다.

미결제 또는 청산 거래

이번 항목은 거래 실수를 통하여 교훈을 얻고 규율을 세우기 위하여 작성하는 것이다. 매일 하루의 거래가 종료된 후, 어떤 거래에서는 왜 손실이 발생하였으며 또 다른 거래에서는 어떻게 수익이 발생하였는지 파악해볼 필요가 있다. 이런 연습은 추세를 확인하는 데 도움이 된다. 전혀 상관없어 보이는 다음의 일화를 통해 앞에서 언급한 연습이 왜 그토록 중요한지 설명해보겠다.

사람들은 일상 대화에서 무의식적으로 "음……" 또는 "어……"라는 의성어를 반복적으로 구사한다. 하지만 대부분 사람들은 누군가 그들의 대화를 녹음하여 들려주기 전까지는 자신들이 이런 무의미한 의성어를 내뱉는지 의식조차 하지 못한다. 전문 뉴스앵커나 진행자들은 자신의 발언을 녹음해서 듣는 이러한 연습과정을 통해 스스로 무의미한 언어 사용 습관을 교정하고 있다. 지금껏 6만 5,000명이 넘는 트레이더들과 함께 일해오면서 많은 트레이더들이 똑같은 실수를 반복하는 모습을 자주 목격하였다. 트레이딩에 있어서의 무의미한 행동들, 가령 성급한 수익실현, 손실의 방치, 감정에 휘둘리는 거래행태, 경제지수 발표 무시, 사전에 책정한 여건이 성숙되지 않은 상태에서의 거래 진입 등은 이 앞에서 언급한 무의미한 의성어와 같은 예이다.

이전의 거래를 기록하는 것은 자신의 대화 내용을 녹음하는 것과 같다. 스스로 행한 거래 기록을 검토함으로써 어떤 형태의 전략이 수익을 가져오는지 또 어떤 형태의 전략이 손실을 초래했는지 파악해볼 수 있다. 거래일지가 이렇듯 중요한 이유는 이를 통하여 거래 시 감정 개입에 의한 요소를 최소화시킬 수 있기 때문이다.

수익 실현은 짧게 가져가면서 손실 노출은 장기간 끌고 가는 초보 거래자들을 빈번하게 보아왔다. 특히 초보 트레이더들에게서 성급한 수익 실현, 손실 방치 같은 행태를 자주 볼 수 있다. 여러분들에게 교훈을 안겨주기 위해 다음 두 가지 예제를 소개한다.

2005년 2월 12일

매도 3계약 EUR/USD @ 1.3045 (유로 매도/달러 매입)

손절(Stop): 1.3095 (이전 고점)

목표(Target): 1.2900

결과: 청산 2005년 2월 13일 – 손절 3계약 @1.3150 (−105핍)

메모: 마진콜 발생! EUR/USD 고점 돌파. 조정이 나타날 것으로 예상하고, 최초 손절 무시. 손실이 확대되어 마진콜 발생 및 포지션 자동 청산. 최초 설정된 손절을 지키자!

2005년 4월 3일

매수 2계약 USD/CAD @ 1.1945

손절(Stop): 1.1860 (강한 기술적 지지선 : 50일 이평선과 2월~3월 상승장 피보나치 68퍼센트 조정구간 교차지점)

목표(Target): 1계약 청산 @ 1.2095 (볼린저밴드 상단 그리고 심리적 저항레벨 1.2100, 5핍 못 미친 가격)

2차 청산 @ 1.2250 (헤드 앤 숄더 이전 지지선이 저항선으로 전환, 100일 이평선 위치)

결과: 청산 2005년 4월 5일 – 손절 2계약 @1.1860(−85핍)

메모: USD/CAD 상승추세를 지속하지 못함. 과매수 구간 형성. ADX 약세를 인지하지 못함. 고점 형성 이후 하락 조정 전개. 스토캐스틱 다이버전스 출현. 다음에는 다이버전스를 확인하도록 하자!

여타 트레이더들과 달리 필자 개인적 주관에 따르면, 최고의 트레이딩은 기술적 분석과 펀더멘털 분석 해석이 일치하는 경우라 생각된다. 앞선 전제에 따라 필자가 예측한 펀더멘털 분석과 기술적 분석의 충돌이 발생하면 거래진입을 피한다. 예를 들어 GBP/USD와 AUD/USD 모두 달러 약세로 말미암아 강세장을 연출하고 있다. 하지만 영란은행^{BOE}은 금리인상 정책을 종료한 반면 호주 중앙은행^{RBA}은 강력한 자국 경제성장 속도를 다스리기 위해 금리인상 의도를 가지고 있다. 이와 같은 경우라면 필자는 달러 약세 전략을 파운드보다는 호주 달러에 맞춰 적용할 것이다. 만약 현재 AUD/USD의 금리 격차가 GBP/USD보다 크다면 필자는 더더욱 GBP/USD보다는 AUD/USD를 선택할 것이다.

필자는 개인적으로 기술적 분석이 펀더멘털 분석에 부딪혀 왜곡되어 버리는 현상을 자주 목격하였기 때문에 항상 기술적 분석과 펀더멘털 분석을 결합하여 전략을 수립하고 있다. 필자의 트레이딩 스타일을 정의하자면 기술적, 기본적 분석을 조합한 추세추종형 트레이더이다. 특히 다음의 전형적인 Top-Down 방식을 이용하여 전략을 수립하고 있다.

1. 외환시장의 전반적 기술적 자료를 살펴본다. 중장기적 추세를 형성하는 통화쌍을 선택하고 조정구간이 발생한 매력적 진입수준을 찾아낸다.
2. 달러와 쌍을 이루는 통화쌍들은 나의 통화쌍에 대한 기술적 분석과 달러에 대한 기본적 분석이 일치하는지, 그리고 미국의 경제지표 발

표가 일중 어떻게 영향을 미칠지를 생각하여 판단한다. 특별히 미국 거시경제지표를 주목하는 점은 외환시장 거래의 90퍼센트가 미국 달러를 상대통화로 하는 거래이기 때문에 미국의 경제기본여건이 매우 중요하다.

3. 만일 GBP/JPY와 같은 이종 통화쌍이라면 피보나치 조정구간, ADX, 이동평균선, 오실레이터 등의 기술적 분석도구들을 통하여 기술적 분석이 경제기본여건에 대한 전망치와 일치하는지를 판단하여 본다.

4. 그런 다음 FXCM에서 제공하는 SSI ^{Speculative Sentiment Index} 자료를 활용하여 포지션의 적정성을 확인한다.

5. 만일 두 통화쌍에 대한 거래전략이 서로 일치하여 하나를 선택해야 한다면 금리 격차가 큰 쪽을 선택할 것이다.

시장 분위기를 읽는 툴박스를 가져라

거래일지를 작성하기 시작했다면 차트상에 나오는 어떤 지표를 이용할 것인지 생각해야 한다. 다수의 트레이더들이 실패하는 원인 중 하나는 그들이 애용하는 지표를 너무 맹신하기 때문이다. 예를 들어 스토캐스틱 보조지표 사용 사례를 살펴보자. 환율의 움직임이 레인지(박스권) 구간에서 갇혀 있는 경우, 스토캐스틱이 과매도를 가리키면 매수하고 과매수를 가리키면 매도하는 전략은 레인지 트레이더들이 종종 성공적으로 활용하던 전략이었다.

　하지만 환율이 박스권을 탈피하여 추세장으로 진입하게 되면 위에서 언급한 스토캐스틱 지표에 의지하는 전략은 엄청난 손실을 발생시킬 수 있다. 지속적으로 수익을 시현하기 위해서는 시장 환경의 변화에 적절히 대응하여야 한다. 모든 트레이더들에게 요구되는 가장 중요한 것 중 하나는 현재 거래하고 있는 시장 상황이 시시각각 변화하고 있음을 감지하는 것이다. 이를 위해 트레이더들은 외환시장의 움직임이 일정 박스권 흐름을 보이는지, 또는 강한 추세를 동반한 한 방향성 흐름인지 분간하기 수월하도록 체크리스트를 가지고 있어야 한다. 거래의 변수를 정확하게 정의하고 이해하는 것이 거래에 있어서 매우 중요하다.

너무나 많은 트레이더들이 강한 상승(하락)추세에서의 고점 매도(저점 매수) 전략을 시행함으로써 실패하는 경우가 많다. 거래 변수를 정의하고 이해하는 것이 통화, 선물, 주식 등의 시장에서 공히 중요하지만, 통화시장의 경우는 거래량의 80퍼센트 이상이 본질적으로 투기적인 거래임을 명심해야 한다.

외환시장이 투기적이고 거래량이 매우 크기 때문에 특정한 거래환경이 보다 장기간에 걸쳐 지속될 수 있다. 또한 외환시장은 규모가 크고 많은 시장참여자가 존재하므로 기술적 분석이 매우 유용한 시장이다. 특정 시점에 있어서 기본적으로는 두 가지 형태의 시장 환경, 추세시장이나 레인지 시장이 존재한다. 따라서 트레이더들은 먼저 현재의 시장이 어떤 시장에 속하는지 판단해야 한다. 비록 트레이더들이 5분 단위의 자료에 기반하여 거래를 하더라도 기본적으로는 일간 차트를 활용하여야 한다.

1단계 _ 거래 환경 구축하기

시장에서는 가격흐름 패턴, 추세장인지 혹은 레인지장인지를 판단하는 다양한 방법들이 존재한다. 물론 다수의 투자자들은 여전히 차트를 눈으로 보고 판단한다. 하지만 눈으로 보고 판단하는 것이 아닌 적절한 판단 기준을 세워놓는다면 트레이더들이 실패할 가능성을 줄일 수 있다. 아래 〈표 8-2〉는 필자가 사용하는 시장 환경 판단기준표이다.

〈표 8-2〉 추세/ 레인지 거래 규칙		
거래	규칙	보조지표
레인지	• ADX 〈 20 • 내재변동성 감소 • 리스크 리버설 : 콜과 풋 사이 주요 역전현상	볼린저밴드, ADX, 옵션들

추세	• ADX 〉 25
	• 추세 방향과 일치하는
	  모멘텀
	• 풋 또는 콜에 대한
	  강한 리스크 리버설 수요
		이동평균선, ADX, 옵션들,
		모멘텀

박스권 레인지 시장

<u>ADX 20 이하</u>

ADX는 추세의 강도를 판단할 수 있는 주요 지표 중 하나이다. ADX 수치가 20 이하면 이는 추세가 매우 약하다는 것을 의미하며, 추

세시장보다는 박스권 레인지 시장의 특성을 보여주고 있다

ADX 수치가 20 이하이고 추세 형성이 힘을 잃어가고 있다면 이는 추세가 약하다는 의미뿐만 아니라 가격움직임이 오랫동안 레인지(박스권) 구간을 보일 가능성이 높다는 것을 반증한다.

내재변동성 축소

변동성을 분석하는 방법은 수없이 많다. 내가 활용하는 방법은 장기변동성과 단기변동성을 비교분석하는 방법이다. 단기변동성이 장기변동성보다 높아졌다가 하락하기 시작하면 이는 레인지 트레이딩 국면으로 접어들고 있다는 전조이다. 환율이 급변하는 국면에 접어들면 변동성은 크게 증가한다. 반면 시장이 조용하거나 레인지가 축소되면 변동성은 감소하게 된다.

〈그림 8-2〉 USD/JPY 볼린저밴드 차트
자료출처: 현대선물

가장 손쉬운 변동성 측정 방법은 볼린저밴드^{Bollinger Band}이다. 볼린 저밴드가 좁아지게 되면 시장에서의 변동성이 작아지고 가격변동 레 인지가 좁아지는 것을 의미하며, 볼린저밴드가 넓다는 것은 시장에서 의 변동성이 증가하며 이에 따라 가격변동 레인지가 확대됨을 의미한 다.〈그림 8-2〉USD/JPY 차트에서 볼 수 있듯이 레인지 트레이딩 장세 에서는 볼린저밴드가 확연히 좁아진다.

리스크 리버설 역전현상

리스크 리버설^{Risk Reversals}은 동일 통화에 대한 콜 옵션과 풋 옵션으 로 구성된다. 이것은 기초 현물환율과 동일한 민감도(동일한 델타값을 가 진 옵션을 의미)와 만기를 가진 콜/풋 옵션의 변동성 차이를 의미한다. 예를 들면 1개월 만기와 델타값을 가진 콜옵션의 변동성이 0.25이며 풋옵션의 변동성이 0.20인 경우, 리스크 리버설은 0.25-0.20=+0.05이 다. 이는 콜 옵션의 수요가 풋 옵션의 수요보다 많기 때문에 콜의 내재 변동성이 풋 옵션보다 커지게 되며, 이는 시장이 가격 상승을 기대하 기 때문이라고 해석된다.

이론적으로 콜과 풋 옵션은 동일한 내재변동성을 가져야만 하나 실제 시장에서 내재변동성은 일치하지 않는다(내재변동성은 가격결정 모 델에 옵션의 가격을 대입하여 산출된 변동성을 의미하며, 반대로 역사적 변동성은 과거 가격 자료에서 계산된 변동성을 의미함). 이 수치에서 콜이 아주 유리하 게 나오면(콜 변동성〉풋 변동성) 시장에서는 풋 옵션보다 콜 옵션을 선호 하고 있음을 보여준다. 반대로 이 수치에서 풋이 아주 유리하게 나오 면(풋 변동성〉콜 변동성) 시장에서는 풋 옵션을 선호한다는 의미이다. 따라서 리스크 리버설 수치를 보고 시장의 포지션(과매수 혹은 과매도)을 짐작할 수 있다.

이론적으로는 외가격 콜 옵션과 외가격 풋 옵션의 변동성은 같아야 한다. 그러나 리스크 리버설 수치가 말해주듯이 시장에서 향후 추세에 대한 기대에 따라 수치는 거의 같게 나타나지 않는다. 레인지장에서는 리스크 리버설 수치가 거의 0으로 나타나며 이는 시장에서 상승 혹은 하락에 대한 기대치가 거의 비슷하여 장세를 판단하기가 어렵다는 것을 의미한다.

리스크 리버설 표는 무엇을 뜻하는가?

〈표 8-3〉을 살펴보자. USD/JPY의 경우는 시장에서 장기적으로 엔화 콜/달러 풋 수요가 강하게 펼쳐지고 있다(1개월의 수치는 0.3/0.6 엔 콜,

| 〈표 8-3〉 리스크 리버설 |

14:40 GMT, 4월 19일
1개월부터 1년까지의 리스크 리버설

통화	1개월 R/R	3개월 R/R	6개월 R/R	1년 R/R
USD/JPY	0.3/0.6 JC	0.7/1.0 JC	1.1/1.3 JC	1.3/1.6 JC
EUR/USD	0.1/0.3 EC	0.0/0.3 EC	0.0/0.3 EC	0.1/0.4 EC
GBP/USD	0.0/0.3 SP	0.0/0.3 SC	0.0/0.3 SC	0.0/0.3 SC
USD/CHF	0.2/0.2 CC	0.0/0.3 CC	0.0/0.4 CC	0.1/0.5 CC

JC : 엔화 콜 옵션　　　　　　SC : 파운드 콜 옵션
EC : 유로 콜 옵션　　　　　　CC : 스위스 프랑 콜 옵션
SP : 파운드 풋 옵션

1년 수치는 1.3/1.6 엔 콜이다. 즉 '엔 콜 변동성>엔 풋 변동성'). EUR/USD 단기 리스크 리버설은 0에 가깝다. 이는 환율 움직임이 레인지 거래를 보이고 있음을 뜻한다. 해당 리스크 리버설 자료는 FXCM에서 과거에 제공하였으나 지금은 제공하지 않는다.

추세 파악하기

ADX 20 이상

앞에서 언급하였듯이 ADX는 추세 강도를 판단하는 주요 지표 중 하나이다. ADX 수치가 25 이상 상승하고 있다면 가격 흐름은 추세를 형성하고 있다고 판단할 수 있다. 다만 ADX 그래프가 정점(40 수준)을 찍고 난 이후 하강 기울기를 보인다면 공격적인 추세 포지션 구축에 신중을 기하여야 한다. 이는 곧 추세의 반전을 시사하기 때문이다.

추세 방향과 일치하는 모멘텀

추세 여부를 판단하기 위하여 ADX 보조지표 이외에 몇 가지 모멘텀 지표를 살펴보려고 한다. 트레이더들은 추세의 방향과 모멘텀이 일치하는지 관심을 가져야 한다. 대부분의 트레이더들은 추세의 방향을 보기 위하여 오실레이터^{oscillators} 지표를 활용한다. 예를 들면 상승추세의 경우, 추세를 추종하는 트레이더들은 이동평균선, RSI, 스토캐스틱, 그리고 MACD^{Moving Average Convergence/Divergence} 등 오실레이터가 우상향을 보이고 있는지, 그리고 하락추세에서는 이러한 보조지표들이 우하향하고 있는지 살펴볼 것이다.

어떤 트레이더는 모멘텀 인덱스를 활용하고 있으나 활용도는 그리 높지 않다. 시장에서 강한 모멘텀을 확인할 수 있는 방법은 이동평균선이 정배열하고 있는지 살펴보는 것이다. 정배열이라 함은 상승추세에 있어서는 단기 이동평균선이 장기 이동평균선보다 위에 위치한다는 의미이다. 즉 10일 단순이동평균선이 20일 선 위에 위치하고, 20일 이동평균선은 50일 이동평균선 위에 위치하고 있다면 이를 정배열이라 한다. 또한 100일, 200일 장기 이동평균선은 단기 이동평균선보다 아래에 위치하여야 한다. 하락추세에 있어서는 단기 이동평균선이 장기 이동평균선 밑으로 위치하는 정배열과 반대되는 양상을 보이게 된다.

옵션(리스크 리버설)

추세장에서는 콜 옵션 또는 풋 옵션에 편향됨을 나타내는 리스크 리버설 수치가 커진다. 시장에서 매도 혹은 매수 어느 한 방향으로 관심이 집중되면 강한 추세가 형성된다는 것을 나타내며, 리스크 리버설 수치가 극단적으로 커지게 되면 추세 역전현상이 나타날 가능성이 높다.

2단계 _ 거래시간 결정

거래 종목으로 선택된 통화쌍이 레인지(박스권) 구간인지 추세 구간인지 판단이 섰다면, 다음으로 거래 포지션을 얼마나 오랜 시간 보유할 것인지 결정해야 한다. 다음에서 언급하고 있는 가이드라인은 필자가 주로 활용하는 방법이다. 모든 조건이 충족될 필요는 없지만 많은 조건들이 충족될수록 더 확실한 거래기회를 가질 수 있다.

일중 레인지 거래

<u>규칙</u>

1. 시간별 차트를 활용하여 진입 가격수준을 결정하고 일간 차트를 활용하여 레인지 거래가 가능한지 살펴보라.
2. 레인지 구간 안에서 오실레이터를 이용하여 진입 시점을 결정하라.
3. 결정의 시간이 다가오면 단기 리스크 리버설을 확인하라.
4. 보조지표들의 반전 포인트를 찾아라(RSI 또는 스토캐스틱의 극단적 과매도/과매수 구간).
5. 가격이 주요 저항구간을 돌파하지 못하거나 주요 지지레벨 안에 갇혀 있을 경우 거래진입 기회로 삼는다(피보나치 되돌림과 이동평균선 활용).

<u>보조지표들</u>

스토캐스틱, MACD, RSI, 볼린저밴드, 옵션, 피보나치 되돌림 레벨

중기 레인지 거래

<u>규칙</u>

1. 일봉 차트를 사용하라.
2. 중기 레인지 거래에 접근하는 두 가지 방법이 있다.

　다가올 레인지 거래기회 : 단기 내재변동성이 장기 변동성보다 커

지는 높은 변동성 장세를 찾아내고 변동성이 평균으로 수렴하는 기회를 포착하라.

기존 레인지 거래기회 : 볼린저밴드를 이용한 거래기회를 노려라.

3. RSI와 스토캐스틱 등을 이용한 오실레이터 반전을 노려라.

4. ADX 수치가 25 이하인지, 그리고 이 수치가 작아지고 있는지 확인하라.

5. 결정의 시간이 다가왔을 시 중기 리스크 리버설을 확인하라.

6. 주요 저항구간 돌파 실패, 그리고 주요 지지구간에서 반등과 같은 기본적 가격움직임 패턴을 확인하라.

보조지표들
스토캐스틱, MACD, RSI, 볼린저밴드, 옵션, 피보나치 되돌림 레벨

중기 추세 거래

규칙

1. 일봉 차트에서 추세가 그려지는 것을 찾아보고 주간 차트를 통해 이를 확인하자.

2. 추세가 만들어지는 고유 특성들을 상기시키자.

3. 피보나치 조정대 또는 이동평균선을 이용한 추세돌파/조정 진입 시 나리오를 생각하자.

4. 진입 시점 이후 주요 저항레벨이 존재하는지 살펴봐라.

5. 차트 캔들 봉 모양 패턴을 확인하라.

6. 진입 포지션이 이동평균선 진행 방향과 일치하는지 살펴봐라.

7. 주요 고점 또는 저점 돌파 시 진입하라.

8. 이상적 거래는 진입 전 변동성이 줄어들 때까지 기다리는 것이다.

9. 펀더멘털 뉴스가 진입 포지션을 지지하는지 판단하자. 경제지표 결과가 진입 포지션 방향에 기해서 연속적으로 예상을 뛰어넘는 호조 또는 실망을 보이는지 판단하라.

보조지표

ADX, SAR, RSI, 이치모쿠 클라우드, 엘리엇 파동, 피보나치 되돌림 레벨

중기 구간 돌파 거래

규칙

1. 일봉 차트를 이용하자.

2. 급격하게 장기 변동성으로 하락하는 구간에서 단기 변동성이 수축되는 곳을 찾아라.

3. 피봇 포인트를 이용하여 주요 구간 돌파의 진위 여부를 판단하자.

4. 진입 포지션이 이동평균선 진행 방향과 일치하는지 살펴보자.

보조지표

볼린저밴드, 이동평균선, 피보나치

리스크 관리를 위한 가이드

위기관리는 이해하기 힘든 주제는 아니지만, 트레이더들이 이를 지키기는 상대적으로 매우 힘들다. 우리는 수익이 나고 있는 포지션이 손실로 전환되고, 확실하게 보였던 트레이딩 전략이 수익이 아닌 손실을 초래하고 있는 상황을 너무나 자주 목격한다. 트레이더들이 얼마나 똑똑하고 학식이 뛰어나던 간에 그들은 심리적 요인 때문에 돈을 잃고 있다. 과연 무엇이 이런 현상을 가져다주는 것일까? 금융시장이 너무 난해해서 수익을 취하는 사람이 적은 것인가? 혹은 수많은 시장 참가자들이 범하기 쉬운 공통적인 실수들이 존재하는 것일까? 그에 대한 답은 두 번째 심리적 요인이다. 트레이딩이 감성적으로나 혹은 심리학적으로 볼 때 매우 도전적인 직업이지만 이러한 문제는 의외로 아주 쉽게 이해할 수 있고 해결이 가능하다

많은 트레이더들이 수익을 내지 못하는 이유는 리스크 관리에 대한 이해가 부족하고 이를 중요하지 않게 생각하기 때문이다. 리스크 관리는 기본적으로 어느 정도의 리스크에 노출이 되어 있으며 어떤 수준의 수익을 기대하고 있는지 파악해가는 과정이다. 리스크 관리에 대한 감이 없으면 손실 포지션을 필요 이상으로 장기간 보유할 수도 있고 수익 포지션을 너무 일찍 청산하는 일들이 발생된다. 이러한 현상은 실제 트레이딩 시 매우 공통적으로 발생하지만 다른 면에서 볼 때는 매우 역설적이기도 하다. 즉 승률은 높지만 금액상으로는 손실을 기록하는 경우가 그 예이다. 그 이유는 앞에서 언급한 대로 리스크 관리의 부재로 인하여 수익포지션에서 발생되는 평균 수익금액보다 손

실포지션에서 발생되는 평균 손실금액이 더 크기 때문이다.

그러면 트레이더들이 확고한 리스크 관리 습관을 생활화하기 위한 방법은 무엇인가? 트레이더들이 거래하는 전략이나 종목과 관계없이 지켜야 할 몇 가지 가이드라인이 있다.

위험보상비율을 설정하라

트레이더들은 모든 개별 거래에 대하여 위험보상비율을 설정해야 한다. 다시 말하면 그들은 매 거래에 대하여 어느 정도의 손실을 감내할 수 있는지, 그리고 어느 정도의 수익을 기대하고 있는지를 명확히 결정해야 한다. 일반적으로 위험보상비율이 적어도 1(손실 감내분) : 2(목표 이익분) 이상은 되어야 한다. 확고한 위험보상비율을 설정하고 있다면 리스크를 감수할 가치가 없는 포지션 진입을 방지할 수 있을 것이다.

스탑-로스 주문

트레이더들은 자신들이 감내할 수 있는 최대 손실을 계산하여 스탑-로스 주문을 활용해야 한다. 그래야 최악의 시나리오를 피할 수 있다. 여기서 말하는 최악의 시나리오는 앞에서도 잠시 소개했듯이 이익 실현의 횟수는 훨씬 많았으나 총 수익금액을 상회하는 손실이 발생하는 경우를 의미한다. 특히 수익을 확보하기 위한 트레일링 스탑주문은 매우 유용한 방법이다. 성공적인 트레이더들은 이런 트레일링 스탑주문을 잘 활용하고 있다. 이는 현재의 포지션이 처음 예상했던 자신의 수익수준에 도달했을 경우 시장가격에 연동된 스탑주문을 통하여 수익을 확보하는 주문형태이다(이를 트레일링 스탑이라 하며 시장가 대비 일정 수준, 예를 들면 5퍼센트 혹은 10퍼센트 수준에서 반대 매매를 예약하는 주문 형태이다).

이와 함께 어떤 트레이더들은 보유 포지션 중 일부를 정리하기도 한다. 추세추종 트레이더나 기존 수익포지션에 추가 시장진입을 할 경우 제일 바람직한 전략은 새로운 거래 그 자체를 기존 포지션과 독립하여 별도로 관리하는 방법이다. 즉 수익포지션을 가진 상황에서 추가 시장진입 시에는 이러한 수익포지션을 무시하고 마치 새 거래를 시작하는 것과 똑같은 과정으로 추가 거래를 밟으라는 것이다. 그리고 자신의 포지션이 계속 수익을 내는 경우에는 일부 포지션을 정리할 수 있다. 이 경우 나머지 포지션은 더 유리한 가격에 트레일링 스탑주문을 걸어놓는다.

만약 여러 개의 거래가 각기 다른 진입가격을 가진 경우 개별 거래에 대하여 리스크와 리턴을 생각해야 한다. 처음 진입계약보다 50핍 위에 두 번째 계약을 체결했다면 두 계약에 대하여 동일한 가격에 스탑주문을 설정하지 말고 첫 계약과 별도로 리스크를 관리하는 것이 좋다.

위험관리 손절주문 사용법

통화시장에서 살아남기 위해서는 스탑-로스 주문을 필수적으로 사용하여야 한다. 트레이더는 스탑-로스 주문을 통하여 매 거래에 대하여 자신이 감내할 수 있는 최대 손실한도를 설정한다. 시장가격이 스탑주문가격에 도달하게 되면 계약은 자동적으로 청산된다. 이러한 스탑-로스 주문을 활용함으로써 시장에 진입할 때 감수해야 할 리스크를 수량화할 수 있다. 손절주문에는 두 가지 유형이 존재한다. 첫째는 단순한 손절주문으로 합리적인 가격 수준에 미리 반대거래 주문을 입력하는 형태, 둘째는 시장이 현재의 포지션에 유리하게 움직일 경우 시장가격 변화에 따라 스탑주문을 계속 조정해가는 형태가 있다(즉 현재 시장가 대비 몇 퍼센트 혹은 몇 핍 간격을 두고 주문을 설정하는 것과 같다).

손절주문 설정하기

다음 두 가지 사례를 통해 손절주문을 시의적절하게 설정하는 방법을 추천해본다.

2거래일 저점 이용법

변동성을 기반으로 한 손절 설정법으로서, 이틀간의 환율 저점(고점)에서 10핍 정도 떨어진 곳에 스탑을 설정하는 방법이다. 예를 들어 EUR/USD 최근 저점이 1.1200이며, 전일 캔들 봉의 저점이 1.1100이라고 가정해보자. EUR/USD 매수 포지션이라면 손절 포인트는 이틀간 환율 저점에서 10핍 떨어진 1.1090으로 설정하는 것이 좋다.

파라볼릭 SAR 이용법

변동성에 기반한 또 다른 손절 방법으로 파라볼릭^Parabolic SAR^Stop and Reversal 보조지표를 이용한 손절 방법이 있다. 먼저 수많은 외환시장 트레이더들로부터 애용되고 있는 파라볼릭 SAR은 변동성을 나타내는 지표이다. 가격 차트에서 SAR은 점선으로 표시된 가상의 선이 매 가

격 포인트마다 손절 포인트를 가리키고 있다. 〈그림 8-3〉의 SAR 차트
를 참고하도록 하자.

　모든 시장 상황에 들어맞게 스탑가격 수준을 설정하는 완벽한 공
식은 존재하지 않지만 아래의 예제를 통하여 파라볼릭 SAR 이용법을
알아보자.

　매수 진입 포지션을 가정하고 주요 지지구간 20핍 아래에 손절주
문을 설정하였다. 진입 가격에서 40핍 아래에 주요 지지레벨이 위치하
고 있으며 진입가에서 60핍 아래에 손절주문을 설정하였다. 만일 진
입거래에서 60핍 수익이 발생하였다면 보유 포지션들 중 절반은 이익
실현을 하고 남은 계약에 대하여 진입가에 손절주문을 상향 조정한다.
이와 동시에 추적 스탑주문을 시장가 대비 60핍으로 설정해놓는다. 만
일 SAR이 상승하여 당신의 진입가격을 넘어섰다면 설정해놓은 스탑가

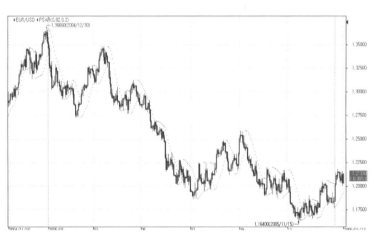

〈그림 8-3〉 파라볼릭 SAR 차트
자료출처: 현대선물

격을 SAR 레벨로 바꿀 수 있다. 물론 일중에 당신의 스탑가격을 조정해야 할 신호들이 많이 발생할 수도 있다. 만일 환율이 새로운 저항구간을 돌파하면 기존 저항구간은 향후 주요 지지선의 역할을 한다. 새로운 지지선이 현재가에서 단지 30핍 혹은 40핍 바깥에 있다면 스탑을 지지선에서 20핍 아래에 설정할 수 있다.

손절 규칙이 다소 복잡하고 정도가 없는 것처럼 여겨질 수 있다. 하지만 명심해야 할 점은, 거래 이후 예측 방향과 반대로 향했을 경우 더 이상 포지션을 보유하고 싶지 않은 가격 수준이 가장 적절한 손절 포인트가 될 것이라는 점이다. 일반적으로 지지선 아래 가격 구간에 손절이 위치한다.

두려움과 욕심의 심리 상태

위에서 언급한 적절한 위험관리체제를 가지고 있다 하더라도 우리가 간과하기 쉬운 한 가지는 건전한 심리 상태를 유지하는 것이다. 하루의 거래가 종료된 후 시장의 변동에 따른 스트레스를 극복하지 못하는 트레이더들은 그들이 얼마나 과학적이고 체계적으로 트레이딩 훈련을 받았는가와 상관없이 시장에서 생존하기가 어렵다

일과 감정을 분리하라

트레이더라면 손실에 대한 두려움과 수익에 대한 탐욕과는 별도로, 전략에 입각한 거래 의사결정이 필수이다. 공포와 욕심이라는 심

리에서 반드시 벗어나 철저한 이성적 판단에 근거한 전략에 입각하여 포지션을 잡아야 한다. 성공적 트레이더의 가장 중요한 특성 중의 하나는 감정을 분리시키는 것이다. 트레이더들이 비록 매일 같이 거래에 몰입하고는 있지만 그들의 인생이 트레이딩만으로 채워지는 것은 아니다. 때로는 손실도 감내해야 하며 현명하게 투자 의사결정을 해야 한다.

감정에 흔들리는 트레이더는 몇 번의 손실을 기록하고 나면 즉흥적으로 전략을 수정하거나, 혹은 몇 번의 수익을 기록하고 나면 중심을 잃어버리는 경향이 있기 때문에 종종 엄청난 실수를 범한다. 훌륭한 트레이더는 손실이 발생했을 때 생기는 두려움, 혹은 수익이 발생했을 때 흔히 나타나는 지나친 욕심에 의하여 감정적으로 거래를 집행하지 않고 전략에 입각하여 의사결정을 해야 한다.

휴식이 필요한 순간을 인지하라

연달아 손실을 경험한 트레이더들은 또 다시 반복될 것에 대한 두려움과, 이를 한 번에 만회하려는 욕심의 유혹을 만나기 십상이다. 이를 벗어나기 위하여 잠시 휴식기간을 가져보는 것도 좋을 것이다. 모든 거래에서 수익을 볼 수는 없다. 따라서 트레이더는 손실이 발생되었을 경우 정신적으로 이를 극복해나가야 한다. 이름난 트레이더들이라 하더라도 그들 역시 지속적인 수많은 손실을 경험하고 있다. 그러니 연속적인 손실을 기록하더라도 위축되거나 주눅들지 말고 이러한 과정을 극복해나가는 것이 중요하다.

연속적으로 거래 실패를 겪게 되면 거래를 잠시 중단하고 휴식을 취해야 할 시점이다. 지속적인 실패를 겪게 되면 마음을 새롭게 가다듬기 위하여 시장에서 잠시 떨어져 며칠간의 휴식을 취하는 것이 최고의 치유책이다. 가혹한 시장 여건하에서 계속 트레이딩을 고집하게 되면 더 큰 손실을 초래할 수도 있을 뿐만 아니라 심리적으로 공황상태를 경험하는 경우도 많다. 궁극적으로는 손실이 발생될 경우 손실 거래들에 자꾸 맞서려 하지 말고 이를 있는 그대로 받아들여야 한다.

트레이딩의 세계에 들어서게 되면 지식의 유무, 경험의 많고 적음, 숙련도에 상관없이 항상 손실이 발생될 가능성은 존재한다는 것을 명심하여야 한다. 시장에서 생존하기 위해서는 손실금액을 최소화하여 다음 기회 때 수익창출의 기회를 노려야 한다. 철저한 자금관리를 통하여 불운을 극복할 힘을 얻는 것이다.

덧붙이자면, 앞에서 필자가 소개한 보상위험비율 2:1을 꼭 기억하고, 건당 리스크는 투자금액 대비 2퍼센트 이내로 제한하는 것도 잊지 말라. 그리고 외환시장, 주식시장, 혹은 선물시장 등 어느 시장이든 관계없이 성공적 트레이더가 되기 위한 다음 열 가지 규칙을 유념해서 읽어보자.

1. 당신의 손실을 제한하라
2. 수익 포지션은 계속 운영시켜라
3. 포지션 규모를 합리적 수준에서 유지하라
4. 당신의 위험보상비율을 인지하라
5. 충분한 자본을 가지고 하라
6. 추세를 거스르지 마라

7. 손실 포지션에 추가 진입하지 마라

8. 시장 기대감을 간파하라

9. 당신의 실수를 통해 배워라 – 거래일지 작성하기

10. 최대 손실액 설정 또는 수익구간 조정

테크니컬
트레이딩 전략

이 책은 전반적으로 프로페셔널 트레이더들에게 가장 인기 있는 전략인 변동성 트레이딩에 대해 특별히 강조하고 있다. 변동성에 대한 해석방법은 여러 가지가 있지만, 가장 간단한 방법은 예리한 시각과 통찰력으로 실제 통화쌍의 움직임을 그래프로 확인하고 해석하는 것이다. 물론 이 또한 전 세계 프로페셔널 트레이더들이 가장 많이 사용하고 있는 방법이지만, 초보 트레이더들도 매우 쉽게 이 방법을 적용할 수 있고 신뢰성 또한 매우 높다.

다양한 시간대 분석

성공적으로 일중 거래를 하기 위해서는 시간대 선택이 매우 중요하다. 추세매매 전략은 글로벌 헤지펀드들이 가장 많이 이용하는 전략 중 하나이다. 시장의 많은 트레이더들이 레인지 매매를 더 선호하지만, 대규모의 수익 실현은 시장의 큰 변동성 속에서 트레이딩했을 때 가능하다. 마이다스 트러스트 펀드^{Midas Trust Fund}의 헤지펀드매니저이자, 넬슨 마켓플레이스^{Nelson MarketPlace}가 선정한 세계 최고의 머니매니저 중 한 사람이었던 마크 바우처^{Mark Boucher}는 시장 변동의 70퍼센트가 20퍼센트의 시간대에서 나타난다고 말했다.

　모든 트레이더들이 시장의 큰 흐름을 놓치고 싶어 하지 않으므로 다양한 시간대 분석^{Multiple time frame analysis}은 특히 중요하다. 시카고에서 플로리다까지 자동차 여행을 한다고 생각해보자. 긴 여행 동안 운전자는 수많은 좌, 우회전을 하겠지만 남쪽으로 운전하고 있다는 사실을 항상 염두에 둬야 한다. 거래의 경우를 얘기하자면 단순히 고점 매도, 저점 매수와 같은 전략보다는, 추세에 따라 상승장에서는 매수 기회를, 하락장에서는 매도 기회를 노리는 것이 더 큰 수익을 가져다줄 것이다.

〈그림 9-1〉 AUD/USD 일일차트
(출처: 현대선물)

　　다양한 시간대 분석의 가장 보편적인 형태는 일일차트를 통해 전반적인 추세를 확인한 후, 시간^{hourly}차트를 통해 시장 진입 수준을 결정하는 것이다.

　　〈그림 9-1〉의 AUD/USD 차트는 미 달러 대비 호주 달러의 움직임을 나타내는 일일차트이다. 차트에서 확인할 수 있듯이 2002년 1월 이후 호주 달러는 계속 상승추세를 지속하고 있다. AUD/USD의 이 같은 상승추세에서 고점 매도를 노린 레인지, 또는 역추세 트레이더들은 AUD/USD가 최고점을 기록한 2003년 말에서부터 2004년 초를 포함해 최소한 3년간 수익을 내기 어려웠을 것이다. 이 시기에 많은 트레이더들이 추세 반전을 생각하고 고점에서 시장 진입 전략을 시도하였다. 비록 2004년 중 AUD/USD의 상승추세는 잠시 주춤하는 듯했으나

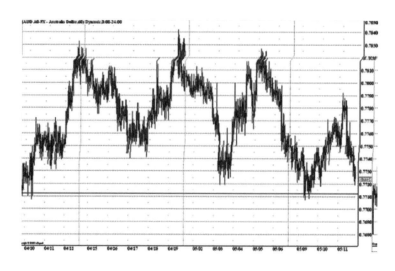

〈그림 9-2〉 AUD/USD 시간차트
（출처: 현대선물）

2005년까지의 추세를 살펴보면 여전히 AUD/USD의 상승추세는 살아 있음을 확인할 수 있다. 이러한 상황에서 중기 레인지 트레이더들은 매우 큰 어려움을 겪었을 것이다.

이 같은 상황에서 더욱 효과적이고 가능성이 높은 트레이딩 전략은 추세의 방향을 따라 포지션을 취하는 것이다. 앞서 본 AUD/USD의 경우, 2004년 잠시 약세를 나타내던 시기에 매수 포지션을 취하는 것이 보다 큰 기회를 가져다주었을 것이라는 의미이다. 〈그림 9-2〉는 2004년 2월부터 2004년 6월 17일까지 모든 고점과 저점이 반영된 AUD/USD의 시간차트로, 특히 피보나치 되돌림이 적용되었다. 〈그림 9-2〉의 수평으로 그어진 선은 피보나치 되돌림의 지지선이다. 이 차트에서 확인할 수 있듯이, 매도 시점을 찾는 것보다는 피보나치 되돌

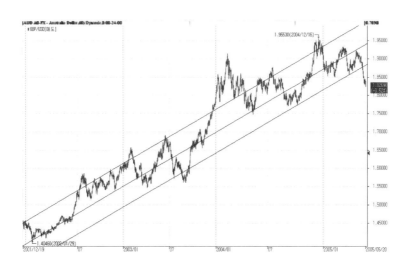

〈그림 9-3〉 GBP/USD 일일차트
(출처: 현대선물)

림의 76퍼센트 지점이 강력한 지지선임을 확인하고 AUD/USD의 매수
시점을 찾는 것이 더욱 효과적이다. 그러므로 우리는 일일차트를 이용
하여 통화쌍의 전반적인 추세를 확인하고, 시간차트를 이용하여 진입
시점을 가늠해 보아야 한다.

이제 다른 예로 영국 파운드를 살펴보자. 〈그림 9-3〉은 GBP/USD
차트로, 2002년 1월부터 2005년 5월까지의 일일차트이다. 앞서 AUD/
USD의 예와 같이 GBP/USD의 최고점에서 포지션을 취하려 했던 트레
이더들은 최근 10년래 최고점을 기록한 2004년 1월을 포함하여 최소
3년간은 트레이딩에 어려움을 겪었을 것이다. 이러한 트레이더들에
게 2004년 1월의 고점은 확실한 매도 진입시점으로 생각하게끔 만들
기 충분했다. 하지만 추세를 간과하고 이 시점에서 매도 포지션을 취

한 트레이더들은 큰 손실을 입었을 것이다. GBP/USD는 2004년 1월, 10년래 최고점을 기록한 이후에도 10퍼센트 이상 상승했기 때문이다.

다음으로 GBP/USD의 시간차트를 살펴보자. 이 차트를 통해 우리는 GBP/USD가 랠리를 펼칠 때 매도 시점^{Sell on rallies}을 찾는 것보다는 조정장세에서 매수 시점^{Buy on dips}을 찾는 노력을 해야 할 것이다. 〈그림 9-4〉는 2004년 9월에서 2004년 12월까지의 GBP/USD 차트로, 상승추세가 지속되고 있는 가운데 두 개의 피보나치 되돌림 지점이 표시되어 있다. 이 같은 상황에서 GBP/USD의 추세를 잊지 않고 접근한다면, 추세와 역행하는 트레이딩은 사전에 방지할 수 있었을 것이다.

다양한 시간대 분석은 단기적으로도 적용 가능하다. 〈그림 9-5〉의 CHF/JPY 시간차트를 살펴보자. CHF/JPY는 2004년 12월 30일에서

〈그림 9-4〉 GBP/USD 시간차트

2005년 2월 9일까지의 피보나치 되돌림 38.2퍼센트 지점을 여러 번 테스트했으나 결국 돌파하지 못하고 있음이 확인된다. 즉 CHF/JPY는 이 지점을 상향 돌파하지 못하고 하락추세를 나타내고 있다는 의미이다. 그러므로 우리는 15분 차트를 이용해 하락추세 속의 CHF/JPY 진입 시점을 가늠해 보아야 한다. 하지만 이 같은 트레이딩의 성공 가능성을 높이려면 CHF/JPY의 일일차트 역시 하락추세가 지속되고 있는지 다시 한 번 확인해야 한다.

〈그림 9-6〉을 살펴보자. 이것은 CHF/JPY 일일차트로, 해당 통화쌍은 20일 단순이동평균선^{SMA}과 100일 SMA가 교차하고 있는 가운데 200일 SMA 아래에서 움직이고 있다. 즉 CHF/JPY는 하락 추세를 나타내고 있다는 의미이다. 이제 각자가 데이 트레이더가 되어 15분 차트

〈그림 9-5〉 CHF/JPY 시간차트

〈그림 9-6〉 CHF/JPY 일일차트
(출처: 현대선물)

를 이용하여 포지션 진입 시점을 가늠해보자. 〈그림 9-7〉은 앞서 보았
던 하락추세가 지속되고 있는 CHF/JPY의 15분 차트로, 수평으로 그
어진 선은 피보나치 되돌림의 38.2퍼센트 지점이다. 우리는 해당 통화
쌍이 2005년 5월 11일 수평으로 그어진 피보나치 되돌림 38.2퍼센트
지점을 상향 돌파한 것을 확인할 수 있다. 이 상황에서 트레이더들은
CHF/JPY가 강세 모멘텀으로 전환되었다고 생각하고 매수 진입을 꾀
하려 할 것이 아니라, 일일차트와 시간차트에서의 전반적인 추세가 여
전히 약세 모멘텀을 이어가고 있음을 깨달아야 할 것이다. 〈그림 9-7〉
에서 CHF/JPY는 피보나치 레벨을 상향 돌파한 후 추세를 이어가지 못
하고 급락세를 나타냈다. 아마도 이번 전략에 대한 이해도가 높은 트
레이더들은 이 기회를 잘 활용했을 것이다.

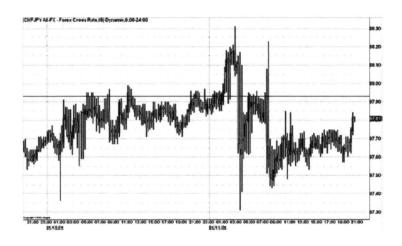

〈그림 9-7〉 CHF/JPY 15분 차트
(출처: 현대선물)

　　다양한 시간대 분석의 중요성은 아무리 강조해도 지나치지 않는
다. 위에서 살펴본 것과 같이 전반적인 추세를 먼저 파악하고 의사결
정을 하게 되면 다수의 손실 위험을 방지할 수 있다. 레인지 장세에서
저가 매수, 고가 매도 전략은 아주 단순하고 초보적인 방법이기 때문
에 대부분의 초보 트레이더들은 레인지 트레이딩을 선호한다. 물론 이
전략도 적용 가능하지만 트레이더들은 그들이 참여하는 시장 환경에
대해 조금 더 유념해야 할 필요가 있다. 지난 8장에서도 나와 있듯이,
장세가 레인지 시장의 조건을 충족시켰을 경우에만 레인지 트레이딩
을 시도해야 한다. 가장 중요한 레인지 트레이딩 조건 중 하나는 ADX
가 25를 하회하고 하락추세를 나타내는 것이다.

더블제로 지점 이용하기

트레이딩에 있어 가장 간과되고 있지만 실은 매우 유용한 부분이 외환시장의 구조를 파악하는 일이다. 시장의 세부구조와 역학관계에 대한 이해를 높임으로써 트레이더들은 일중 변동장세에서 수익을 취할 수 있는 가장 유용한 전략을 구사할 수 있다. 즉 시장의 역학 관계에 대한 이해와 감각을 키우는 것이 단기 변동시장에서 수익을 취할 수 있는 열쇠이다.

외환시장에서 이 점은 특히 중요한데, 일중 가격변동에 영향을 미치는 주 요인이 주문의 흐름$^{Order\ Flow}$이기 때문이다. 대부분의 개인 트레이더들은 셀-사이드$^{sell\text{-}side}$ 같은 은행의 주문이 아니기 때문에, 시장의 단기 변동에 따른 수익을 얻고자 하는 일중 트레이더들은 대량주문이 촉발될 수 있는 가격대를 예상하고 이를 확인하는 방법을 깨달아야 한다. 이러한 방법은 일중 트레이더들이 시장 조성자와 같은 방향에서 포지션을 취할 수 있는 기회를 제공하기 때문에 매우 효율적이다.

일중 트레이딩 시 모든 지지선과 저항선을 파악하고, 모든 지점에서 수익을 얻는 것은 불가능하다. 그러므로 성공적인 일중 트레이딩을 위해서는 보다 선별적인 판단과, 어떤 가격대에서 거래가 촉발되는지를 이해하고 있어야 한다. 더블제로$^{Double\ zeros}$나 라운드넘버(round numbers, 어림수)와 같이 심리적으로 중요한 지점은 이러한 요소들을 파악하는 데 큰 도움을 준다.

더블제로는 USD/JPY의 107.00과 EUR/USD의 1.2800과 같이 소수점 마지막 두 자리가 0으로 끝나는 것을 의미한다. 기본적 추세에도 불구하고 통화쌍의 저항 지점이나 지지 지점이 더블제로로 표시되는 경우에는 다른 저항선이나 지지선보다 의미 있다 할 수 있다. 이러한 형태의 반작용에 따라 일중 트레이더는 15 내지 20핍의 리스크로 50 핍의 수익을 얻을 수 있는 완벽한 기회를 포착하게 된다.

이번 전략을 활용하는 것은 어렵지 않지만, 이를 활용하려는 트레이더들은 대형은행들과 시장 참여자들의 심리를 잘 파악하고 있어야 한다. 이번 전략이 적용되는 이유는 간단하다. 대형은행들은 조건부 주문을 통하여 대량으로 많은 주문을 처리하기 때문에 다른 시장 참여자들에 비해 매우 유리한 위치에 서 있을 뿐만 아니라, 가격이 변화할 때 이러한 조건부 주문들이 시장에 미칠 영향에 대하여 감지하고 있기 때문이다. 딜러들은 종종 이러한 그들의 정보를 이용, 자신들의 개인 계좌를 통해 단기 포지션을 운용하기도 한다.

대부분의 시장 참여자들은 조건부 주문을 같은 가격 혹은 거의 유사한 가격 수준에 넣고 있다. 한편 트레이더들의 이익실현을 위한 주문은 어림수에 밀집되어 있고, 스탑주문은 어림수 위 혹은 아래 부근에 집중되어 있다. 이런 현상이 발생하는 이유는 사람들이 단순한 어림수를 편하게 여기기 때문이다. 즉 이러한 결과로 수익을 취하기 위한 주문take profit order은 더블제로 가격에 집중되어 있는 경우가 대부분이다. 외환시장은 전 세계가 24시간 연결되어 있는 시장이기 때문에 투기매매 거래자들은 다른 시장보다 스탑과 리밋 주문을 많이 활용한다. 대형은행들은 조건부 대량주문 흐름을 통하여 이러한 포지션이 밀집되어 있는 가격대를 공략하고 있다. 더블제로에 집중하는 전략은 트레이더들을 시장 조성자와 같은 방향에 설 수 있게 해주며, 이로 인해 트레이더들이 더블제로 지점에서 신속히 추세의 역전에 베팅할 수 있도록 도와준다. 더블제로 수준이 제법 큰 의미를 가지고 있다는 것을 기술적 지표를 통해 확인할 때 이러한 거래는 더 큰 수익을 발생시킨다.

매매 법칙

<u>매수</u>

1. 10분, 또는 15분 차트에서 20일 이동평균선보다 상당수준 하회하는 가격대를 선택한다.
2. 선택 가격대 밑으로 10핍 이내의 가격을 선정, 매수 진입한다.
3. 시장흐름이 진입 포지션과 반대방향으로 움직일 경우를 대비하여 진입가격 밑으로 20핍 이내의 지점을 선정하여 스탑주문을 넣는다.
4. 리스크 금액보다 2배의 수익이 발생될 경우 포지션의 절반을 청산하고 나머지 포지션에 대해서는 스탑가격을 브레이크 이븐^{break-even}, 즉 진입가격 지점으로 조정한다. 그 후 선호하는 방법에 따라 트레일링 스탑을 설정한다.

<u>매도</u>

1. 10분, 또는 15분 차트에서 20일 이동평균선보다 상당수준 상회하는 가격대를 선택한다.
2. 선택 가격대 밑으로 10핍 이내의 가격을 선정, 매도 진입한다.
3. 시장흐름이 진입 포지션과 반대방향으로 움직일 경우를 대비하여 진입가격 위로 20핍 이내의 지점을 선정하여 스탑주문을 넣는다.
4. 리스크 금액보다 2배의 수익이 발생될 경우 포지션의 절반을 청산

하고 나머지 포지션에 대해서는 스탑가격을 진입가격으로 조정한다. 그 후 선호하는 방법에 따라 트레일링 스탑을 설정한다.

전략의 최적 조건

이 전략의 최적 조건은 주요 경제지표가 발표되지 않을 때, 즉 시장에 큰 변동성이 나타나지 않을 때 가장 유효하다. 이 전략은 아주 좁은 범위 안에서 움직이는 통화, 이종통화, 그리고 원자재 통화들commodity currencies에 특히 유용하고, 변동성이 작은 장세에서, 그리고 스탑주문이 아주 빽빽하게 걸려있는 상황에서 대형거래자들에게 유용하다.

어림수는 앞에서 언급한 대로 심리적으로 큰 의미가 있는 지점이기 때문에 주요 기술적 지표가 어림수로 표시될 경우 이러한 전략은 매우 중요하다. 주요 저항/지지 수준이 이평선, 피보나치 수준, 볼린저밴드 등과 같은 수치에 근접하게 되면 거래의 성공확률이 높아지는 경향을 보인다.

더블제로 전략의 실제 사례

이제 몇 가지 예를 살펴보면서 이번 전략을 적용해보자.

첫 번째는 〈그림 9-8〉의 EUR/USD 15분 차트이다. 이번 그림에서 우리는 상승 추세가 무너져 20일 이동평균선을 한참 하회하는 지점에서 EUR/USD가 거래되고 있음을 볼 수 있다. 즉 EUR/USD는 하락추세로서 더블제로 수치인 1.2800을 향해 하락하고 있다. 이러한 상황에서 이번 전략을 적용해보자. 우리는 일단 1.2800을 약간 하회하는 1.2795에 매수주문을 넣는다. 계약이 1.2795에 체결되면 우리는 진입지점에

서 20핍 아래인 1.2775에 스탑주문을 넣는다. 그림을 통해 EUR/USD
는 강세로 반전되기 전 1.2786까지 하락했음을 알 수 있다. 우리는
EUR/USD가 스탑 설정거리 두 배 지점인 1.2835(진입가격 1.2795, 스탑가
격 1.2775, 따라서 리스크 20핍의 2배인 40핍 이익이 발생되는 가격)에 도달했을
때 포지션 절반을 이익 청산한다.

  그 후 남아있는 포지션의 스탑가격을 손익분기점이자 진입가격인
1.2795로 조정한다. 다음 트레일링 스탑을 이용하여 스탑 수준을 현재
가에 연동시켜 계속 수정한다. 트레일링 스탑은 현재가 대비 몇 퍼센
트, 혹은 몇 핍 등 다양한 방법을 이용해 설정할 수 있다. 우리는 투-바
로우(two-bar low, EUR/USD가 상승추세이므로 현재 캔들에서 두 번째 전 캔들,
또는 30분 전 캔들의 최저점─역자 주)를 이용하여 트레일링 스탑을 설정
한 후 나머지 포지션을 1.2831 지점에서 최종 청산한다. 결국 이번 전

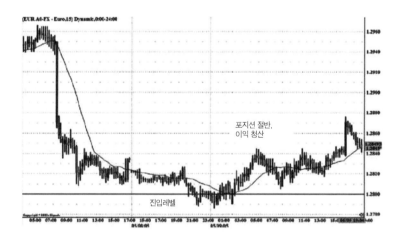

〈그림 9-8〉 EUR/USD 15분 차트 더블제로 예시

략을 이용하여 첫 번째 포지션에서 40핍을, 두 번째 포지션에서 36핍의 수익을 거두었다.

다음 예는 USD/JPY이다. 〈그림 9-9〉에서 우리는 USD/JPY가 10분 차트에서 20일 이동평균선을 하회하는 수준에서 거래되고 있으며, 더블제로 수준인 105.00을 향해 하락하고 있음을 볼 수 있다. 앞에서 언급한 대로 105선은 USD/JPY의 주요 지점이다. 다시 말하면 105선은 심리적 이유뿐만 아니라, 2004년에서 2005년 초까지 USD/JPY의 주요 지지선과 저항선 역할을 해왔기 때문에 매우 중요한 지점이다. 105선은 또한 2004년 5월 14일과 2005년 1월 17일의 피보나치 되돌림 23.6 퍼센트 지점이다. 결론적으로 105선을 향하는 USD/JPY의 추세는 매우 강할 것으로 판단, 많은 투기적 트레이더들이 이 지점에서 수익을 거두었고 역추세 전략이 적중하였다.

〈그림 9-9〉 USD/JPY 더블제로 예시

이제 이번 전략을 적용하기 위해 105.00 선을 약간 하회하는 104.95에 매수주문을 넣어보자. 이 매수주문은 곧 체결되어 104.95에 매수 포지션 진입이 완료되고, 그 후 104.75에 스탑주문을 넣는다. 그림을 통해 USD/JPY는 반등하기 전 104.88까지 하락했음을 알 수 있다. 우리는 USD/JPY가 반등하여 스탑 설정거리 두 배 지점인 105.35에 도달했을 때 보유 포지션의 절반을 이익 청산하였다. 그 후 남아있는 포지션의 스탑가격을 손익분기점이자 진입가격인 104.95로 수정하고, 단기적 변동성에서 발생하는 노이즈 제거를 위해 파이브-바 로우(five-bar low, USD/JPY가 상승추세이므로 현재 캔들에서 다섯 번째 전 캔들, 또는 50분 전 캔들의 최저점)를 이용하여 트레일링 스탑을 설정한다. 그 후 나머지 포지션을 105.71 지점에서 최종 청산했다. 그 결과 우리는 이번 거래로 인해 첫 번째 포지션에서 40핍을, 두 번째 포지션에서 76핍의 수익을 거두었다. 이번의 예가 첫 번째 EUR/USD의 예보다 더 큰 수익을 거둘 수 있었던 것은 USD/JPY의 더블제로 지점이 기술적으로 훨씬 중요한 지점이었기 때문이다.

다시 강조하자면, 더블제로 지점은 성공적인 트레이딩을 위해 매우 중요하다는 것을 상기하자. 마지막 예로 〈그림 9-10〉의 USD/CAD 15분 차트를 살펴보자. 이번 차트에서 주목할 점은 단순히 더블제로가 아니라 트리플제로triple zero라는 점이다. 트리플제로는 더블제로보다 빈도가 낮기 때문에 더 큰 의미가 있다.

〈그림 9-10〉에서 USD/CAD가 20일 이동평균선을 훨씬 못 미치는 지점에서 1.2000을 향해 하락하고 있는 것이 확인된다. 이제 우리는 트리플제로 지점인 1.2000에서 몇 핍 아래인 1.1995 지점에 매수

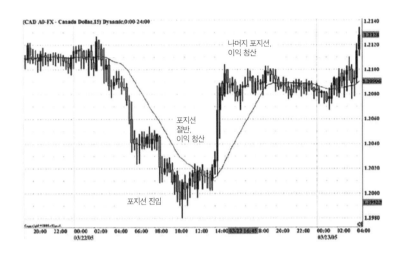

〈그림 9-10〉 USD/CAD 15분 차트 더블제로 예시

진입을 한 뒤, 진입가에서 20핍 아래인 1.1975에 스탑주문을 넣는다. 차트에서 확인할 수 있듯이 USD/CAD는 1.1980까지 하락한 뒤 반등을 하였다. 우리는 스탑 설정거리 두 배 지점인 1.2035에서 포지션의 절반을 이익 청산하고, 남아있는 포지션의 스탑을 손익분기점이자 진입가격인 1.1995로 수정한다. 그리고 투-바 로우(USD/CAD가 상승추세이므로 현재 캔들에서 두 번째 전 캔들, 또는 30분 전 캔들의 최저점)를 이용하여 트레일링 스탑을 설정한 후 남아 있는 1개의 포지션을 1.2081 지점에서 최종 청산한다.

그 결과 우리는 첫 번째 포지션에서 40핍을, 두 번째 포지션에서 86핍의 수익을 거두었다. 이번 거래는 특별히 높은 수익을 거두었는데, 그 이유는 1.2000이 트리플제로 지점이었기 때문이다. 비록 이번에는 매수 포지션의 사례만 들었지만 매도 포지션의 경우에도 동일하게 이번 전략이 작동한다.

최적의 타이밍 선별하기

외환시장의 거래량 정보 부재는 데이 트레이더에게 공급과 수요에 대한 전략이 아닌, 시장의 미세구조에 기안한 전략을 개발하게끔 만들었다. 대부분의 데이 트레이더는 외환시장이 열리는 24시간 내내 가능한 한 모두 시장에 참여하려 노력한다. 하지만 각 트레이딩 세션마다 통화쌍의 움직임은 매우 다른 양상을 보이므로 트레이더는 각 세션별 특징에 대해 미리 살펴보아야 한다.

4장에서 살펴보았듯이 아시아 시장은 비교적 매우 조용한 움직임을 나타낸다. 즉 아시아 시장에서 EUR/USD나 GBP/USD와 같은 통화쌍들은 매우 좁은 레인지 안에서 거래되는 경향이 있다. 외환시장에 대해 국제결제은행BIS이 2004년 9월 발표한 '외환시장 분류 기준'에 따르면, 영국은 전 세계에서 가장 활발한 시장으로 외환시장 전체 거래량의 31퍼센트를 점하고 있다. 여기에 독일, 프랑스, 스위스 등을 더한 유로존 전 지역의 거래량은 외환시장 전체 거래량의 42퍼센트나 차지한다.

반면 미국은 영국에 이어 세계에서 두 번째로 외환거래가 활발한 시장이지만 외환시장 전체 거래량의 19퍼센트만 점하고 있다. 이런 점에서 볼 때 런던 시장은 매우 중요하다 할 수 있는데, 외환시장의 대다

수 트레이더들에게 늦은 미국장이나 다음 날 아시아장에서 발표된 이 벤트에 따라 거래를 할 수 있는 기회를 제공하기 때문이다. 보통 런던 시장 폐장 후 뉴욕시각으로 오후 2시 15분경 연방공개시장위원회(이하 'FOMC')의 발표가 있기 때문에 FOMC 회의, 또는 연준 위원들의 발표 가 예정되어 있을 때 런던 시장의 중요성은 보다 증대된다.

GBP/USD 통화쌍은 대부분 런던을 포함한 유럽 시장에서 가장 활 발하게 거래된다. 유럽장과 미국장이 만나는 시간대에서도 활발하게 거래되지만 이 시간대가 지나면 거래량이 급감한다. 이는 GBP/USD 거래의 대부분이 영국과 유럽의 마켓메이커들에 의해서 주로 거래되 기 때문이다. 이에 따라 일중 거래자들은 런던 시장 개장 후 몇 시간 내에 발생되는 시장의 초기 변동성을 이용하여 활발히 거래한다. '스 탑 헌터stop hunter'라고 불리는 악명 높은 영국 트레이더들은 이러한 일 중 거래자들의 전략을 역이용하고 있다. 그리고 이런 현상은 런던 시 장 개장 후 초기 환율의 움직임이 진정한 시장 상황을 반영하지 못하 는 경우가 많다는 것을 의미한다. 영국과 유럽의 딜러들은 GBP/USD 의 주요 마켓메이커이기 때문에 이 통화쌍에 대한 수요와 공급 상황을 잘 알고 있다. 따라서 시장개장 후 변동성이 증대하기 시작하는 시점 에서 시장진입 전략을 활용하는 것이 바람직하다.

이러한 시점은 은행 딜링데스크가 자신의 포지션을 점검하고 고 객의 매수/매도 스탑주문 가격수준에 대한 정보를 분석한 후, 진정한 시장의 변동성이 시작되는 시점을 의미한다. 이러한 스탑주문들이 체 결되고 나면 시장의 가격변동 추세가 확실시 되며, 이러한 시점에서야 시장진입(매도 혹은 매수) 조건을 고려할 수 있다. 이러한 전략은 미국

시장 개장 후, 혹은 주요 경제지표 발표 후 가장 효율적으로 작동한다. 이 기회를 잘 활용해야만 초기 시장에서의 노이즈를 제거하고, 시장의 방향이 자리를 잡을 때 진입기회를 찾을 수 있다.

> ***파워 아워**(Power Hour) : 일반적으로 양 시장의 시간대가 중복되는 시간대에 거래량이 증가하는 경향이 있다. 시장에서 일정 가격수준에 매도/매수 스탑주문이 밀집되어 있는 경우 스탑가격에 도달하게 되면 대량의 스탑주문이 체결되면서 시장의 거래량과 변동성이 증가한다. 고객의 포지션 정보, 스탑가격 수준에 대한 정보를 알게 되면 대형은행의 딜러들은 스탑주문이 실행될 수 있게 고객에 대한 bid-offer 스프레드를 증가시켜 시장의 거래량과 변동성을 증대시킬 수 있다. 이러한 행위들을 스탑 헌팅(stop hunting)이라고 하며, 이러한 시간대, 특히 GBP/USD의 경우 프랑크푸르트와 런던 시장 개장 시(뉴욕 시장 오전 1시에서 2시 사이)를 파워 아워라고 한다.

매매 법칙

매수

1. 유럽장 초반, 뉴욕시각으로는 오전 1시부터 GBP/USD의 움직임에 주의를 기울인다. 시초가 대비 25핍 이상 파운드가 하락하여 새로운 레인지를 형성하는 것을 지켜본다(GBP/USD의 레인지는 프랑크푸르트 시장과 런던 시장 사이, 뉴욕시각 기준으로 오전 2시에 형성되며 가격변동을 의미함).

2. 통화쌍 흐름이 반등하여 상승을 지속한다.

3. 프랑크푸르트 시장과 런던 시장 사이에서 형성된 레인지의 상단 10핍 위에 매수 진입 예약주문을 넣는다.

4. 진입가 20핍 이내에 스탑주문을 넣는다.

5. 만약 포지션이 스탑 설정거리 두 배까지 상승하여 수익이 발생하면

포지션 절반을 이익 청산하고, 나머지 포지션의 스탑가격을 진입가로 수정한 후 트레일링 스탑을 설정한다.

매도

1. 유럽장 초반, 뉴욕시각으로는 오전 1시부터 GBP/USD의 움직임에 주의를 기울인다. 시초가 대비 25핍 이상 파운드가 상승하여 새로운 레인지를 형성하는 것을 지켜본다(GBP/USD의 레인지는 프랑크푸르트 시장과 런던 시장 사이, 뉴욕시각 기준으로 오전 2시에 형성되며 가격변동을 의미함).
2. 통화쌍 흐름이 반락되어 하락을 지속한다.
3. 프랑크푸르트 시장과 런던 시장 사이에서 형성된 레인지의 하단 10핍 밑에 매도 진입 예약주문을 넣는다.
4. 진입가 20핍 이내에 스탑주문을 넣는다.
5. 포지션이 스탑 설정거리 두 배까지 하락하여 수익이 발생되면 포지션 절반을 이익 청산하고, 나머지 포지션의 스탑가격을 진입가로 수정한 후 트레일링 스탑을 설정한다.

이 전략의 사례

이제 이번 전략을 몇 가지 예에 적용해보자. 〈그림 9-11〉은 GBP/USD 차트이다. 우리는 런던 시장 개장 시에 GBP/USD가 상승, 약 두 시간 후에는 1.8912까지 도달하는 것을 확인할 수 있다. 그 후 GBP/USD는 미국장 개장을 앞두고 약세로 전환하였고, 우리는 프랑크푸르트 시장과 런던 시장 사이에서 형성된 레인지의 하단인 1.8804보다 10

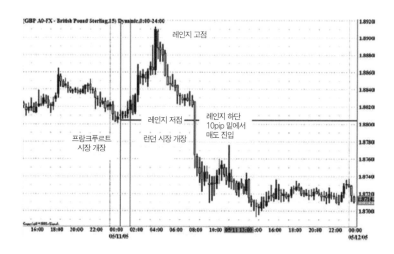

〈그림 9-11〉 2005년 5월 GBP/USD 예시

핍 아래인 1.8794에 매도 예약주문을 넣는다. 매도계약 체결 후 진입가보다 20핍 위인 1.8814에 스탑주문을 설정한다.

이어서 GBP/USD가 약세를 지속하여 스탑 설정거리의 두 배 지점인 1.8754에 도달했을 때 포지션 절반을 이익 청산하고, 나머지 포지션의 스탑가격을 손익분기점인 진입가 1.8794로 조정한 후 투-바 하이(two-bar high, 현재 캔들에서 두 번째 전 캔들의 최고점—역자 주)를 이용하여 트레일링 스탑을 설정한다. GBP/USD가 1.8740까지 하락했을 때 마지막 보유 포지션을 청산한다. 우리는 이번 전략을 이용하여 첫 번째 포지션에서 40핍을, 두 번째 포지션에서 54핍의 수익을 거두었다.

다음으로 〈그림 9-12〉의 예를 살펴보자. 이번 예 또한 런던 시장이 개장하면서 GBP/USD가 상승하여 미국장 개장 직전 1.8976까지 도

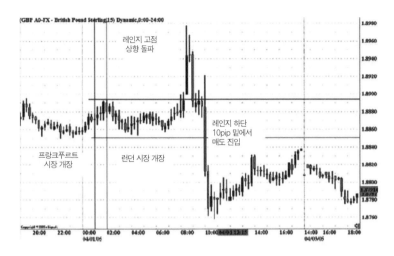

〈그림 9-12〉 2005년 4월 GBP/USD 예시

달하는 것을 확인할 수 있다. 그 후 GBP/USD는 미국 시장에 접어들어 약세로 전환했고, 프랑크푸르트 시장과 런던 시장 사이에서 형성된 레인지의 최저점인 1.8851을 향해 하락했다. 이 시점에서 우리는 유럽 시장 레인지의 저점인 1.8851보다 10핍 아래인 1.8841에 매도 예약주문을 넣는다. 매도계약 체결 후 진입가보다 20핍 위인 1.8861에 스탑주문을 넣는다.

이어서 스탑 설정거리의 두 배 지점인 1.8801에 도달했을 때 포지션 절반을 이익 청산하고, 나머지 포지션의 스탑가격을 손익분기점인 진입가 1.8841로 조정한 후 투-바 하이를 이용하여 트레일링 스탑을 설정한다. GBP/USD가 1.8789까지 하락했을 때 마지막 보유 포지션을 청산한다. 우리는 이번 전략을 이용하여 첫 번째 포지션에서 40핍을,

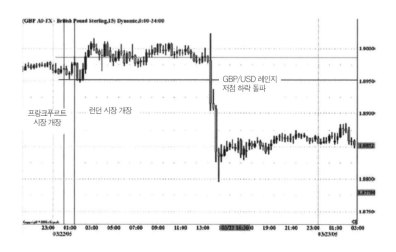

〈그림 9-13〉 2005년 3월 GBP/USD 예시

두 번째 포지션에서 52핍의 수익을 거두었다.

　　마지막 예로 〈그림 9-13〉을 살펴보자. 이번 역시 매도의 경우인데, GBP/USD는 런던 시장이 개장하면서 상승하여 FOMC 회의가 열리기 전 1.9023까지 도달하는 것을 확인할 수 있다. FOMC 회의가 시작되고 GBP/USD는 반락하여 프랑크푸르트 시장과 런던 시장 사이에서 형성된 레인지의 최저점인 1.8953을 향해 하락했다. 이 시점에서 우리는 1.8953보다 10핍 아래인 1.8943에 매도 예약주문을 넣는다. 매도계약 체결 후 진입가보다 20핍 위인 1.8963에 스탑주문을 넣는다.

　　이어서 GBP/USD가 약세를 지속하여 스탑 설정거리의 두 배 지점인 1.8903에 도달했을 때 포지션 절반을 이익청산하고, 나머지 포지션의 스탑가격을 손익분기점인 진입가 1.8943으로 조정한 후 투-바

하이를 이용하여 트레일링 스탑을 설정한다. 마지막으로 GBP/USD가 1.8853까지 하락했을 때 마지막 보유 포지션을 청산한다. 우리는 이번 전략을 이용하여 첫 번째 포지션에서 40핍을, 두 번째 포지션에서 90핍의 수익을 거두었다.

인사이드 데이 추세돌파 전략

이 책은 전반적으로 프로페셔널 트레이더들에게 가장 인기 있는 전략인 변동성 트레이딩에 대해 특별히 강조하고 있다. 변동성에 대한 해석방법은 여러 가지가 있지만, 가장 간단한 방법은 예리한 시각과 통찰력으로 실제 통화쌍의 움직임을 그래프로 확인하고 해석하는 것이다. 물론 이 또한 전 세계 프로페셔널 트레이더들이 가장 많이 사용하고 있는 방법이지만, 초보 트레이더들도 매우 쉽게 이 방법을 적용할 수 있고 신뢰성 또한 매우 높다.

추세돌파형 트레이더들은 단지 캔들스틱 차트로 인사이드 데이inside day를 확인할 수 있다. 인사이드 데이란 전일자 변동 범위, 즉 전일자 고점과 저점 사이에서 통화쌍이 움직이는 날을 의미한다. 이번 변동성 전략을 시행하기 위해서는 적어도 2일 이상의 인사이드 데이가 유지되어야 한다. 인사이드 데이가 길어질수록 변동성이 증가하거나 추세돌파가 일어날 가능성이 높다. 일일차트를 이용하는 것이 이번 전략의 최적 조건이지만, 이보다 더 긴 시간대의 차트를 활용할 경우 추세돌파의 기회를 더 확실하게 파악할 수 있으므로 이 또한 유의성이 높다. 일부 트레이더들은 전략 활용 시 시간차트를 사용하기도 하지만 일일차트를 활용하는 것이 인사이드 데이 전략을 구사하는 데 더 효율적이다. 다만 런던이나 미국 시장 개장 전 변동폭이 축소했을 때에는 시간차트를 활용하는 것이 추세돌파 파악에 더 효과적일 수 있다.

핵심 요소는 잘못된 돌파신호에 현혹되지 않고 유효한 돌파신호를 찾아내는 일이다. 일일차트를 사용하는 트레이더들은 주요 경제지표 발표 전에 특정 통화쌍에 대해서 추세돌파를 감지해낼 수 있다. 이번 전략은 대부분의 모든 통화쌍에서 통용되지만 EUR/GBP, USD/CAD, EUR/CHF, AUD/CAD와 같은 통화쌍들에 있어서는 가끔 그릇된 시그널을 보낼 수 있으므로 주의를 요한다.

매매법칙

매수

1. 인사이드 데이가 최소 2일 이상 지속된 통화쌍을 찾아본다.

2. 통화쌍의 전일 고점 10핍 위에 매수 예약주문을 넣는다.

3. 매수 예약주문이 체결되면 최근 인사이드 데이 레인지 저점의 10핍 아래에 스탑주문과 통화쌍이 반대의 움직임을 나타낼 경우를 대비해 기존 매수 물량 두 배에 해당하는 매도 예약주문을 동시에 넣는다.

4. 통화쌍이 스탑 설정거리 두 배의 수익을 올릴 수 있는 지점까지 상승하면 포지션을 청산하거나 트레일링 스탑주문을 설정한다.

5. 만약 잘못된 신호로 인하여 스탑 혹은 역주문이 체결될 경우 인사이드 데이의 최저점에서 10핍 정도 높은 가격대에 스탑을 걸어놓고, 손실금액 두 배의 수익이 발생될 경우 트레일링 스탑을 활용하

도록 하자.

매도

1. 인사이드 데이가 최소 2일 이상 지속된 통화쌍을 찾아본다.

2. 통화쌍의 전일 저점 10핍 아래에 매수 예약주문을 넣는다.

3. 매도 예약주문이 체결되면 최근 인사이드 데이 레인지 고점의 10핍 위에 스탑주문과 통화쌍이 반대의 움직임을 나타낼 경우를 대비한 기존 매도 물량 두 배에 해당하는 매수 예약주문을 동시에 넣는다.

4. 통화쌍이 스탑 설정거리 두 배의 수익을 올릴 수 있는 지점까지 하락하면 포지션을 청산하거나 트레일링 스탑주문을 설정한다.

5. 만약 잘못된 신호로 인하여 스탑 혹은 역주문이 체결될 경우 인사이드 데이의 최저점에서 10핍 정도 낮은 가격대에 스탑을 걸어놓고, 손실금액 두 배의 수익이 발생될 경우 트레일링 스탑을 활용하도록 하자.

전략의 최적화 방안

성공 가능성을 높이기 위해서는 인사이드 데이 후 예상되는 돌파 지점이 주요 지지, 또는 저항선과 맞닿아 있는지 다시 한 번 확인해보는 것이 중요하다. 예를 들어 통화쌍이 강세 움직임을 지속하며 인사이드 데이 레인지가 통화쌍의 최근 고점과 맞닿아 있다면, 해당 통화쌍은 최근의 고점을 상향 돌파할 가능성이 크다는 의미이다. 반대의 경우도 마찬가지이다.

인사이드 데이 전략의 실제 사례

이제 몇 가지 예를 살펴보자. 〈그림 9-14〉는 EUR/GBP의 일일차트이다. 이 차트에서 인사이드 데이가 2일 연속 이어진 것을 확인할 수 있으며, 인사이드 데이들은 확연히 전일자 변동폭 안에 위치하고 있다. 이번 전략을 적용하기 위해 전일 인사이드 데이의 최고점보다 10핍 높은 가격인 0.6634에 매수주문을, 전일 인사이드 데이의 최저점보다 10핍 낮은 가격인 0.6579에 매도주문을 입력한다. 0.6634에 매수주문이 먼저 체결되면 매도 계약을 취소하고, 최근 인사이드 데이의 최저점보다 10핍 낮은 가격인 0.6579에 스탑 및 리버스 주문을 입력한다(최초 매입 포지션의 2배 만큼). 0.6634에 매수 포지션을, 스탑은 0.6579에 입력되어 있어 스탑 설정거리는 55핍이다. 가격이 스탑 설정거리 두 배 지

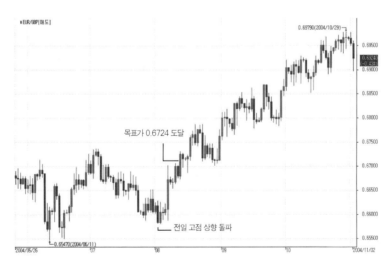

〈그림 9-14〉 EUR/GBP 인사이드 데이 차트
(출처: 현대선물)

점(가격 0.6744)까지 상승하면 이익 청산이 가능해진다.

이 경우 두 가지 선택을 할 수 있다. 전체 포지션을 이익 청산하거나 트레일링 스탑을 활용하는 것이다. 보수적인 트레이더들은 아마 이 시점에서 전체 포지션을 청산하려고 할 것이고, 아주 공격적인 트레이더들은 포지션 청산 대신 추가 수익의 기회를 기다릴 것이다. 우리는 포지션 청산 전략을 선택하여 110핍의 수익을 확보하였으나, 포지션을 청산하지 않고 추가 변동을 기다린 트레이더는 3주 후 추가로 100핍의 수익을 실현했을 것이다.

다음 예로 〈그림 9-15〉의 NZD/USD 일일차트를 살펴보자. 이번의 예가 이전 예와 다른 점은 스탑주문과 리버스 주문이 집행되었다는 점이다. 이는 통화쌍의 첫 번째 돌파가 잘못된 움직임이었다는 것을 의미한다. 그림에서 인사이드 데이가 2일 연속 이어진 것을 확인할 수 있다. 이번 전략을 적용하기 위해 인사이드 데이 확인 후 전일 인사이드 데이 고점인 0.6628보다 10핍 높은 가격인 0.6638에 매수주문을, 또는 0.6570보다 10핍 낮은 가격인 0.6560에 매도주문을 입력한다. 매수주문이 먼저 체결되었고, 스탑 혹은 리버스 주문을 전일 인사이드 데이의 저점보다 10핍 낮은 0.6560에 입력한다. 그러나 상승추세가 지속되지 못하고 반락하여 처음 포지션은 스탑가격인 0.6560에 청산되어 78핍의 손실이 발생하였고, 리버스 주문에 의하여 0.6560에 새로운 매도 포지션이 진입되었다.

가장 최근 인사이드 데이의 고점보다 10핍 높은 가격인 0.6619에 새로운 스탑주문을 입력한다. NZD/USD 가격이 하락하여 최초 스탑 설정거리의 두 배에 해당하는 지점까지 하락했을 때 보수적인 트레이

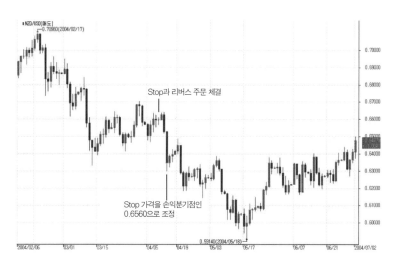

〈그림 9-15〉 NZD/USD 인사이드 데이 차트
(출처: 현대선물)

더는 포지션 전량을 이익 청산할 수 있고, 공격적인 트레이더라면 장세의 변동폭 예상에 따라 다양한 방법으로 트레일링 스탑을 설정할 수 있다. 이번 사례의 결과를 보자면, 일중 변동폭이 크기 때문에 일단 가격이 이익 청산 지점인 0.6404(최초 포지션에서 78핍의 손실이 발생하여 이익 청산 가격은 0.6560에서 156핍을 차감한 0.6404가 된다)에 도달했을 때 청산하여 156핍의 수익을 실현하였다. 그 가운데 첫 번째 포지션의 손실 78핍을 차감하여 총 78핍의 이익을 실현하였다.

　　마지막 예를 살펴보자. 〈그림 9-16〉은 EUR/CAD의 일일차트이다. 이번에는 기술적 지표를 사용하여 인사이드 데이 돌파의 방향성 편향을 판단하여 보자. 차트에서 인사이드 데이를 확인할 수 있다. 'Higher Low(당일의 저점이 전일의 저점보다 높은 상황, 반대의 경우는 Lower High로 당

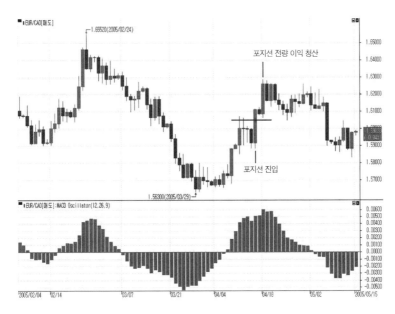

〈그림 9-16〉 EUR/CAD 인사이드 데이 차트
(출처: 현대선물)

일의 고점이 전일의 고점보다 낮은 상황을 의미함—역자 주)'는 상향 추세돌파
를 암시하고 있다. MACD^{Moving Average Concergence/Divergence} 히스토그램을 차트
하단에 삽입하여 살펴보면 인사이드 데이가 형성될 당시 히스토그램
은 플러스를 나타내고 있다. 이에 따라 우리는 추세의 상향 돌파 가능
성에 초점을 맞출 수 있다.

이번 전략을 적용하기 위해 우리는 전일 인사이드 데이 고점보다
10핍 위(1.6008)에 매수주문을, 전일 저점보다 10핍 아래에 매도주문을
넣는다. 매도주문이 먼저 체결되지만 곧 인사이드 데이 레인지 고점보
다 10핍 위에 설정한 매수(스탑) 주문에 해당 매도 포지션이 손절되었

고, 가장 최근 인사이드 데이에 앞서 스탑과 동일한 가격인 1.5905에 설정해놓은 매수 예약주문이 체결되는 것을 확인할 수 있다. 스탑은 인사이드 데이 저점보다 10핍 낮게 설정한다. EUR/CAD는 스탑 설정 거리 두 배 지점인 1.6208에 도달했을 때 포지션 전량을 이익 청산하여 총 200핍의 수익을 거두었다.

　일일차트를 사용할 때 인사이드 데이 추세돌파 전략의 리스크는 일반적으로 매우 크지만 추세돌파에 따른 수익 가능성 역시 매우 크다고 볼 수 있다. 공격적인 트레이더들은 대개 한 개 이상의 포지션을 취한다. 가격이 최초 리스크 부담액의 두 배 이상 변동될 경우 포지션의 절반을 청산하여 수익을 확보하고, 남은 포지션에 대해서는 트레일링 스탑을 활용하여 추가 수익을 노린다.

추세돌파 전략

　많은 트레이더들이 앞서 설명한 추세돌파 전략을 적용하여 큰 손실을 본 후 다시 레인지 트레이딩을 하게 된다. 실제로 가격이 주요 레벨을 돌파하였다고 하더라도 이러한 추세가 지속된다는 보장은 없다. 특히 이러한 레벨이 아주 의미가 있는 수준일 경우에는 은행 딜러나 다른 트레이더들이 스탑 거래를 유발하기 위하여 가격 수준 이상으로 밀어내는 행동을 자주 볼 수 있다(앞에서 언급한 것처럼 은행 딜러들의 소위 스탑 헌팅). 돌파 수준(Breakout level, 가격이 저항선을 돌파하여 상승하거나, 가격이 지지선을 돌파하여 하락하는 것)은 매우 중요하며 가격이 저항선이나 지지선을 돌파하여 안정된 추세를 가질 수 있는가 판단하기는 쉽지 않다.

추세돌파 전략은 많은 리스크를 내포하고 있다. 실제로 잘못된 추세돌파 신호가 자주 나타나고 있는데, 어떨 때는 가격 돌파를 시도하기 위하여 저항선이나 지지선을 한 번, 두 번 혹은 세 번까지도 테스트하는 경우가 있다. 이러한 현상에 따라 시장에는 많은 역추세 트레이더가 존재한다. 이는 추세돌파가 지속되지 못하는 경우에 수익을 얻기 위한 전략이다. 추세돌파가 지속되지 못하고 다시 원위치로 되돌림 현상이 발생하다가 실제 돌파가 발생할 경우 그 강도는 매우 강하고 오래 나타나기 때문에 큰 손실이 일어날 가능성이 있다. 그러므로 트레이더들은 성공적인 트레이딩을 위해 잘못된 추세돌파를 선별하는 능력을 배워야 할 것이다. 이번 전략은 일일차트를 통해 추세의 반점 지점을 찾고, 시간차트를 통해 진입 지점을 선별힌다.

매매 법칙

<u>매수</u>

1. 14일 ADX가 35 미만으로 하여 ADX가 작아지고 있는 통화쌍을 선택한다(ADX가 작아지고 있다는 것은 추세가 약화되고 있다는 신호이다).

2. 해당 통화가 전일의 저점보다 최소한 15핍 이상 하회할 때까지 기다린다.

3. 전일의 고점 15핍 위에 매수 예약주문을 넣는다.

4. 매수주문이 체결되면 진입가 30핍 이내에 스탑주문을 넣는다.

5. 가격이 스탑 설정거리 두 배, 또는 60핍의 수익 지점에 도달했을 때

이익 청산한다.

<u>매도</u>

1. 14일 ADX가 35 미만으로 하여 ADX가 작아지고 있는 통화쌍을 선택한다(ADX가 작아지고 있다는 의미는 추세가 약화되고 있다는 신호이다).
2. 해당 통화가 전일의 고점보다 최소한 15핍 이상 상회할 때까지 기다린다.
3. 전일의 저점 15핍 아래에 매도 예약주문을 넣는다.
4. 매도주문이 체결되면 진입가 30핍 이내에 스탑주문을 넣는다.
5. 가격이 스탑 설정거리 두 배, 또는 60핍의 수익 지점에 도달했을 때 이익 청산한다.

전략의 최적화 방안

이번 전략의 적중률이 높으려면, 예상치 못한 시장의 급격한 변동을 촉발시킬 수 있는 주요 경제지표 발표가 예정되어 있지 않아야 한다. 예를 들면 미국의 비농업취업자수 발표 직전 가격이 보합장세에서 변동될 때이다. 또한 통화쌍의 변동성이 작고 레인지가 좁을수록 더욱 적합하다.

추세돌파 전략의 사례

〈그림 9-17〉은 EUR/USD의 시간차트이다. 이 차트에서 우리는 14일 ADX가 35를 하회하는 것을 확인할 수 있다. EUR/USD가 전일의 저점인 1.2166에서 15핍을 하회할 때까지 기다린다. EUR/USD가 해당

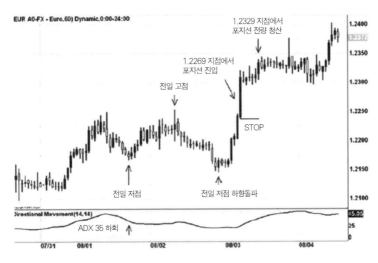

〈그림 9-17〉 EUR/USD 추세돌파 전략 차트
(출처: 현대선물)

〈그림 9-18〉 GBP/USD 추세돌파 전략 차트
(출처: 현대선물)

지점에 도달하면 추세가 반전할 것을 예상하여 전일의 고점인 1.2254에서 15핍 위인 1.2269에 매수주문을 넣는다. 매수 포지션을 진입시킨 후 진입지점 30핍 아래인 1.2239에 스탑주문을 넣고, 이익 청산을 위해 스탑 설정거리 두 배(60핍) 지점인 1.2329에 리밋 주문(이익 청산 주문)을 넣는다. 몇 시간 후 리밋 주문이 체결되었고, 우리는 30핍의 리스크를 부담하고 60핍의 수익을 실현하였다.

〈그림 9-18〉은 이번 전략의 매도 진입 예시이다. GBP/USD 시간 차트에 이번 전략을 적용해보자. 이 차트에서 우리는 14일 ADX가 35를 하회하는 것을 확인할 수 있다. GBP/USD가 전일의 고점인 1.8865에서 15핍을 상회하거나, 전일 저점인 1.8760에서 15핍을 하회하는지 주시한다. GBP/USD는 상승하였고, 1.8880(1.8865+15핍) 지점에 도달하면 추세가 반전하여 전일자 저점인 1.8760까지 하락할 것이라 예상한다. 전일 저점인 1.8760에서 15핍 아래인 1.8745에 매도주문을 넣는다. 매도주문이 진입된 후 진입지점 30핍 위인 1.8775에 스탑주문을, 60핍 아래인 1.8685에 리밋 주문을 넣는다. 잠시 후 차트에서 확인할 수 있듯이 리밋 주문이 체결되었고, 우리는 이번 트레이딩에서 역시 수익을 거두었다.

잘못된 추세돌파 선별하기

추세돌파형 트레이딩은 큰 수익을 안겨줄 수는 있으나 추세돌파가 종종 저지되는 경우가 있기 때문에 그만큼 실패할 확률도 높다. 특히 외환시장에서 이러한 사례가 많이 나타나는 이유는 다른 시장보다 외환시장이 더 기술적 분석에 기반한 거래가 많기 때문이다. 외환시장에서는 트레이더들이 기술적 분석을 주로 활용하고 있기 때문에 잘못된 신호에 의한 트레이딩 주문을 파악하여 이를 역이용하려는 시장참여자들이 많이 존재한다. 잘못된 신호를 걸러내기 위하여 프라이스 액션 스크리너^{price action screener}를 활용하여야 한다. 이러한 전략은 강한 추세시장(고점을 찍고 다시 최근 저점까지 하락 후, 다시 이전 고점을 갱신하는 가격 변동 행태를 보이는 시장—역자 주)에 적합하도록 개발되었다.

매매 법칙

<u>매수</u>

1. 통화쌍이 20일 고점까지 상승하는 것을 지켜본다.

2. 통화쌍이 20일 고점까지 상승한 후 2일 동안 하락, 그 후 반등하여 다음 3일 동안 상승하는 것을 기다린다.

3. 통화쌍이 반등 후, 상승하는 3일 동안 이전의 20일 고점을 상향 돌파하면 매수주문을 한다.

4. 매수주문이 체결되면 2번에서 하락한 2일 동안의 저점에서 그리 멀지 않은 지점에 스탑주문을 넣는다.

5. 통화쌍이 스탑 설정거리 두 배의 수익을 거둘 수 있는 지점에 도달했을 때 포지션을 이익 청산하거나 트레일링 스탑을 활용한다.

<u>매도</u>

1. 통화쌍이 20일 저점까지 하락하는 것을 지켜본다.

2. 통화쌍이 20일 저점까지 하락한 후 2일 동안 상승, 그 후 반락하여 다음 3일 동안 하락하는 것을 기다린다.

3. 통화쌍이 반락 후, 하락하는 3일 동안 이전의 20일 저점을 하향 돌파하면 매도주문을 한다.

4. 매도주문이 체결되면 2번에서 상승한 2일 동안의 고점에서 그리 멀지 않은 지점에 스탑주문을 넣는다.

5. 통화쌍이 스탑 설정거리 두 배의 수익을 거둘 수 있는 지점에 도달했을 때 포지션을 이익 청산하거나 트레일링 스탑을 활용한다.

전략의 예시

〈그림 9-19〉를 통해 이번 전략을 연습해보자. 〈그림 9-19〉는 GBP/USD의 일일차트로, 해당 통화쌍은 11월 17일 1.8631까지 상승하여 20일 고점을 기록했다. 이제 GBP/USD의 움직임을 주목하고, 해당 통화쌍이 신규 20일 고점을 기록한 뒤 다시 3일간 반등하여 20일 고점인 1.8631을 상회하는 것을 지켜보도록 하자.

11월 23일 1.8631을 상향 돌파했고, 우리는 몇 핍 위인 1.8640에 매수주문을 한다. 매수 예약 포지션을 진입시킨 뒤 신규 20일 고점 기록 후 이틀 동안 하락했을 때의 저점인 1.8462보다 몇 핍 아래인 1.8465에 스탑주문을 넣는다(여기서 리스크 금액은 175핍이다). GBP/USD가 우리의 분석과 같은 방향으로 상승했을 때, 우리는 두 가지 선택을 할 수 있다. 첫 번째로 스탑 설정거리 두 배의 수익을 올릴 수 있는 지점(진입가 대비 350핍 수준)에서 포지션을 이익 청산하여 350핍의 수익을 거둘 수도 있고, 두 번째로 트레일링 스탑을 활용하는 방법이 있다. 이

<그림 9-19> GBP/USD 차트
(출처: 현대선물)

<그림 9-20> USD/CAD 차트
(출처: 현대선물)

상황에서 트레일링 스탑(현재가 대비 2-bar low)을 활용하면 2주 후 12월 8일 1.9362에 포지션을 청산, 총 722핍의 수익이 확보된다.

〈그림 9-20〉은 이번 전략을 적용한 또 다른 예이다. USD/CAD의 일일차트인 이번 예에서 해당 통화쌍이 8월 21일에 1.3636까지 상승하여 20일 신 고점을 기록했다. 해당 통화쌍의 움직임을 주목하자. USD/CAD가 20일 신 고점 경신 후 이틀간 하락하다 다시 반등하여 다음 3일 동안의 신 고점인 1.3636을 상향 돌파하는지 살펴보아야 한다. 차트를 통해 우리는 8월 23일 USD/CAD가 20일 신 고점 1.3636을 상향 돌파했음을 확인할 수 있고, 그 지점에서 몇 핍 위인 1.3645에 매수 주문을 넣는다. 매수 예약 포지션을 진입시킨 뒤 20일 신 고점 경신 후 이틀 동안 하락했을 때의 저점인 1.3514보다 몇 핍 아래인 1.3505에 스탑주문(리스크 140핍)을 넣는다.

USD/CAD가 우리의 전망과 같은 방향으로 상승했을 때 두 가지 선택을 할 수 있을 것이다. 첫 번째로 스탑 설정거리 두 배의 수익을 올릴 수 있는 지점에서 포지션을 이익 청산하여 280핍의 수익을 거둘 수 있고, 두 번째는 트레일링 스탑(2-bar low)을 활용하는 방법이다. 트레일링 스탑을 활용하면 1.3686에 포지션이 청산되어 41핍의 수익을 얻을 수 있다. 반면 포지션을 5월 10일 전액 청산했을 경우에는 리스크 금액의 2배인 280핍의 수익을 확보할 수 있을 것이다.

마지막 예에서는 매도 전략을 적용해보자. 〈그림 9-21〉은 USD/JPY의 일일차트이다. 이번 그림에서 USD/JPY는 10월 11일 109.30까지 하락하여 20일 신 저점을 기록했음을 알 수 있다. 그 후 USD/JPY는 2일간 상승하여 10월 13일 110.21까지 상승했다가 다시 반락하여

20일간의 저점인 109.30 이하로 하락하고 있다. 109.30보다 약간 낮은 수준인 109.20에 매도 진입하고, 2일간 고점에서 몇 핍 위인 110.30에 스탑주문(리스크 110핍)을 입력한다.

USD/JPY가 우리의 분석과 같은 방향으로 하락했을 때 두 가지 선택을 할 수 있을 것이다. 첫 번째로 스탑 설정거리 두 배의 수익을 올릴 수 있는 지점에서 포지션을 이익 청산하여 220핍의 수익을 거둘 수 있고, 두 번째로는 트레일링 스탑(2-bar low)을 활용하는 것이다. 트레일링 스탑을 활용하게 되면 11월 2일 106.76에 포지션이 청산되어 244핍의 수익을 실현할 수 있다. 반면 첫 번째 방법을 활용하여 수익이 리스크 금액의 두 배가 되는 지점에서 포지션을 청산하게 되면 10월 25일 107.00에 거래가 종료되어 최종적으로 220핍의 수익을 얻을 수 있다.

〈그림 9-21〉 USD/JPY 차트
(출처: 현대선물)

채널 전략

채널 전략^{Channel Strategy}은 이전 전략과는 약간 다르지만 외환시장에서 유용하게 쓰이고 있다. 채널 전략이 잘 작동되는 이유는, 환율의 경우 좁은 박스장에서 오래 횡보추세를 보이지 않고 강한 추세를 보이는 경향이 다분하기 때문이다. 몇 개의 차트를 살펴보면 이러한 채널이 형성되는 것을 쉽게 파악할 수 있다. 보편적 현상으로 아시아 시장에서는 채널시장의 형태를 보이다가 유럽이나 미국 시장에서는 추세돌파가 이루어진다(채널은 가격이 저항선과 지지선 사이에서 횡보를 보이는 장세를 의미하며 '채널 트레이딩'이라 함은 이러한 채널의 하단에서 매수, 채널의 상단에서 매도함으로써 수익을 취하는 전략을 의미한다—역자 주).

시장에서 주요 경제지표가 발표되면 채널장에서 추세장으로 전환되는 경우를 많이 볼 수 있다. 따라서 트레이더들은 주요 경제지표 발표에 관심을 가지고 시장을 지켜보아야 한다. 미국 주요 경제지표가 발표되기 전에 채널이 형성되어 있고 가격이 채널 상단에 위치한 경우에는 채널 돌파 가능성이 높다고 보여진다.

추세선을 그린 다음 채널이 확인되면 추세선과 평행한 선을 그린다. 채널이 확실하다면 대부분의 경우 가격은 두 개의 채널선 안에서 움직임을 보인다. 다음으로 가격이 좁은 채널 범위 안에서 상단, 혹은 하단 어느 쪽에 위치하고 있는지 확인한다. 그후 채널로부터 추세돌파가 일어날 경우 베팅할 방향을 결정한다(가격이 채널의 상단에 위치하고 있으면 상향 돌파, 아래쪽에 위치하고 있으면 하락 돌파를 예상). 이러한 전략은 주요 경제지표 발표 이전, 혹은 주요 금융시장 개장 전 특히 유용하게 활용할 수 있다. 이러한 기법을 활용한 매수 트레이딩 시 기본 룰은 다음과 같다.

1. 일일차트를 통해 통화쌍의 채널을 파악하자. 통화쌍의 움직임은 좁은 레인지 안에서 움직여야 한다.
2. 통화쌍이 채널의 상단을 돌파하면 매수 예약주문을 넣는다.
3. 채널 상단의 바로 아래에 스탑주문을 넣는다.
4. 환율이 예상한 것과 같이 수익방향으로 진행될 경우 트레일링 스탑을 활용한다.

채널 전략의 예시

몇 가지 예를 들어보면 다음 페이지의 〈그림 9-22〉는 USD/CAD 의 15분 차트이다. 채널은 약 30핍 크기로 위의 룰에 따라 채널의 상단에서 10핍 위인 1.2395에 매수 예약주문을, 하단 10핍 아래인 1.2349에 매도 예약주문을 넣는다. 매수주문이 먼저 체결되었고, 매도 예약주문을 취소한 뒤 채널의 상단(1.2385)에서 10핍 아래인 1.2375에 스탑주문(리스크 20핍)을 넣는다. USD/CAD는 랠리를 지속하여 이번 전략의 목표가이자 채널 크기의 두 배 지점인 1.2455에 도달하여 60핍의 수익을 확보하였다.

다음 예시 그래프인 〈그림 9-23〉은 EUR/GBP의 30분 차트이다. 채널은 약 15핍 크기로, 이번 전략에 따르면 채널의 상단에서 10핍 위인 0.6796에 매수 예약주문을, 채널의 하단에서 10핍 아래인 0.6763에 매도 예약주문을 넣는다. 매수 예약주문이 체결된 뒤 채널의 상단에서

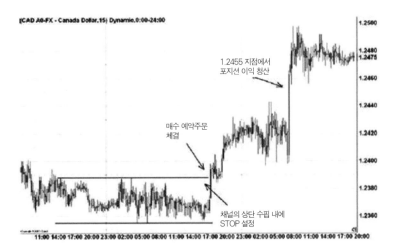

〈그림 9-22〉 USD/CAD 채널 전략 예시
(출처: 현대선물)

10핍 아래인 0.6776에 스탑주문을 넣는다. EUR/GBP는 랠리를 지속하여 목표가이자 채널 크기의 두 배 지점인 0.6826에 도달하였고, 이 지점에서 포지션을 이익 청산하여 30핍의 수익을 거두었다.

〈그림 9-24〉는 EUR/USD의 5분 차트이며, 채널의 크기는 13핍으로 4시간 동안 지속되었다. 이러한 채널은 미국 소매판매 발표를 앞두고 유럽 시장과 미국 시장 개장 사이에 형성되었다. 전략 적용을 위해 채널구간의 상하단 10핍 위, 아래인 1.2785에 매수, 1.2752에 매도주문을 입력한다. 매도주문이 체결됨에 따라 채널 하단 10핍 위 1.2772에 스탑주문을 입력한다. 환율은 급격히 하락하여 채널 크기의 두 배 지점에 도달하여 26핍의 수익을 확보하였다. 좀 더 공격적인 트레이더라면 트레일링 스탑을 활용하여 더 큰 수익을 얻을 수 있다.

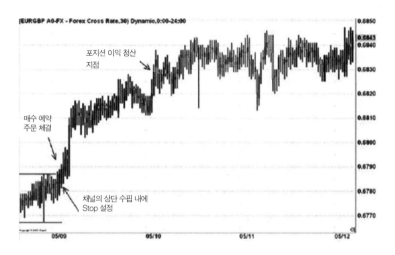

〈그림 9-23〉 EUR/GBP 채널 전략 예시

(출처: 현대선물)

〈그림 9-24〉 EUR/USD 채널 전략 예시

(출처: 현대선물)

퍼펙트 오더 전략

이동평균선의 '퍼펙트 오더perfect order'란 여러 기간의 이동평균이 순차적 순서로 배열됨을 의미한다. 상승추세 곡선에서 퍼펙트 오더는 10일 단순이동평균SMA선이 20일 SMA보다, 20일 SMA는 50일 SMA보다 높은 위치에 있는 것을 의미한다. 동시에 200일 SMA는 100일 SMA보다, 100일 SMA는 50일 SMA보다 낮은 위치에 있어야 한다. 하락추세 곡선에서는 강세에서와는 정반대로 200일 SMA가 가장 높은 위치에, 10일 SMA가 가장 낮은 위치에 있어야 한다. 일반적으로 이동평균선이 순차적인 순서로 놓여있다는 것은 추세의 강도가 강함을 암시한다. 이는 모멘텀이 추세와 같은 방향임을 가리킬 뿐만 아니라, 이동평균선이 지지선 역할을 한다는 것을 의미한다.

이 전략을 최적화시키기 위해서는 ADX가 20 이상으로 상승추세를 보이고 있어야 한다. 이 전략에서는 진입과 청산 지점 선정이 매우 어렵지만, 일반적으로는 퍼펙트 오더가 지켜지고 있을 때 시장진입을 하고 퍼펙트 오더가 깨졌을 때 청산을 시도한다. 이러한 퍼펙트 오더는 자주 발생하지는 않지만 이 전략의 기본 전제는 퍼펙트 오더가 처음 발생되었을 때 기회를 잡는 것이다.

이 전략은 추세가 시작되는 시점에서 기회를 포착할 수 있다는 장점이 있다. 기본적인 룰은 아래와 같다.

1. 통화쌍의 이동평균선들을 자세히 살펴 퍼펙트 오더 현상을 관찰한다.
2. ADX가 20선 이상을 나타내며 상승추세에 있는지 관찰한다.

〈그림 9-25〉 EUR/USD 퍼펙트 오더 전략의 예시
(출처: 현대선물)

3. 퍼펙트 오더가 최초로 형성된 후 5개의 캔들 뒤에서 포지션을 진입
   시킨다.

4. 퍼펙트 오더가 최초로 형성된 날의 지점(매수 포지션의 경우), 또는 고
   점(매도 포지션의 경우)에 스탑주문을 넣는다.

5. 퍼펙트 오더가 무너지는 시점에 포지션을 청산한다.

퍼펙트 오더 전략의 예시

〈그림 9-25〉는 EUR/USD 일일차트이다. 2004년 10월 27일 EUR/
USD의 이동평균선이 순차적인 순서로 정렬되었다. 이동평균선이 순
차적인 순서로 정렬된 뒤 5개의 캔들이 만들어지는 것을 확인하고
1.2820에 매수 진입한다. 우리의 최초 스탑은 2004년 10월 27일의 저

점인 1.2695에 설정한다. EUR/USD는 계속 상승추세를 지속하고 있지만 이동평균선이 더 이상 순차적인 순서로 정렬되지 않을 때, 이번 예에서는 10일 SMA가 20일 SMA보다 아래에 위치할 때 포지션을 청산한다. 이러한 상황은 2005년 12월 22일 EUR/USD가 1.3370에 다다랐을 때 발생했다. 이번 트레이딩으로 125핍의 손실리스크를 부담하고 550핍의 수익을 취할 수 있었다.

다음 예는 USD/CHF 차트이다. 〈그림 9-26〉에서 USD/CHF는 2004년 11월 3일에 이동평균선이 순차적인 순서로 정렬되었음을 보여주고 있다. 룰에 따르면 이동평균선이 순차적인 순서로 정렬된 뒤 5개의 캔들이 만들어지는 것을 확인하고 1.1830에 매도 진입한 뒤 스탑은 11월 3일 고점인 1.1927에 설정한다. 포지션 진입 뒤 USD/CHF는 계속 하락추세를 지속하고 있지만 이동평균선이 더 이상 순차적인 순서로 정렬되지 않을 때, 이번 예에서는 20일 SMA가 10일 SMA보다 아래에 위치할 때 포지션을 청산한다. 이러한 상황은 2005년 12월 16일 USD/CHF가 1.1420에 다다랐을 때 발생했다. 이번 트레이딩에서 97핍의 손실리스크를 부담하고 410핍의 수익을 취할 수 있었다.

〈그림 9-27〉은 USD/CAD 차트로 2004년 9월 30일 이동평균선이 순차적인 순서로 정렬되었음을 보여주고 있다. 5개의 캔들이 만들어지는 것을 확인하고 1.2588에 매도 진입을 한 뒤 1.2737에 스탑주문을 넣는다. USD/CAD는 약세를 지속하고 있지만 이동평균선이 더 이상 순차적인 순서로 정렬되지 않았을 때 포지션을 청산한다. 2005년 12월 9일에 발생했던 이 상황은 결국 1.2145에 포지션을 청산해 149핍의 손실리스크를 부담하고 443핍의 수익을 취할 수 있었다.

〈그림 9-26〉 USD/CHF 퍼펙트 오더 전략의 예시
(출처: 현대선물)

〈그림 9-27〉 USD/CAD 퍼펙트 오더 전략의 예시
(출처: 현대선물)

뉴스 발표 시 트레이딩 전략

외환거래에서 가장 인기 있는 방법 중 하나는 뉴스가 발표될 때를 기다려 거래를 하는 것이다. 이러한 타입은 많은 사람들에게 흥미를 유발시키는데, 이는 트레이더에게 신속한 결과를 안겨주기 때문이다. 트레이더들은 뉴스가 발표되기 전 포지션 내역을 보면서 매 순간 심장이 요동치는 것을 느낄 것이고, 뉴스가 발표됨과 동시에 결과치에 대한 기쁨이나 실망감을 느끼게 될 것이다. 이로 인해 짧은 시간에 승부를 보고자 하는 트레이더들은 이번 거래 기법을 매우 선호한다. 뉴스 트레이딩 전략(뉴스가 발표될 시점 전후로 시장에 진입하는 전략)은 경제지표의 실제치가 예상치와 많은 차이를 보일 때 시장이 즉각적으로 반응하여 추세돌파가 이루어진다는 아이디어에 기반하고 있다. 다양한 뉴스 트레이딩 기법이 있지만 잘못 활용할 경우 트레이더들은 큰 손실을 볼 수 있다.

첫 번째 전략은 지표가 발표되기 전에 시장에 진입하는 것, 두 번째 전략은 지표가 발표된 이후 시장에 진입하는 것이고, 세 번째는 첫 번째와 두 번째를 혼합하여 사용하는 것이다. 자신의 예측에 기반하여 지수 발표 15~20분 전에 시장에 진입하는 첫 번째 전략의 최대 장점은 리스크 대비 수익 가능성이 크다는 점이다. 경제지표가 발표되기 바로 전인 5분 정도까지 기다리지 않고 미리 시장에 진입하는 이유는 보통 경제지표 발표를 앞두고는 스프레드 확대 현상이 일어나며, 진입 주문 체결에도 어려움을 겪을 수 있기 때문이다.

일단 경제지표가 발표되면 가격의 급격한 변화를 초래하여 큰 수익을 실현할 수 있다. 그러나 자신이 생각한 것과 반대되는 지표가 발표될 경우에는 스탑주문을 활용하여 손실을 최소화할 수 있다. 다시 말하면 나의 예측이 옳았을 경우에는 수익 포지션을 취하게 될 것이며, 예측이 틀렸을 경우에는 스탑주문으로 인하여 포지션이 바로 청산될 것이다.

이제 5분 차트를 활용하여, 사전에 미리 포지션을 취해두는 프로액티브proactive 트레이딩 법칙을 살펴보자.

프로액티브 트레이딩을 위한 매매 법칙

<u>매수</u>

1. 주요 뉴스가 발표되기 20분 전 매수 포지션을 진입시킨다.
   - 스프레드가 비교적 타이트할 때 포지션을 진입시키도록 도와준다. 또한 주요 뉴스 발표 20분 전 포지션에 진입함으로써 발표 예정인 뉴스에만 집중하도록 도와준다.
2. 레인지 하단 10핍 아래에, 또는 진입가에서 30핍 아래에 스탑주문을 넣는다(두 가격 중 진입가와 근접한 가격을 선택). 레인지는 지난 두 시간의 가격 변동폭을 의미하며 이러한 레인지가 아주 좁을 경우에는 가격의 상, 하방 움직임을 적용한다.
   - 이 룰의 목적은 리스크 최소화이다.
3. 가격이 예측한 것과 같이 변동되어 수익이 발생하면 스탑 설정거리만큼의 수익을 올릴 수 있을 때 포지션 절반을 이익 청산한다.
   - 이는 일부 수익을 확보하여 잔여 포지션에 대한 손실 부담을 제거하고 추가 수익을 얻을 수 있게 해준다.

4. 나머지 보유 포지션에 대해서는 트레일링 스탑을 활용하거나, 최초 스탑 설정거리의 3배 지점에 스탑을 설정한다.
   - 이 룰은 이익 실현폭에 대한 가이드라인을 제공한다.

<u>매도</u>

1. 주요 뉴스가 발표되기 20분 전 매도 포지션을 진입시킨다.
2. 레인지 상단 10핍 위, 또는 진입가에서 30핍 위에 스탑주문을 넣는다(두 가격 중 진입가와 근접한 가격을 선택). 레인지는 지난 두 시간의 가격 변동폭을 의미하며 이러한 레인지가 아주 좁을 경우에는 가격의 상, 하방 움직임을 적용한다.
3. 가격이 예측한 것과 같이 변동되어 수익이 발생하면 스탑 설정거리 만큼의 수익을 올릴 수 있을 때 포지션 절반을 이익 청산한다.
4. 나머지 보유 포지션에 대해서는 트레일링 스탑을 활용하거나, 최초 스탑 설정거리의 3배 지점에 스탑을 설정한다.

이제 〈BKForex Advisor〉 구독자들을 위해 추천하는 이번 전략을 적용해보자. 2008년 2월 8일, 뉴욕시각으로 아침 7시에 1월의 캐나다 고용지표가 발표될 예정이었다. 우리는 높은 유가로 인해 캐나다의 경제가 매우 견고한 성장세를 나타냈기 때문에 지표가 긍정적으로 발표될 것으로 기대했다. 이에 더해 선행지표 또한 이번 캐나다의 고용지표가 매우 긍정적으로 발표될 것임을 암시하고 있었다. 시장의 예상치는 직전월 18K 감소에서 반등하여 11K 증가했음을 나타낼 것으로 예상되었다.

이에 따라 〈그림 9-28〉에서 보듯이 추천 전략은 지표 발표 20분 전 캐나다 달러 매수, 또는 USD/CAD 매도였다. USD/CAD가 1.0081일 때 매도 진입하였다. 경제지표 발표 전 두 시간 동안 USD/CAD 레인지의 상단은 1.0085였으므로, 여기에 10핍 위인 1.0095에 스탑주문을 넣어 리스크를 14핍으로 설정하였다. 일반적으로 진입가 대비 25~30핍 떨어진 가격에 스탑을 입력하는 것을 생각해보면 14핍의 리스크는 매우 작은 것이다. 매도주문이 체결되면 1.0067(진입가 대비 14핍 수익 발생지점)에 포지션의 절반을 수익 청산할 수 있도록 리밋주문을 입력한다. 일견 이러한 전략은 매우 보수적으로 보일 수 있지만(실제로는 매우 보수적이다) 가장 기본적인 원칙은 "승자를 패자로 만들지 않는다" 하는 것이다. 다시 말하면 포지션 절반에 대하여 항상, 가능하

〈그림 9-28〉 USD/CAD 프로액티브 트레이드
(출처: 현대선물)

면 빨리 수익 청산을 하고 잔여 포지션에 대해서 트레일링 스탑을 활용한다는 것이다.

캐나다 고용지표는 오전 7시에 예상치의 4배를 뛰어넘는 46.4K로 발표되었다. 고용지표가 발표되자마자 USD/CAD는 강력한 매도세를 나타내었다. 지표 발표 수분 안에 가격은 1.0075에서 0.9983까지 90핍 이상 하락하여 처음의 매도 포지션 중 절반이 전략대로 수분 안에 수익 청산되었다. 잔여 포지션의 스탑가격을 진입가로 수정하고 동시에 5분 차트에서의 20일 이평선으로 트레일링 스탑을 설정한다. 잔여 포지션은 결국 0.9970에 청산되어 125핍의 수익을 확보하였고, 포지션당 평균으로 62.5핍의 수익을 거두었다.

프로액티브 트레이딩의 가장 큰 문제점은 경제지표 예측의 어려움이다. 그렇기에 대부분의 트레이더들은 리액티브[reactive] 뉴스 트레이딩을 하고 있다. 이 전략은 경제지표가 긍정적으로 발표될지 부정적으로 발표될지 미리 예측할 필요가 없다. 왜냐하면 리액티브 뉴스 트레이딩은 지표가 발표된 이후, 발표된 지표가 시장 예측치보다 현저하게 차이가 발생될 경우 시장에 진입하기 때문이다. 경험상으로 볼 때 예측치와 실제 수치의 차이가 시장의 예측치보다 100퍼센트 이상 될 때 거래를 하는 것도 좋은 방법이다.

앞서의 캐나다 고용지표를 예로 들어보면, 리액티브 뉴스 트레이더들은 캐나다의 고용지표 결과가 22K보다 크게 발표되었을 때 USD/CAD 매도를, 고용지표가 음수로 발표되었을 때(시장은 11K 증가를 예상하고 있었던 상황이었다) USD/CAD 매수 포지션을 취해야 한다. 실제 발표된 수치가 시장의 예측치에서 많이 괴리될수록 시장 진입이 더 유리하다. 시장의 예상치와 실제치의 차이가 클수록 이 전략의 적중률은 높아지기 때문이다. 이제 5분 차트를 이용하여 리액티브 뉴스 트레이딩의 룰을 살펴보자.

리액티브 트레이딩을 위한 매매 법칙

매수

1. 주요뉴스 발표 5분 후 매수 포지션을 진입시킨다.
    - 뉴스 발표 직후 발생하는 급격한 가격 반전 현상이 발생하는지 여부를 판단할 수 있다. 만약 지수 발표치가 예상치와 큰 차이를 보인다면 5분 이상의 조정시간이 소요될 수 있다.
2. 뉴스 발표 당시 생성된 캔들의 저점에 스탑주문을 넣는다.
    - 기술적으로 합리적인 스탑 지점이다. 만약 긍정적인 지표 결과에도 불구하고 통화쌍의 호가가 캔들의 저점까지 하락한다면, 시장은 지표 발표에 큰 영향을 받지 않는다는 의미로 해석한다.
3. 스탑 설정거리만큼 가격이 상승하면 보유 포지션의 절반을 이익 청산한다.
    - 일정 수익을 미리 확보하여 가격 반전 시 발생될 손실에 대비하고 추가 수익 기회를 탐색한다.
4. 나머지 보유 포지션에 대하여 20일 이동평균선을 활용하여 트레일링 스탑을 입력하거나 리스크 3배의 가격에 스탑주문을 설정한다.
    - 이익 실현폭에 대한 가이드라인을 제공한다.

매도

1. 주요뉴스 발표 5분 후 매도 포지션을 진입시킨다.

2. 뉴스 발표 당시 생선된 캔들의 고점에 스탑주문을 넣는다.

3. 스탑 설정거리만큼 가격이 하락하면 보유 포지션의 절반을 이익 청산한다.

4. 나머지 보유 포지션에 대하여 20일 이동평균선을 활용하여 트레일링 스탑을 입력하거나 리스크 3배의 가격에 스탑주문을 설정한다.

다시 캐나다 고용지표의 예로 돌아가서 이번 전략을 적용해보자. 리액티브 뉴스 트레이더는 1.0015에 매도 진입한 뒤 뉴스 발표 5분 후 생성된 캔들의 고점인 1.0075에 스탑을 설정한다(60핍 리스크 부담). 〈그림 9-29〉에서 확인할 수 있듯이, USD/CAD는 뉴스 발표 전 약 두 시간 동안 좁은 레인지 안에서 움직이다가 뉴스 발표 직후 급락하여 뉴욕시각으로 10시 55분, 우리의 첫 번째 목표가인 0.9955(진입가 대비 60핍 수익 발생지점)를 터치한다. 이 지점에서 보유 포지션의 절반을 이익 청산한 뒤, 나머지 포지션의 스탑을 진입가로 수정하고, 5분 차트에서 20일 이평선으로 트레일링 스탑을 설정한다. 최종 0.9975로 포지션을 청산하여 총 100핍의 수익, 포지션당 평균으로는 50핍의 수익을 실현하였다.

비록 리액티브 뉴스 트레이딩은 프로액티브 뉴스 트레이딩보다 많은 예측을 필요로 하진 않지만, 스탑 설정거리가 훨씬 넓어 일부 트레이더에게는 이 전략이 부담스러울 수도 있다. 또한 가격이 예상보다 늦게 움직여 첫 번째 목표가(포지션 1/2 수익 청산지점)에 도달하는 데 몇

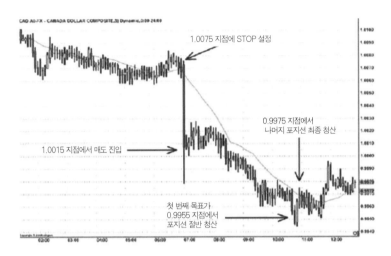

첫 번째 목표가
0.9955 지점에서
포지션 절반 청산

1.0015 지점에서 매도 진입

0.9975 지점에서
나머지 포지션 최종 청산

1.0075 지점에 STOP 설정

〈그림 9-29〉 USD/CAD 리액티브 트레이드
(출처: 현대선물)

시간이 소요될 수도 있다. 반면 프로액티브 뉴스 트레이딩은 경제지표의 실제치가 예상치를 뛰어넘는 결과를 발표한다면 발표 후 5분 내쉽게 첫 번째 목표가에 도달하여 포지션의 절반을 청산할 수 있다. 이후 나머지 절반의 포지션이 몇 시간 동안 미결제로 남아 있더라도 이미 스탑은 최초 진입가에 설정되어 있기 때문에 손실 발생위험은 없다고 볼 수 있다.

물론 두 가지 트레이딩 모두 함정이 존재한다. 그렇기에 두 가지 전략을 조합하여 사용하는 것이 최고의 전략이 될 것이다. 비록 모든 경제지표 결과를 예측하는 것은 어렵겠지만, 일부 특정지표에 대해서는 예측이 가능할 것이다. 예를 들어 한 나라의 통화가치가 하락하고 있다면 환율의 하락으로 수출이 증가하여 해당국의 무역흑자폭이 늘어나거나 무역적자폭이 줄어들 것이라는 예측은 그리 어려운 일이 아니다. 반대로 한 나라의 통화가치가 상승한다면 반대의 상황이 펼쳐질 것이다.

조금 더 자세한 예를 들어보자. 만약 유로가 미 달러에 대하여 한 달 사이에 500핍이 상승했다면, 해당 달 또는 그 다음 달 미국의 무역적자폭은 줄어들 것으로 예측이 가능하다. 하지만 발표될 지표에 대한 확신이 없다면 어느 한 시점(사전적 혹은 사후적)에만 베팅하는 것은 리스크만 키울 수 있으므로 바람직하지 않다. 예측에 대한 정확도를 높이기 위하여 다른 경제지표를 활용하여 발표될 지표 결과를 예측할 수도 있다. 하지만 이러한 다양한 지표들이 서로 일치하지 않는다면 예측에 대한 신뢰도는 많이 떨어질 것이다. 따라서 일부 포지션은 지표발표 전에 진입을 하고 지표 발표 후 시장이 예상대로 움직일 경우 포지션을 추가 진입하는 전략을 취할 수도 있다. 수익에 대한 기대치를 약간 낮춤으로써 예상과 반대로 시장이 움직일 경우 그만큼 손실도 줄일 수 있다는 것을 명심하자.

이제 프로액티브와 리액티브, 두 종류를 통합한 뉴스 트레이딩 법칙 또는 가이드라인을 살펴보자.

프로액티브+리액티브 트레이딩을 위한 매매 법칙

<u>매수</u>

1. 보유 가능한 포지션의 절반을 주요뉴스 발표 최소 20분 전에 진입한다.

2. 레인지 하단 10핍 아래와 진입가에서 30핍 아래 중 손실 금액이 적

은 쪽으로 스탑주문을 입력한다.

3. 만약 경제지표 발표 후 시장의 방향이 일치하게 되면 발표 5분 후 나머지 절반의 포지션을 진입시킨다.

4. 전체 포지션에 대하여 두 번째 진입가격의 45핍 하단에 스탑을 설정하고 20일 단순이동평균을 활용하여 트레일링 스탑주문을 설정한다.

5. 포지션에서 리스크 금액만큼의 수익, 즉 45핍의 수익이 발생되면 포지션의 절반을 청산한다.

6. 나머지 절반의 포지션은 20일 단순이동평균을 활용하여 트레일링 주문을 설정한다

매도

1. 보유 가능한 포지션의 절반을 주요뉴스 발표 최소 20분 전에 진입시킨다.

2. 레인지 상단 10핍 위와 진입가에서 30핍 위 중 손실금액이 적은 쪽으로 스탑주문을 입력한다.

3. 만약 경제지표 발표 후 시장 방향이 일치하게 되면 발표 5분 후 나머지 절반의 포지션을 진입시킨다.

4. 전체 포지션에 대하여 두 번째 진입가격의 45핍 상단에 스탑을 설정하고 20일 단순이동평균을 활용하여 트레일링 스탑주문을 설정한다.

5. 포지션에서 리스크 금액만큼의 수익, 즉 45핍의 수익이 발생되면 포지션의 절반을 청산한다.

6. 나머지 절반의 포지션은 20일 단순이동평균을 활용하여 트레일링
   주문을 설정한다

만약 경제지표가 첫 번째 진입한 포지션의 방향과 반대의 결과
로 발표된다면, 두 번째 포지션 진입을 포기하고 첫 번째 포지션을 청
산한다.

앞서 USD/CAD의 예를 다시 적용해보자. 〈그림 9-30〉처럼 보유
가능한 포지션의 절반을 1.0081에 매도 진입하고 1.0095에 스탑을 설
정한다. 경제지표 발표 후 나머지 절반의 포지션을 1.0015에 매도 진
입하여 총 보유 포지션의 평균단가는 1.0048이 된다. 이제 전체 포지
션의 스탑을 두 번째 진입한 포지션의 진입가에서 45핍 위인 1.0060
으로 설정한다(이는 트레이더의 매매 스타일대로 변경할 수 있다). 이제 가격
이 스탑 설정거리인 45핍(리스크 부담액, 두 번째 진입가격 기준)만큼 수익
을 올릴 수 있는 0.9970에 다다랐을 때 보유 포지션의 절반을 이익 청
산한다. 그 후 환율이 20일 SMA를 상향 돌파한 0.9975에 나머지 포지
션을 최종적으로 청산한다. 이번 트레이딩으로 총 151핍의 수익을, 포
지션당 평균으로 75.5핍의 수익을 거두었다.

이제 두 가지 예를 통해 프로액티브와 리액티브 뉴스 트레이딩의
조합을 추가로 연습해보자.

첫 번째로 〈그림 9-31〉은 2008년 2월 21일 영국의 소매판매가 발
표될 때의 GBP/USD 차트이다. 시장은 영국의 소매판매지수가 매우
강하게 발표될 것으로 예상하고 있었고, 이에 대해 누구도 의심하지
않았다. 선행지표 또한 긍정적으로 발표되어 시장은 강력한 소매판매

〈그림 9-30〉 USD/CAD 프로액티브와 리액티브 방식을 결합한 트레이드
(출처: 현대선물)

〈그림 9-31〉 GBP/USD 프로액티브와 리액티브 방식을 결합한 트레이드
(출처: 현대선물)

지수 결과를 예상했었다. 이번 전략 적용을 위해 소매판매 발표 20분 전 포지션 절반을 1.9470에 매수 진입하였고, 스탑은 레인지 하단 10핍 아래인 1.9450에 설정하였다.

영국의 소매판매지수는 예상치의 두 배를 상회하는 0.8퍼센트로 발표되었고, GBP/USD는 지표 발표 5분 후 약 70핍 이상 상승했다. 우리는 1.9530에 나머지 절반의 포지션을 매수 진입하고, 전체 보유 포지션의 스탑을 두 번째 포지션 진입가인 1.9530에서 45핍 아래인 1.9485로 설정한다. 첫 번째 진입 포지션의 목표가는 1.9575로, 약 90분 후에 도달하여 이익 청산한다. 나머지 절반의 포지션은 5분 차트로 GBP/USD가 20일 SMA를 하향 돌파하는 지점인 1.9553에 청산한다. 이번 트레이딩으로 총 128핍의 수익을, 포지션당 평균으로는 64핍의 수익을 거두었다.

두 번째 예는 2008년 4월 8일 독일의 무역수지가 발표될 때의 상황이다. 시장은 독일의 무역수지가 유로 강세로 인해 악화될 것으로 예상했지만, 우리는 신규 주문건수와 제조업 생산의 증가를 토대로 무역수지가 개선될 것으로 예측했다. 그러므로 경제지표 발표 20분 전 1.5733에 보유가능 포지션의 절반을 매수 진입하고(〈그림 9-32〉 참조), 스탑은 레인지 하단 1.5727의 10핍 아래인 1.5717에 설정한다. 독일 무역수지는 예상치보다 강력하게 발표되었고, 나머지 절반의 포지션을 1.5740에 진입시킨다.

그 후 전체 포지션의 스탑을 두 번째 포지션의 진입가 1.5740보다 45핍 아래인 1.5695로 수정한다. 첫 번째 진입 포지션의 목표가는 1.5785이다. 하지만 불행하게도 EUR/USD는 1.5785에 도달하지 못하

〈그림 9-32〉 EUR/USD 프로액티브와 리액티브 방식을 결합한 트레이드
(출처: 현대선물)

였고, 우리는 보유 포지션 전체를 EUR/USD가 20일 SMA를 하향 돌파한 1.5754 지점에서 이익 청산하였다. 이번 트레이딩에서 우리는 완전한 성공을 달성하지는 못하였지만 두 포지션 모두에서 총 35핍의 수익을, 평균으로는 17.5핍의 수익을 거두었다.

만약 두 방식의 결합이 아닌 프로액티브 뉴스 트레이딩만 했고 예측이 틀렸다 하더라도 그 손실은 30핍을 넘지 않았을 것이다.

20-100 단기 모멘텀 전략

많은 트레이더들이 5분 차트를 이용해 트레이딩하는 것을 좋아하지만, 5분 차트를 이용함에 있어 뉴스 트레이딩과 다른 단기 트레이딩 전략을 적용하는 것은 큰 차이가 있다. 많은 사람들이 경제지표에 대하여 정확한 판단을 하는 것이 불가능하고, 뉴스 발표 전 통화쌍이 예상한 방향으로 50~60핍 미리 움직였을 때 시장 진입여부를 결정하는 것은 매우 어렵기 때문에 뉴스 트레이딩이 비겁한 선택이라고 할 수는 없다.

이러한 생각을 가지고 있는 트레이더들은 조금 다른 전략을 적용해보는 것이 도움이 될 것이다. 단기 트레이딩은 장기 트레이딩보다 더 선호되는데, 그 이유는 많은 사람들이 자신이 선택한 방향과 통화쌍이 같은 방향으로 움직일 때까지 기다리는 것을 원치 않기 때문이다. 이처럼 단기 트레이딩을 선호하는 사람들은 시장의 모든 반응이 즉각적으로 일어나기를 기대하고 통화쌍이 매 10핍 변동하는 것에 집착한다. 또한 포지션 진입 후 5분 내 수익을 확보하기 원하며, 만약 손실이 발생한다면 포지션을 즉시 청산해버린다. 이러한 유형의 트레이더들은 긴 시간을 기다려(잠재적으로 50~60핍의 평가 손실 또한 참아가며) 한 번에 100핍의 수익을 내기보다 10번의 트레이딩으로 10핍씩 수익을 내는 것을 선호한다.

이런 트레이더들에게 가장 적합한 전략은 단기 모멘텀short-term momentum 전략이다. 비록 필자는 개인적으로 뉴스 트레이딩을 더 선호하고 있지만, 20-100 단기 모멘텀 전략 또한 필자가 선호하는 전략 중 하나이다. 여기에서 설명하는 전략은 독립적으로 활용할 수도 있고, 혹은 장기 전략을 구사할 경우에도 최적의 진입가격을 선정하는 방법으로도 활용이 가능하다. 이 전략의 기본은 모멘텀과 일치하는 방향으로 매도 매수 포지션을 취하는 것이다. 이러한 모멘텀을 활용한 전략은 기본목표가 가장 빨리 수익 목표치에 도달하는 것이기 때문이다.

이 전략에서는 세 가지 다른 지표를 사용한다. 20일 지수이동평균^{EMA, Exponential Moving Average}, 100일 단순이동평균^{SMA, Simple Moving Average}, 그리고 MACD^{Moving Average Convergence/Divergence}이다.

20일 EMA는 이번 트레이딩 전략의 시발점이며, SMA 대신에 EMA를 사용하는 이유는 EMA가 빠른 모멘텀 트레이딩에 있어 필수적인 가격의 최근 움직임에 더 많은 가중치를 두고 있기 때문이다. 100일 SMA는 보다 넓은 추세를 확인할 수 있게 도와주며, MACD는 모멘텀의 강도를 파악하여 낮은 확률의 신호를 사전에 걸러낼 수 있게 해준다. MACD 히스토그램 차트에서 첫 번째 EMA는 12, 두 번째 EMA는 26, 시그널 EMA는 기본으로 설정한다(모든 값은 종가를 사용한다). 모멘텀이 성숙된 시점보다는 형성되기 시작하는 시점에서 시장 진입을 하기 위하여 MACD가 반등 또는 반락 후 5개의 캔들 이내에서만 거래를 시작한다.

이제 20-100 단기 모멘텀 전략의 룰을 살펴보자.

<u>매수(5분 차트 이용)</u>

1. 20일 EMA와 100일 SMA 아래에서 움직이는 통화쌍을 찾는다.

2. 환율이 20일 EMA와 100일 SMA 모두를 교차하여 15핍 이상 상향 돌

파할 때까지 기다린다. 이때는 MACD가 양의 값으로 돌아선 지 5개의 캔들 이내여야 한다.

3. 시장가 매수 진입한다.

4. 환율이 이동평균선을 돌파한 당시의 캔들 저점에 스탑을 설정한다.

5. 환율이 스탑 설정거리만큼 상승했을 때 포지션의 절반을 이익 청산하고, 나머지 포지션의 스탑을 진입가로 수정한다.

6. 환율이 20일 EMA에서 15핍 하회하는 지점으로 트레일링 스탑을 설정한다.

<u>매도</u>

1. 20일 EMA와 100일 SMA 위에서 움직이는 통화쌍을 찾는다.

2. 환율이 20일 EMA와 100일 SMA 모두를 교차하여 15핍 이상 하향 돌파할 때까지 기다린다. 이때는 MACD가 음의 값으로 돌아선 지 5개의 캔들 이내여야 한다.

3. 시장가 매도 진입한다.

4. 이동평균선을 돌파한 당시의 캔들 고점에 스탑을 설정한다.

5. 환율이 스탑 설정거리만큼 하락했을 때 포지션의 절반을 이익 청산하고, 나머지 포지션의 스탑을 진입가로 수정한다.

6. 환율이 20일 EMA에서 15핍을 상회하는 지점으로 트레일링 스탑을 설정한다.

이제 몇 가지 예를 통해 20-100 단기 모멘텀 전략을 연습해보자. 첫 번째는 매수의 예이다. 2008년 4월 10일, EUR/USD는 장시간

〈그림 9-33〉 EUR/USD 5분 차트
(출처: 현대선물)

아시아장에서 횡보 움직임을 지속하다 유럽장에 접어들어 20일 EMA 와 100일 SMA 모두를 상향 돌파하였다. 포지션 진입 전 MACD가 양 의 영역으로 들어섰는지 확인하고, EUR/USD가 두 이동평균선 모두 에서 15핍 이상 상승할 때까지 기다린다. 〈그림 9-33〉에서 확인할 수 있듯이 EUR/USD는 1.5742 지점에서 20일 EMA와 100일 SMA 모두를 상향 돌파함에 따라 15핍 위인 1.5757 지점에서 매수 진입한다. 스탑 은 EUR/USD가 두 이동평균선을 교차 상향 돌파했을 당시 캔들의 저 점인 1.5738에 넣는다. 리스크는 19핍이다.

첫 번째 목표가는 진입가 1.5757에서 스탑 설정거리인 19핍을 더 한 1.5776이다. 몇 시간 후 EUR/USD는 1.5776에 도달하여 절반의 포 지션을 이익 청산한 뒤 나머지 포지션의 스탑을 진입가인 1.5757로 수 정한다. 이는 〈BKForex Advisor〉가 가장 강조하는 머니 매니지먼트

^money management 법칙이다. 두 번째 포지션의 스탑을 진입가로 수정한다는 것은 손실의 위험을 없애고 확보된 수익의 범위 안에서만 거래한다는 의미이다. EUR/USD는 계속 원하는 방향으로 움직임을 지속하고 있다. 비록 중간에 몇 차례 20일 EMA를 하향 돌파하기도 했지만, 익일 오전 5시 50분 이전까지는 EMA보다 15핍 이상 하락하지 않았다.

EUR/USD가 EMA에서 15핍 이상 하락한 오전 5시 50분, 1.5804에 트레일링 스탑이 실행되어 나머지 포지션이 청산되었고, 총 수익은 66핍으로 포지션당 평균으로는 33핍의 수익을 실현하였다.

두 번째 예는 USD/JPY 매도 상황이다. 2008년 4월 11일 뉴욕시각으로 6시 30분경, USD/JPY는 20일 EMA와 100일 SMA 모두를 하향 돌파하였다. 포지션 진입 전 MACD가 막 음의 값으로 돌아섰는지 확인하고, USD/JPY가 두 이동평균선 모두에서 15핍 이상 하회할 때까지 기다린다. 〈그림 9-34〉에서 확인할 수 있듯이 USD/JPY는 101.88 지점에서 20일 EMA와 100일 SMA 모두를 하향 돌파하였고, 15핍 아래인 101.73 지점에서 매도 진입을 한다. 스탑은 USD/JPY가 두 이동평균선을 하향 돌파했을 당시 캔들 고점인 102.01에 설정한다.

첫 번째 목표가는 진입가에서 스탑 설정거리만큼 포지션이 하락한 지점이다. 101.73에 매도 진입하였고 스탑은 102.01이므로 리스크는 28핍이다. 그러므로 첫 번째 목표가는 101.73에서 28핍 아래인 101.45가 될 것이다. 10분 후 USD/JPY는 101.45에 다다랐고, 완벽한 단기 트레이딩 상황에 부합했다. 절반의 포지션을 101.45에서 이익 청산한 뒤 나머지 포지션의 스탑을 진입가로 수정한다. 그후 USD/JPY가 20일 EMA를 15핍 상회하는 지점으로 트레일링 스탑을 설정한다. 몇

〈그림 9-34〉USD/JPY 5분 차트

(출처: 현대선물)

〈그림 9-35〉GBP/USD 5분 차트

(출처: 현대선물)

시간 후인 10시 45분, USD/JPY는 20일 EMA를 15핍 상회하는 지점인 101.06에 다다랐고, 우리는 이 지점에서 잔여 포지션을 청산하여 총 95핍, 포지션당 평균으로는 47.5핍의 수익을 거두었다.

세 번째는 GBP/USD 매도의 예이다. 2008년 4월 21일 뉴욕시각으로 오전 2시 경, GBP/USD는 20일 EMA와 100일 SMA 모두를 하향 돌파하였다. 포지션 진입 전 MACD가 막 음의 값으로 돌아섰는지 확인하고, GBP/USD가 두 이동평균선 모두에서 15핍 이상 하회할 때까지 기다린다. 〈그림 9-35〉에서 확인할 수 있듯이 GBP/USD는 1.9992 지점에서 20일 EMA와 100일 SMA 모두를 상향 돌파하였고, 15핍 아래인 1.9977에 매도 진입을 한다. 스탑은 GBP/USD가 두 이동평균선을 하향 돌파했을 당시의 캔들 고점인 1.9999에 설정한다.

첫 번째 목표가는 진입가에서 스탑 설정거리만큼 포지션이 하락한 지점이다. 1.9977에 매도 진입하였고 스탑은 1.9999이므로 리스크 부담은 22핍이다. 그러므로 첫 번째 목표가는 1.9977에서 22핍 아래인 1.9955가 될 것이다. 두 시간 후 GBP/USD는 1.9955에 다다랐고, 우리는 절반의 포지션을 1.9955 지점에서 이익 청산한 뒤 잔여 포지션의 스탑을 진입가로 수정한다. 그후 GBP/USD가 20일 EMA를 15핍 상회할 때까지 기다린다. 몇 시간 후인 7시 20분, GBP/USD가 20일 EMA를 15핍 상회하는 지점인 1.9855에 다다랐고, 이 지점에서 잔여 포지션을 청산하여 총 144핍, 포지션당 평균으로는 72핍의 수익을 거두었다.

마지막 예는 스탑에 포지션이 손절된 경우이다. 2008년 4월 18일, AUD/USD는 장시간 아시아장에서 횡보 움직임을 지속하다 유럽장에 접어들어 20일 EMA와 100일 SMA 모두를 상향 돌파하였다. 포지

〈그림 9-36〉 AUD/USD 5분 차트
(출처: 현대선물)

션 진입 전 MACD가 양의 값으로 막 돌아섰는지 확인하고, AUD/USD
가 두 이동평균선 모두에서 15핍 이상 상승할 때까지 기다린다. 〈그림
9-36〉에서 확인할 수 있듯이 AUD/USD는 0.9368 지점에서 20일 EMA
와 100일 SMA 모두를 상향 돌파하였고, 15핍 위인 0.9383 지점에서 매
수 진입을 한다. 스탑은 AUD/USD가 두 이동평균선을 상향 돌파했을
당시의 캔들 저점인 0.9366에 설정한다.

첫 번째 목표가는 진입가에서 스탑 설정거리만큼 포지션이 상
승한 지점이다. 0.9383에 매수 진입하였고, 스탑은 0.9366이므로 리
스크는 17핍이다. 그러므로 첫 번째 목표가는 0.9383에서 17핍 위
인 0.9400이 될 것이다. 한동안 AUD/USD는 우리가 원한 대로 상승
했지만, 첫 번째 목표가에 도달할 만큼 랠리가 강하지는 못하였다.

AUD/USD는 결국 하락하였고, 스탑에 손절되어 총 34핍, 포지션당 평균으로는 17핍의 손실이 발생하였다. 이번 트레이딩을 통해 우리는 20-100 단기 모멘텀 전략이 실패할 수도 있음을 깨달았다. 다행인 점은 손절폭이 우리가 충분히 견딜 수 있을 만큼 작다는 점이다.

추세 반전확률 이용하기

외환시장에서 추세는 장시간 지속되는 경우가 많다. 이에 따라 많은 사람들이 추세에 편승할 기회를 얻기도 하지만, 역추세 전략을 이용하고자 하는 트레이더에게는 추세가 오래 지속될수록 더욱 많은 인내심을 요구받게 된다. 필자는 다년간 FXCM SSI 자료를 통해 개인투자자들의 매매 성향을 지켜봐 왔는데, 대다수의 투자자들은 기본적으로 고점 매도, 또는 저점 매수를 통해 시장에 진입하려는 행위에 익숙해져 있다(비록 그들은 아니라고 부정하고 있지만).

　FXCM SSI는 FXCM에서 거래하는 투기적 트레이더들의 포지션을 토대로 작성된다. 〈그림 9-37〉에서 확인할 수 있듯이 트레이더들은 1.28 지점에서 EUR/USD를 매도하기 시작하여 1.56으로 상승할 때까지도 매도를 지속했다. 스탑주문이 실행되어 손절된 포지션이 이 데이터에 포함되거나 제외될 수도 있지만, 확실한 것은 EUR/USD가 1.35에서 1.40대 사이에서도 매도 포지션이 증가하고 있다는 것이다. FXCM SSI는 '데일리FX DailyFX'에서 일주일에 한 번 제공된다(현재는 하루 두 번 제공되고 있으며, 현대선물 해외선물/FX팀 네이버카페 '외환시장의 마법사들'을 통해 확인할 수 있다—역자 주).

고점, 또는 저점을 파악하는 것은 매우 어려운 일이며, FXCM SSI 는 많은 트레이더들의 고점과 저점 선택이 성공적이지 못하다는 것을 입증하고 있다. 이러한 점들은 추세 전환 시기의 선정이 매우 중요하 다는 것을 의미한다. 필자가 좋아하는 전략 중 하나는 환율 추세의 강 도(지속적으로 강세 혹은 약세를 보이는지 여부)를 살펴보는 것이다. 환율은 아무 조정 없이 6거래일이나 7거래일, 또는 8거래일도 연속으로 랠리 를 펼치는 경우가 자주 발생한다. 추세가 오래 지속될수록 통계적으로 더욱 중요한 의미를 가지며, 이는 추세가 조만간 반전될 가능성이 크 다는 것을 암시한다.

10년간 축적된 자료를 토대로 볼 때 주요 통화쌍인 EUR/USD,

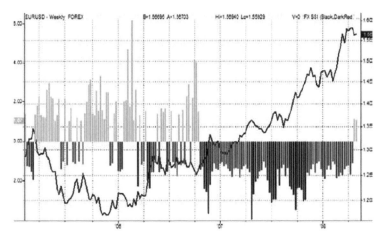

〈그림 9-37〉FXCM SSI – EUR/USD
(출처: 현대선물)

GBP/USD, 그리고 USD/JPY는 7거래일 이상 연속된 흐름을 이어가는 빈도가 매우 낮았다.

〈표 9-1〉을 통해 EUR/USD가 지난 10년 동안 가장 오래 연속된 추세를 이어간 기간은 10일임을 확인할 수 있다. 이 도표는 지난 10년 동안 EUR/USD가 연속된 추세를 이어간 날의 수와 이에 해당하는 빈도수를 나타낸다. 표에서 보면 7일 연속 같은 방향성을 이어간 횟수는 10년 동안 오직 10번만 발생했음을 알 수 있는데, 그 10번 중에서 8일째까지 연속된 방향성을 이어간 횟수는 오직 5번이었다. 그 5번 중 오직 2번만이 9일째까지 연속된 추세를 유지했고, 10년 동안 오직 1번만이 10일 연속 같은 추세를 이어갔다.

이러한 과거 통계를 감안하여 해석해보면 EUR/USD가 7일 동안 강세나 약세를 지속하고 있다면 24시간 내에 역전 현상이 발생할 가능성이 기하급수적으로 증가되며, 만약 이러한 추세가 8일째에도 지속된다면 역전 현상이 발생될 가능성은 배가 된다. 이와 같은 사실은 트레이더들에게 단기 트레이딩 전략의 성공적인 방향선정 확률을 높여준다. 하지만 주의할 점은 이 전략이 통화쌍의 주요 반전시기를 예측하는 것이 아니라 반전이 매우 큰 의미를 지니고 있다는 것이다.

다음으로 볼 〈표 9-2〉는 GBP/USD 관련 정보이다. 지난 10년 동안 GBP/USD가 연속된 추세를 이어간 가장 긴 기간은 12일이다. 표에서 확인할 수 있듯이, 파운드는 유로보다 긴 기간 동안 같은 추세를 이어갔다(EUR/USD가 연속된 방향성을 이어간 가장 긴 기간은 10일이다). GBP/USD의 경우 8일 이상 연속된 추세를 보인 경우는 7건이 발생되어 EUR/USD의 7일 이상 연속된 추세를 보인 것(빈도수 5회)과 통계적

날 수	EUR/USD
1	1,292
2	595
3	273
4	125
5	64
6	35
7	10
8	5
9	2
10	1
11	0
12	0
13	0
14	0
15	0

날 수	GBP/USD
1	1,352
2	695
3	299
4	145
5	69
6	31
7	12
8	7
9	3
10	2
11	2
12	1
13	0
14	0
15	0

날 수	USD/JPY
1	1,334
2	652
3	323
4	159
5	66
6	33
7	12
8	7
9	2
10	0
11	0
12	0
13	0
14	0
15	0

으로 비슷한 유의성을 갖는다.

마지막으로 〈표 9-3〉은 USD/JPY 관련정보이다. USD/JPY가 연속된 추세를 이어간 가장 긴 기간은 9일로, 지난 10년 동안 오직 2번만 발생했음을 알 수 있다.

어떻게 활용하는가?

이와 같이 가치 있는 정보를 트레이더가 활용할 수 있도록 몇 가지 법칙을 생각해보자.

매수를 위한 법칙(일일차트를 이용할 것)

1. 7거래일 연속 약세를 지속하며, 시초가보다 종가가 낮은 통화쌍을

찾는다.

2. 다음 거래의 캔들이 생성되기 시작하는 뉴욕시각 오후 5시에 매수 포지션을 진입시킨다.

3. 진입가 30핍 아래에 스탑주문을 넣는다.

4. 통화쌍이 스탑 설정거리 두 배의 수익, 즉 60핍의 수익을 올릴 수 있는 지점에 도달했을 때 보유 포지션의 절반을 이익 청산한다. 그 후 나머지 보유 포지션의 스탑을 최초 진입가로 수정한다.

5. 나머지 포지션을 최초 스탑 설정거리 네 배의 수익, 즉 120핍의 수익을 올릴 수 있는 지점에 도달했을 때 이익 청산한다.

<u>매도를 위한 법칙</u>

1. 7거래일 연속 강세를 지속하며, 시초가보다 종가가 높은 통화쌍을 찾는다.

2. 다음 거래의 캔들이 생성되기 시작하는 뉴욕시각 오후 5시에 매도 포지션에 진입한다.

3. 진입가 30핍 위에 스탑주문을 넣는다.

4. 통화쌍이 스탑 설정거리 두 배의 수익, 즉 60핍의 수익을 올릴 수 있는 지점에 도달했을 때 보유 포지션의 절반을 이익 청산한다. 그후 나머지 보유 포지션의 스탑을 최초 진입가로 수정한다.

5. 나머지 포지션을 최초 스탑 설정거리 네 배의 수익, 즉 120핍의 수익을 올릴 수 있는 지점에 도달했을 때 이익 청산한다.

이제 몇 가지 예를 통해 위의 전략을 연습해보자.

첫 번째는 USD/JPY 매수 트레이딩의 예이다. 〈그림 9-38〉에서 볼 수 있듯이, USD/JPY는 7거래일 연속으로 큰 폭의 하락 추세를 이어갔다. 앞서 〈표 9-3〉에서 보았듯 USD/JPY가 7거래일 연속 같은 추세를 이어간 횟수는 12번이었으며 이러한 추세가 8거래일까지 이어진 빈도수는 7번으로 나타났다. 즉 이와 같은 정보를 토대로 USD/JPY가 8거래일 연속 하락추세를 이어가지 않을 확률이 매우 크다는 점을 알 수 있기 때문에, 다음 거래일의 캔들이 생성되기 시작하는 뉴욕시각 오후 5시에 USD/JPY 매수 포지션을 진입시키는 것이다.

포지션은 108.56에 매수 진입되었고, 스탑은 진입가에서 30핍 아래인 108.26에 설정한다. 첫 번째 목표가는 스탑 설정거리인 30핍의 두 배 거리이므로 진입가 108.56에서 60핍을 더한 109.16이 된다. 다음 거래일에 첫 번째 목표가에 도달하여 우리는 보유 포지션의 절반을 이익 청산한 뒤, 나머지 보유 포지션의 스탑을 최초 진입가인 108.56으로 수정한다. 두 번째 목표가는 스탑 설정거리의 네 배인 120핍이므로 진입가 108.56에서 120핍을 더한 109.76이 될 것이다. 두 번째 목표가 역시 다음 거래일에 도달하여 나머지 보유 포지션 전체를 이익 청산하였다. 이번 트레이딩으로 총 180핍, 포지션당 평균으로는 90핍의 수익을 거두었다.

두 번째는 GBP/USD 매도 트레이딩의 경우이다. 〈그림 9-39〉에서 볼 수 있듯이, GBP/USD는 7거래일 연속 큰 폭의 상승추세를 이어갔다. 앞서 〈표 9-2〉에서 보았듯이 지난 10년 동안 GBP/USD가 7거래일 연속 같은 방향으로 움직인 후 다음 8거래일까지 이와 같은 방향성이 이어진 빈도수는 12번 중 오직 7번만 발생했다. 즉 이와 같은 정보

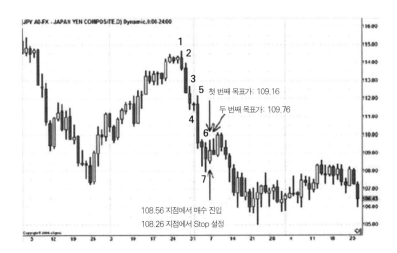

〈그림 9-38〉 USD/JPY 일일차트

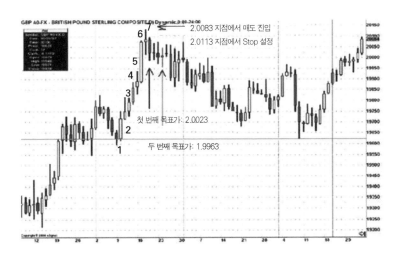

〈그림 9-39〉 GBP/USD 일일차트

를 토대로 GBP/USD가 8거래일 연속 상승추세를 이어가지 않을 확률이 매우 크다는 점을 알 수 있기 때문에, 다음 거래의 캔들이 생성되기 시작하는 뉴욕시각 오후 5시에 GBP/USD 매도 포지션을 진입시킨다.

포지션은 2.0083에 매도 진입되었고, 스탑은 진입가에서 30핍 위인 2.0113에 설정한다. 첫 번째 목표가는 스탑 설정거리인 30핍의 두 배 거리이므로 진입가 2.0083에서 60핍을 차감한 2.0023이다. 첫 번째 목표가는 다음 거래일에 도달하여 우리는 보유 포지션의 절반을 이익 청산한 뒤, 나머지 보유 포지션의 스탑을 최초 진입가인 2.0083으로 수정한다. 두 번째 목표가는 스탑 설정거리의 네 배인 120핍이므로 진입가 2.0083에서 120핍을 차감한 1.9963이 될 것이다. 두 번째 목표가는 며칠 후에 도달하여 나머지 보유 포지션 전체를 이익 청산하였다. 이번 트레이딩으로 총 180핍, 포지션당 평균으로는 90핍의 수익을 거두었다.

다른 통화쌍에도 적용 가능한가?

이 전략은 다른 통화쌍에도 적용 가능하지만, 각 통화쌍마다 데이터값이 다르므로 유의해야 한다. EUR/USD, GBP/USD, 그리고 USD/JPY는 7거래일 기준이 의미가 있었지만, GBP/JPY, CHF/JPY, GBP/CHF와 같은 통화쌍들은 8거래일 기준이 더 의미 있다. 각각의 통화는 추세 지속도가 다르므로 통화쌍마다 특성도 다르다는 점을 명심해야 한다.

EUR/JPY 통화쌍을 이용하여 이번 전략을 연습해보자.

〈그림 9-40〉에서 볼 수 있듯이 EUR/JPY는 7거래일 연속 상승추

164.54 지점에서 매도 진입

164.84 지점에서 Stop 설정

첫 번째 목표가: 163.94

두 번째 목표가: 163.34

〈그림 9-40〉 EUR/JPY 일일차트

세를 이어갔다. 앞에서 설명한 룰에 따라 다음 거래일의 캔들이 생성되기 시작하는 뉴욕시각 오후 5시에 EUR/JPY 매도 포지션을 진입시킨다. 포지션은 164.54에 매도 진입되었고, 스탑은 진입가에서 30핍 위인 164.84에 설정한다. 첫 번째 목표가는 스탑 설정거리인 30핍의 두배 거리이므로, 진입가 164.54에서 60핍을 차감한 163.94가 된다. 첫 번째 목표가는 다음 거래일에 도달하여 보유 포지션 절반을 이익 청산한 뒤, 나머지 보유 포지션의 스탑가를 최초 진입가인 164.54로 수정한다. 두 번째 목표가는 스탑 설정거리의 네 배인 120핍이므로 진입가에 164.54에서 120핍을 차감한 163.34가 될 것이다. 두 번째 목표가 역시 다음 거래일에 도달하여 나머지 보유 포지션 전체를 이익 청산하였다. 이번 트레이딩으로 총 180핍, 포지션당 평균으로는 90핍의 수익을 거두었다.

첫 번째 목표는 수정 가능한가?

이번 전략을 검증할 때 많은 사람들은 첫 번째 목표가 매우 타이트하며, 생각보다 쉽게 도달한다는 점을 깨닫게 될 것이다. 첫 번째 목표가를 조금 더 멀리 설정해도 무방하지만 왜 필자가 목표가를 타이트하게 설정했는지 한 번쯤은 생각해보기 바란다. 이번 전략은 수익을 얻는 확률을 높이는 것에 초점을 맞추므로, 추세의 역전이 한시적이라 하더라도 첫 번째 목표가에 쉽게 도달하도록 하여 일부 수익을 실현시키도록 한다. 트레이딩 전략의 개선이나 변경은 전략의 수익성을 높이는 데 초점을 맞추어야 하기 때문에 트레이딩 전략은 기술적, 통계적 지식을 출발점으로 간단명료하게 설계하는 것이 매우 중요하다. 진입가와 너무 괴리된 지점에 목표가를 설정하는 것과 같은 전략은 상황을 어렵게 만들 수 있다.

방향성 지속 기간을 6거래일로 선택해도 될까?

7거래일 연속으로 추세를 지속하는 빈도수는 매우 낮기 때문에 (10년간의 자료를 보면 EUR/USD의 경우는 10번, GBP/USD와 USD/JPY의 경우는 12번의 빈도를 보이고 있음) 7일 연속 추세보다 6일 연속 추세를 사용하고자 하는 트레이더들도 있을 것이다. 결론적으로 가능하기는 하지만 추천할 만하지는 않다. 앞의 표에서 본 것과 같이 3개 통화쌍의 경우 6거래일에서 7거래일까지 추세가 지속되는 빈도수가 최소 10회 이상이 되기 때문에 6일 추세를 사용할 경우 리스크를 염두에 두어야 한다.

Days	Lot 1	Lot 2	Pips P/L
Days	Lot 1	Lot 2	Pips P/L
8	-30	-30	-60
9	60	120	180
		Total P/L	**120**
Days	Lot 1	Lot 2	Pips P/L
8	-30	-30	-60
9	-30	-30	-60
10	60	120	180
		Total P/L	**60**
Days	Lot 1	Lot 2	Pips P/L
8	-30	-30	-60
9	-30	-30	-60
10	-30	-30	-60
11	60	120	180
		Total P/L	**0**
Days	Lot 1	Lot 2	Pips P/L
8	-30	-30	-60
9	-30	-30	-60
10	-30	-30	-60
11	-30	-30	-60
12	60	120	180
		Total P/L	**-60**

만약 통화쌍이 7거래일 이상 같은 방향성을 유지한다면?

이번 전략에 관한 가장 많은 질문은 "통화쌍이 7거래일 이상 같은 방향성을 유지했을 경우에 이 전략을 다시 활용할 수 있는가?"였다(7거래일 이상 추세가 유지될 경우 스탑주문이 실행되어 손실이 발생하지만 이 시점에서 동일한 전략을 다시 활용할 수 있다). 물론 그 대답은 "yes"이다. 같은 방향성을 지속한 기간이 늘어날수록 추세 반전의 가능성이 더 커지기 때문이다. 만약 추세가 10거래일까지 연장되어 스탑주문에 의한 손실이 발생되더라도 지속적으로 이 전략을 활용함에 따른 리스크는 그리 크지 않다. 추세가 12일 이상 지속된 경우가 없었기 때문에 이는 수학적으로 계산과 입증이 가능하다. 〈표 9-4〉를 통해 보다 쉽게 이해할 수 있다.

이 도표를 보면 흔히들 통화쌍이 7거래일까지만 같은 방향성을 이어갈 것으로 판단하고 2랏ᵗ으로 시장 진입을 하였지만 통화쌍은 8거래일까지 같은 방향성을 유지하여 60핍의 손실이 발생한다. 다시 추세 반전을 예상하고 9일째 되는 날 시장에 재진입하여 예상과 같이 추세 반전이 발생되면 첫 번째 랏에서 60핍, 두 번째 랏에서 120핍, 총 180핍의 수익을 실현하게 된다. 손실을 감안하더라도 120핍의 수익을 얻을 수 있는 것이다.

만약 통화쌍이 9거래일까지 추세 반전 없이 같은 방향성을 유지하였다면 우리는 두 번의 트레이딩에서 총 120핍의 손실을 안고 10거래일을 맞이하게 될 것이다. 다시 10거래일에 추세 반전을 예상하고 2랏에 추가 진입하여 예상대로 추세 반전이 이루어질 경우, 마지막 트레이딩을 통해 180핍의 수익을 거두어 총 3번의 트레이딩에서 60핍의 순이익을 거둘 수 있다.

하지만 만약 우리의 예상과는 다르게 10거래일에도 추세 반전이 나타나지 않을 경우 세 번의 시장 진입을 통하여 180핍의 손실이 발생할 것이다. 11거래일째 다시 시장에 진입하여 이번에는 예상과 같이 추세 반전이 발생하면 180핍의 수익을 거두어 총 거래결과는 손실도 수익도 없는 손익분기점에 도달할 것이다.

정말 드문 경우이기는 하지만 만약 11거래일까지 통화쌍의 추세 반전이 나타나지 않으면 12거래일에 5번째로 시장에 진입한다. 4번의 시장 진입에서 추세 반전이 이루어지지 않아 총 240핍의 손실이 발생했고, 12거래일에 추세 반전이 일어나게 되면 180핍의 수익이 발생하여 총 5번의 거래에서 60핍의 순손실이 발생한다. 12거래일 연속 통화쌍이 같은 추세를 지속하는 것은 매우 드문 케이스이며 EUR/USD, GBP/USD, USD/JPY 3개 통화쌍 중 GBP/USD에서만 지난 10년 동안 단 한 번 발생하였을 뿐이다.

추세 반전을 예상하고 포지션 진입을 시도하였으나 절반이 1차 목표에서 이익 청산(60핍)되고, 되돌림 현상으로 인해 두 번째 포지션은 스탑(최초 진입지점으로 스탑가를 조정했으므로 손실은 0이다)으로 청산되는 경우도 있을 것이다. 하지만 이는 그리 좋은 상황이 아니다. 10거래일부터(9거래일까지 통화쌍이 같은 방향성을 유지하였고, 10거래일째 추세 반전을 예상하고 포지션에 진입했을 때) 손실이 발생하기 때문이다. 이러한 시나리오를 적용해보자면, 만약 통화쌍이 8거래일 연속 같은 방향성을 지속했고 9거래일에 접어들어 이번 전략을 적용하게 되면 손익분기점을 기록하게 될 것이다. 만약 10거래일에 통화쌍이 연속된 흐름을 멈춘다면 순손실은 60핍이 된다.

여기서 만약 통화쌍의 방향성 지속 기간이 하루 더 늘어난다면 순손실은 120핍이 되고, 이러한 지속기간이 늘어날수록 손실도 커지게 된다. 하지만 다행스럽게도 첫 번째 목표가만 달성하는 경우는 매우 드물다. 만약 통화쌍이 연속된 흐름을 멈춘다면 최소한 100핍에서 150핍은 쉽게 움직여, 두 번째 목표가 120핍은 상대적으로 달성할 가능성이 매우 높아지기 때문이다.

우리가 이번에 연습한 시장 진입 및 청산의 법칙은 EUR/USD,

GBP/USD, 그리고 USD/JPY에 적합하다고 할 수 있다. 하지만 다른 통화쌍, 특히 엔 크로스일 경우에는 변동성이 크기 때문에 30핍 손실 룰을 적용하기보다는 약간 수정하여 적용하는 것이 바람직하다.

다양한 펀더멘털
거래전략

캐리 트레이드는 국가 간 자본이 일정하게 유입과 유출을 반복하면서 발생한다. 금리는 어떤 한 나라가 다른 나라에 비해서 투자하기에 매력적인지를 가늠할 수 있는 척도가 된다. 경제상황이 좋은 나라의 경우(고성장, 높은 생산성, 낮은 실업률, 소득향상 등) 그 나라에 투자하고자 하는 사람들에게 높은 수익률을 안겨줄 것이다. 바꿔 말하면, 높은 성장이 기대되는 국가들은 자국에 투자하는 사람들에게 충분히 높은 수익을 줄 수 있다는 의미이다.

가장 강력한 통화쌍을 택하라

외환거래를 할 때 많은 트레이더들은 거래환율에 표시되는 양 통화들의 상대적인 강도를 감안하지 않고, 한 통화에 대한 시황 혹은 견해만을 살펴보고 판단하는 실수를 한다. 외환시장에서 타 통화의 경제상황에 대한 무관심은 외환거래의 수익성에 큰 영향을 미치며 손실 가능성 또한 커진다. 이렇게 되면 상대통화가 더욱 강세일 가능성이 높아져 이러한 거래에서 수익은 거의 기대할 수 없게 된다.

경제사정이 좋은 나라의 통화와 반대로 거래하면 실패할 확률이 높은데, 거래하고자 하는 통화가 정체상태를 보이게 되면 이 거래는 상대통화 즉, 경제사정이 좋은 나라의 통화 변화에 전적으로 좌우되기 때문이다. 따라서 유리한 통화쌍을 찾는 것이 수익률을 극대화시키는 첫걸음이다. 이때의 유리한 통화쌍이란 '경제사정이 좋은 나라의 통화'와 '좋지 않은 나라의 통화'를 묶은 것이다.

2005년 3월 22일의 사례를 살펴보자. 미국 연방준비제도이사회는 FOMC 성명서를 통해 인플레이션 압력이 높아지고 있다고 발표했다. 이로 인해 주요 통화쌍의 상대통화가 모두 미 달러화에 집중되었다.

이후 미국 경제지표 결과가 달러화에 우호적으로 발표되면서 달러화의 강세는 더욱 탄력을 받았다. 이런 상황에서 주요 통화에 대하여 달러 매수 포지션은 수익을 실현시킬 수 있었겠지만 달러의 강세가 모든 통화에 대하여 같지는 않다. 예를 들면 이러한 사태 발생 후 파운드의 경우는 3주 후에 반등하였으나 엔의 경우는 장기간 하락추세를 지속하였다. 이유는 당시에 영국 경제가 일관되고, 인상적인 경제성장을 이뤄내왔기 때문이다. 이는 몇 주 안에 파운드가 반등에 성공할 수 있도록 도와준 밑거름이 되었다. 파운드화의 반등은 〈그림 10-1〉에서 볼 수 있는데, 파운드화는 3월 28일에 1.8595를 저점으로 FOMC 이전

〈그림 10-1〉 GBP/USD 연준 미팅 이후 움직임
(출처 : 현대선물 HTS)

〈그림 10-2〉 USD/JPY 연준 미팅 이후 움직임
(출처 : 현대선물 HTS)

〈그림 10-3〉 AUD/JPY 연준 미팅 이후 움직임
(출처 : 현대선물 HTS)

〈그림 10-4〉 EUR/JPY 연준 미팅 이후 움직임
(출처 : 현대선물 HTS)

수준인 1.9200으로 3주 만에 반등에 성공했다.

　한편, 일본의 USD/JPY는 지속적인 상승 움직임(엔화의 하락)을 보이면서 4월 중순경까지 약세를 이어가는 모습이었다. 이런 흐름은 〈그림 10-2〉에서 확인할 수 있다. FOMC 미팅 이후 달러화는 약 2주 동안 300핍이 넘는 강세를 나타냈다. 이렇게 GBP/USD와는 다르게 시장의 흐름이 나타난 이유는 바로 시장참여자들이 일본 경제에 대하여 신뢰감이 없었기 때문이며, 이는 일본 경제가 장기 불황의 늪에 빠져 있었고 긍정적인 경기회복의 신호가 보이지 않음에 기인한다. 따라서 달러의 강세는 엔화에 대하여 더 강한 충격을 주었고 이러한 효과가 파운드화와 비교할 때 엔화에 대하여는 더 오래 지속되었다.

　물론 지정학적 매크로 변수뿐만 아니고 금리도 중요하지만, 두 개의 통화쌍(엔/달러, 파운드/달러) 거래를 평가해보면 경제여건이 아주 양호한 국가의 통화와 경제여건이 어려운 통화쌍을 선택하는 것이 거래 성공 확률을 높일 수 있다. 이 기간 동안의 크로스통화를 분석해보면 각각 다른 통화쌍의 강세 요인을 잘 파악함으로써 거래의 수익성을 높일 수 있다.

예를 들어 앞쪽의 〈그림 10-3〉과 〈그림 10-4〉를 보자. 3월 22일 FOMC 미팅 이후 AUD/JPY와 EUR/JPY는 매도에 따른 하락세를 보여왔다. 그러나 AUD/JPY는 EUR/JPY보다 훨씬 빠르게 회복되고 있다. 이유는 바로 경제여건이 좋은 통화와 그렇지 못한 통화의 관계에서 찾을 수 있다. 당시 유로존의 경제여건은 2003년부터 2005년까지 취약했던 반면 호주는 경제여건이 좋았고, 2004년을 거쳐 2005년 상반기에는 산업화된 국가들 중에서 가장 높은 금리를 제공하는 국가 중의 하나가 되었다. 이러한 결과로 〈그림 10-3〉에서 보듯이 AUD/JPY의 경우는 EUR/JPY보다 FOMC 회의 이후 더 빠르게 회복세를 보였다. 결국 이것이 거래에 있어서 '경제사정이 좋은 통화/경제사정이 좋지 않은 통화'를 찾아야 하는 이유이다(이러한 통화쌍을 찾는 이유는 결국 추세적인 움직임이 강한 통화쌍을 찾기 위함으로 보인다. 다시 말해서, 경제여건이 좋은 통화는 통화가치가 상승할 것이고, 경제여건이 어려운 통화는 통화가치가 하락할 것이므로 이를 종합한 효과를 나타내는 환율의 움직임은 결국 한쪽 방향으로 쏠려서 나타날 가능성이 높다. 이는 결국 추세적인 움직임을 나타낸다고 볼 수 있다—역자 주).

레버리지를 이용한 캐리 트레이드

레버리지를 이용한 캐리 트레이드^{carry trade} 전략은 글로벌 매크로 헤지 펀드와 투자은행들이 선호하는 전략 중에 하나다. 이 전략의 핵심은 글로벌 경제여건이다. 간단히 설명하면 캐리 트레이드 전략이란 저금리통화자산을 매도하여 고금리통화자산으로 자산을 구성하는 것이다. 공격적인 투자자들은 이러한 투자자산의 변화에 따른 환 헤지를 하지 않는데, 그 이유는 양 통화의 금리차 수익을 누릴 수 있을 뿐만 아니라 고금리통화의 환율 절상에 베팅할 수 있기 때문이다. 반대로 이러한 자산 변동에 따른 환 헤지를 하는 사람들은 비록 양 통화의 금리차가 1~5퍼센트로 높지는 않지만 만약 5~10배의 레버리지 효과를 감안한다면 금리차익 자체도 상당히 클 수 있다.

양 통화 간 2.5퍼센트의 금리 차이는 10배의 레버리시를 감안하면 25퍼센트가 될 수 있다. 그러나 레버리지는 적절하게 관리되지 않으면 손실 역시 확대시킬 수 있기 때문에 매우 위험하다. 시장에서 많은 트레이더들이 이러한 기회를 시도하고 있다면 자산 가격의 상승이 나타나고 거래가 증가하면서 통화쌍의 랠리를 초래하기 때문이다.

외환거래에서 캐리 트레이드는 시장에서의 수요와 공급에 따라 자금이 서로 다른 시장으로 유입/유출된다는 기본 경제원칙을 활용하는 가장 손쉬운 방법이다. 투자에 대하여 가장 높은 수익을 제공하는 시장으로 자금은 유입될 것이다. 국가 간 자금의 흐름도 이와 다를 바 없다. 즉 고금리국 통화로 많은 자금이 유입되며 이는 그 나라 통화의 수요를 증가시킨다. 가장 보편적인 이러한 캐리 트레이드는 매우 쉽게 습득할 수 있다. 정확하게만 알고 접근한다면 큰 위험 없이 고수익을 올릴 수도 있다. 그러나 캐리 트레이드 역시 다른 리스크가 분명히 존재한다. 만약에 캐리 트레이드를 효율적으로 시행할 수 있는 시점과 이유, 방법을 이해하지 못한다면 손실을 크게 볼 수도 있다.

캐리 트레이드는 어떻게 진행되는가?

캐리 트레이드를 시행하는 방법은 고금리통화를 사고 반대로 저금리통화를 파는 것이다. 캐리 트레이드를 통하여 투자자들은 양 통화 간의 금리 차이 혹은 금리 스프레드를 수익으로 얻을 수 있다.

예를 들어, 호주 달러의 금리가 4.75퍼센트이고, 스위스 프랑의 금리가 0.25퍼센트라고 가정하자. 이 경우 캐리 트레이드를 시행하려면 투자자는 호주 달러를 사고 스위스 프랑을 팔면 된다. 이렇게 함으로써 만기에 호주 달러와 스위스 프랑 간 환율이 변하지 않는다고 가

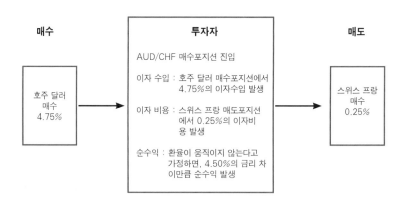

〈그림 10-5〉 레버리지를 활용한 캐리 트레이드 예제

정하면, 투자자는 4.50퍼센트(이자수익 4.75퍼센트 – 이자비용 0.25퍼센트)
의 수익을 보게 된다. 위의 수익률은 레버리지를 사용하지 않는 경우
의 수익률이다. 5배의 레버리지를 사용하게 되면 수익률은 22.5퍼센
트(4.5퍼센트×5)로 늘어나게 된다. 아래의 예를 보면 좀 더 확실하게 이
해가 될 것이며, 〈그림 10-5〉는 실제로 어떻게 투자자가 캐리 트레이
드를 시행하는지 그림으로 보여주고 있다.

캐리 트레이드 수행하기

호주 달러 매수, 스위스 프랑 매도(=AUD/CHF 매수)

호주 달러 매수 포지션 : 4.75퍼센트의 이자수익

스위스 프랑 매도 포지션 : 0.25퍼센트의 이자비용

환율이 변하지 않는다고 가정하면 4.5퍼센트(450bp)의 수익

만약에 이런 기회를 확인한 투자자들의 유입이 늘어나게 되면 투
자자는 금리 차이뿐만 아니라 환율상승에 대한 수익을 더불어 취
할 수 있게 된다.

요점 _ 캐리 트레이드를 진행하려면 고금리통화를 사고 저금리통화는 팔아라

캐리 트레이드는 어떻게 발생되는가?

캐리 트레이드는 국가 간 자본이 일정하게 유입과 유출을 반복하
면서 발생한다. 금리는 어떤 한 나라가 다른 나라에 비해서 투자하기

에 매력적인지를 가늠할 수 있는 척도가 된다. 경제상황이 좋은 나라의 경우(고성장, 높은 생산성, 낮은 실업률, 소득향상 등) 그 나라에 투자하고자 하는 사람들에게 높은 수익률을 안겨줄 것이다. 바꿔 말하면, 높은 성장이 기대되는 국가들은 자국에 투자하는 사람들에게 충분히 높은 수익을 줄 수 있다는 의미이다.

투자자들은 높은 금리를 선호하며, 이에 따라 수익극대화에 관심이 있는 투자자들은 자연스럽게 그들에게 고수익을 안겨주는 투자를 찾게 된다. 특정통화에 투자를 결정하는 경우에도 투자자들은 보통 고수익, 즉 고금리통화를 선택할 것이다. 그리고 몇몇 다른 투자자들도 이 같은 결정을 하게 되면 그 나라는 고금리를 원하는 투자자들로부터 자금이 유입될 것이다.

그럼 경제상황이 안 좋은 나라는 어떨까? 낮은 성장과 생산성을 보이는 국가들은 투자자들에게 고수익을 제공하지 못할 것이다. 현실적으로 투자에 대해 어떤 수익도 제공해줄 수 없는 열악한 경제상황을 나타내는 국가들이 있는 바, 이는 결국 금리가 제로이거나 이에 가깝다는 의미가 된다. 이러한 양 통화 간의 금리 차이로 인하여 캐리 트레이드가 가능해진다.

이전 사례를 좀 더 심도 있게 살펴보자. 스위스 프랑화 예금에 가입하여 연 0.25퍼센트의 금리수익을 올리는 투자자를 상상해보라. 같은 시점에서 호주은행은 호주 달러 예금에 4.75퍼센트의 금리를 지급하고 있다. 호주은행의 호주 달러 예금금리가 더 높기 때문에 투자자는 자신의 투자에 대하여 더 높은 수익을 얻고자 한다. 투자자가 자신의 0.25퍼센트 스위스 프랑 예금을 4.75퍼센트의 호주 달러 예금으

〈그림 10-6〉 캐리 트레이드의 효과 : AUD/CHF 캐리 트레이드 예제 1

로 교환할 수 있다고 가정하면, 투자자는 자신의 스위스 프랑 예금을 매각하고 호주 달러 예금을 구입하게 된다. 이러한 거래의 결과로 투자자는 4.75퍼센트의 이자를 지급하는 호주 달러 예금의 매입을 통하여 스위스 프랑화 예금금리보다 4.5퍼센트 높은 투자 수익을 올릴 수 있다.

이러한 거래의 요점은, 투자자가 스위스 프랑 예금을 매도하고 호주 달러 예금을 매입한 캐리 트레이드를 실행한 것이다. 수많은 투자자들이 이러한 거래를 행함으로써 자본은 당연히 스위스에서 호주로 이동하게 된다. 이는 투자자들이 스위스 프랑화 자산을 가지고 호주 달러 자산으로 교환하기 때문이다.

호주는 더 높은 수익률을 제공하므로 더 많은 해외자본을 유치할 수 있다. 이러한 자본 유입은 호주 달러의 수요를 증가시켜 통화가치를 상승하게 만든다(그림10-6 참고).

요점 _ 캐리 트레이드는 국가별 금리 차이에 의해 발생된다. 즉 사람들은 고금리를 선호하기 때문에 결국 고금리국가의 통화를 매입하여 보유하게 되는 것이다.

캐리 트레이드는 언제 가장 효과적일까?

캐리 트레이드는 다른 전략과는 달리 특정한 시기에 잘 작동된다. 실제 캐리 트레이드는 투자자 그룹이 리스크에 대한 특정한 자세를 가질 때 가장 수익성이 좋다.

얼마만큼의 위험을 감수해야 하는가?

사람들의 정서는 시간이 지나면서 변화하는 경향이 있다. 투자자들은 어떤 때는 좀 더 과감하게 기회를 잡으려고 하며, 어떤 때는 소심하고 보수적이 되는 경향이 있다. 집단으로서 투자자들은 역시 차이가 없다. 때때로 그들은 적절한 리스크를 내포하고 있는 투자를 기꺼이 하기도 하고, 반면 어떤 경우에는 손실을 우려하여 보다 안전한 자산을 찾기도 한다.

금융용어로 말하면 리스크를 적극적으로 감수하는 투자자들을 일컬어 보통 '높은 위험감수자' 혹은 '위험선호적'이라고 말하기도 한다. 반대로 보수적이고 리스크를 덜 지려고 하는 투자자들을 '낮은 위험감수자'라고 말한다.

캐리 트레이드는 투자자들이 높은 위험감수 성향을 지닐 때 가장 수익성이 좋다. 이 말은 캐리 트레이드가 내포하고 있는 속성을 생각해보면 확실해진다. 정리하면, 캐리 트레이드는 고금리를 지급하는 통화를 매수하고, 반대로 저금리를 지급하는 통화를 매도하는 것이다. 고금리를 지급하는 통화를 매수하는 것은 결국 투자자가 리스크를 감수하는 것이다. 그리고 여기서 리스크란 한 나라의 경제가 과연 지속적으로 좋은 상황을 계속 이어나가서 높은 금리를 계속 지급할 수 있는

지에 대한 불확실성을 말한다. 실제로 한 나라가 높은 금리를 지급하는 것을 제지할 만한 어떤 사태가 일어날 가능성이 있다. 결론적으로 투자자는 이러한 위험요소를 감수하는 것이다.

만약 투자자들이 이런 위험을 기꺼이 감수할 수 없다면 자본은 한 나라에서 다른 나라로 이동하지 않을 것이며 캐리 트레이드의 기회는 존재하지 않을 것이다. 따라서 캐리 트레이드가 발생하기 위해서는 투자자 집단이 높은 리스크 감수 성향을 가지고 있거나 혹은 고금리통화 투자에 대한 리스크를 기꺼이 감수할 수 있어야 한다.

요점 _ 캐리 트레이드는 투자자들이 고금리통화에 투자하는 위험을 적극적으로 감수하는 시점에 가장 잠재수익이 높다.

캐리 트레이드가 발생하지 않는 시기는?

지금까지 캐리 트레이드가 가장 잘 작동하는 시기는 투자자들이 높은 리스크 감수 성향을 보일 때라는 것을 살펴보았다. 그러면 투자자들이 낮은 리스크 감수 성향을 가지고 있을 때는 어떤 상황이 전개될 것인가?

캐리 트레이드는 투자자들이 낮은 위험감수 성향을 가질 때 수익성이 가장 떨어진다. 투자자들이 낮은 위험감수 성향을 갖는 경우 그들은 투자 기회에 대하여 소극적인 태도를 취하게 된다. 즉 고금리를 지급하는 위험도가 높은 통화에 투자하는 것을 망설이게 된다. 대신 투자자들이 낮은 위험감수 성향을 갖는 경우 실제로 그들은 낮은 금리

〈그림 10-7〉 투자자들이 낮은 위험감수 성향을 가지는 시점에 캐리 트레이드의 효과 :
AUD/CHF 캐리 트레이드 예제 2

를 지급하는 안전자산 통화에 투자하게 된다. 이는 캐리 트레이드와는 정확히 반대되는 진행과정을 보인다. 바꾸어 말하면, 투자자들은 저금리통화를 매수하고, 고금리통화를 매도한다는 얘기다.

이전 사례(그림10-6)로 돌아가서, 투자자가 갑자기 해외통화, 즉 호주 달러를 보유하는 것을 두려워한다고 가정해보자. 그러면 투자자는 고금리통화를 찾는 대신에 투자의 안전성을 추구할 것이다. 결과적으로 투자자는 호주 달러를 더 친근한 스위스 프랑화로 교환할 것이다.

수많은 사람들이 이런 거래를 동시다발적으로 진행하게 되면 투자자들이 호주 달러 자산을 스위스 프랑으로 교환하기 때문에 자본은 호주를 빠져 나와 스위스로 유입될 것이다. 투자자들의 낮은 위험감수 성향으로 인해 스위스는 저금리에도 불구하고 통화의 안전성에 따라 더 많은 자본을 유치할 수 있다. 이러한 자본의 유입으로 인하여 스위스 프랑의 가치는 상승하게 된다(그림10-7).

요점 _ 캐리 트레이드는 투자자들이 고금리통화에 투자하는 위험을 감수하고
자 하지 않을 때 가장 수익성이 떨어진다.

위험감수 성향의 중요성

캐리 트레이드는 일반적으로 투자자들이 높은 위험감수 성향을 가지는 시점에서 수익성이 높고 투자자들이 낮은 위험감수 성향을 가질 때 수익성이 낮다. 그러므로 캐리 트레이드를 진행하기 전에 현재의 위험감수 성향이 어떤지 파악하는 것이 중요하다. 즉 집단화된 투자자들이 과연 높은 위험감수 성향을 갖는지 혹은 낮은 위험감수 성향을 갖는지, 그리고 이러한 성향이 언제 변화되었는지 파악하여야 한다.

위험감수 성향이 낮다는 것은 저금리 지급 통화에 대한 매력이 늘어난다는 것이다. 종종 투자자들의 정서는 빠르게 변화한다. 투자자들의 위험투자에 대한 의지는 한순간에 다른 형태로 변할 수 있다. 이런 대전환은 때때로 중요한 글로벌 이벤트에 의해서 야기된다. 투자자의 위험감수 성향이 급격히 낮아지게 되면 안전자산인 저금리 지급통화로 자본이 유입된다(그림10-6 참고).

예를 들어 1998년 여름에 일본 엔화는 달러화에 대해 두 달 기간 동안 약 20퍼센트 정도 강세를 보였다. 이는 러시아의 채무위기와 롱텀캐피털 매니지먼트(헤지펀드)의 파산이 주된 원인이었다. 이와 유사한 사례로 2001년 9월 11일에 있었던 미국 무역센터 비행기 충돌 테러사건은 스위스 프랑을 달러화 대비 약 열흘 사이에 7퍼센트 이상 끌어올렸다.

이런 급격한 통화가치의 변동은 위험감수 성향을 재빨리 높은 수준에서 낮은 수준으로 변화시킨다. 결과적으로 위험회피 성향이 이런 식으로 전환될 때 캐리 트레이드의 수익성을 보이다가 반대 방향으로 전환된다. 반대로 투자자들의 위험감수 성향이 낮은 수준에서 높은 수준으로 변화하게 되면 〈그림 10-8〉에서 언급한 바와 같이 캐리 트레이드의 수익성은 높아진다.

투자자 집단이 높은 혹은 낮은 위험감수 성향을 갖는지 어떻게 알아낼 수 있을까? 불행히도 투자자 위험감수 성향을 수치로 측정하는 것은 불가능하다. 다만 한 가지 방법이 있다면 장기채권이 거래되는 다양한 수익률들을 관찰하는 것이다. 서로 다른 신용도를 가진 장기채권들 간의 금리 차이, 즉 스프레드가 점점 벌어진다면 투자자들의 위험감수 성향은 더욱 낮아지게 된다. 채권수익률은 대개 신문이나 인터넷을 통해 쉽게 구할 수 있다. 참고로 몇몇 대형은행들은 투자자들이 리스크를 선호할 때와 그렇지 않을 때를 신호화하여 위험감수 성향을 측정하는 툴을 개발하였다.

	캐리 트레이드의 수익성	
(−) ←	→	(+)
낮은 위험감수 성향	위험 중립	높은 위험감수 성향
1. 위험감수 성향이 낮은 투자자들은 위험통화에 대한 투자를 중단한다. 2. 고금리통화에서 자금이 빠져나가고, 저금리의 안전자산으로 투자가 몰린다. 3. 저금리통화는 투자자들이 몰리면서 강세를 보인다.		1. 투자자들이 리스크를 기꺼이 감수하면서 위험통화에 대한 투자를 지속한다. 2. 저금리통화에서 좀 더 이자수익이 좋은 고금리통화로 투자자가 몰린다. 3. 저금리통화는 투자자들이 빠져나가면서 약세를 보인다.

〈그림 10-8〉 위험감수 성향과 캐리 트레이드의 수익 가능성

기타 유념해야 할 사항

위험감수 성향을 파악하는 것은 캐리 트레이드를 고려할 때 가장 중요한 부분이지만, 고려사항이 반드시 이것만 있는 것은 아니다. 아래는 추가적으로 우리가 고려해야 할 사항들이다.

저금리통화의 강세

캐리 트레이드를 시행함에 따라 투자자는 고금리와 저금리의 금리 차이 혹은 스프레드를 수익으로 획득할 수 있다. 그러나 캐리 트레이드는 만약에 어떤 이유(앞서 예시에서 보는 바와 같이)로 저금리통화가 큰 폭의 강세를 보인다면 수익이 사라져버릴 수도 있다.

투자자들의 위험감수 성향의 감소 이외에도 저금리국가의 경제상황이 나아지는 것 또한 저금리국가의 통화 강세를 유발할 수 있다. 이상적인 캐리 트레이드는 저금리통화국이 경제성장 전망치가 낮거나 경제상황이 열악할 때 가장 이상적이다. 그러나 만약에 저금리통화국의 경제상황이 호전되면 투자자들에게 금리 인상을 통하여 더 높은 수익률을 제공할 수 있을 것이다.

이러한 일이 일어나면(앞의 예로 돌아가면 스위스의 금리가 오르는 경우를 말하는 것이다), 투자자들은 스위스 프랑에 투자를 하여 높은 금리를 취할 수 있다. 〈그림 10-7〉에서 보는 바와 같이, 스위스 프랑의 강세는 호주 달러와 스위스 프랑 간 캐리 트레이드의 수익성에 부정적인 영향을 줄 것이다(적어도 스위스의 금리 상승은 금리 스프레드를 축소시켜 캐리 트레이드의 수익성에 부정적 영향을 미칠 것이다).

다른 예를 살펴보면, 유사한 상황들이 일본 엔화에서도 그대로 전개되고 있다. 제로금리를 배경으로 일본 엔화는 오랫동안 캐리 트레이드를 진행하기에 가장 이상적인 저금리통화로 인식되어 왔다('엔캐리(yen carry) 트레이드'로 알려짐). 그러나 상황은 변할지도 모른다. 일본 경제에 대한 낙관론이 확산되면서 최근 일본 증권시장으로 자금이 몰려들고 있다. 일본 주식과 통화에 대한 투자자의 수요가 급증하면서 일본 엔화의 가치가 상승하고 있으며 이러한 일본 엔화의 가치 상승은 호주 달러(고금리통화)/일본 엔화(저금리통화)의 캐리 트레이드 수익성에 부정적인 영향을 미치고 있다.

투자자들이 엔화 매수를 지속한다면 소위 '엔캐리 트레이드'는 점점 더 수익성이 낮아질 것이다. 이는 저금리국가 통화가 상승하면 캐리 트레이드의 수익성 저하로 이어짐을 여실히 드러내주는 사례다.

무역수지

일국의 무역수지, 즉 수출과 수입의 차이 또한 캐리 트레이드의 수익성에 영향을 준다. 일반적으로 투자자들이 높은 위험감수 성향을 갖는 경우, 자본은 저금리국가로부터 고금리국가로 흘러들어가지만(〈그림10-6〉 참고) 항상 그런 것만은 아니다.

내용을 이해하기 위해 미국의 상황을 살펴보자. 미국은 현재 역사적으로 저금리를 유지하고 있지만, 다른 나라로부터 많은 자본을 유치하고 있다. 이는 투자자들이 높은 위험감수 성향을 갖는다고 해도(높은 위험감수 성향을 가진 투자자는 고금리통화를 선호함에도 불구하고) 마찬가지다. 이런 일은 왜 일어나는 것일까? 정답은 미국이 거대한 무역적자를 기록하고 있기 때문이다(이는 수입이 수출보다 월등이 크다는 의미이다).

그렇기 때문에 미국은 무역적자를 메우기 위하여 타국으로부터 자본을 수입하여야 한다.

　미국의 금리수준에 상관없이 미국은 외국 자본을 유치하고 있다. 위 사례는 투자자들이 높은 위험감수 성향을 가지고 있다고 하더라도 무역수지의 불균형이 저금리통화의 가치상승을 유발할 수 있다는 것을 잘 보여준다(그림 10-7). 그리고 앞서 살펴본 바와 같이 캐리 트레이드에서 저금리국 통화(매도통화)의 가치가 상승하게 되면 이는 캐리 트레이드의 수익성에 부정적인 영향을 미치게 된다.

투자기간

　일반적으로 캐리 트레이드는 장기 투자전략이다. 캐리 트레이드를 시행하기 위하여 투자자는 최소 6개월 이상의 투자 기간을 고려하여야 한다. 이러한 투자기간을 감안해야 하는 이유는 캐리 트레이드가 단기 환율변동에서 발생되는 노이즈의 영향을 받지 않기 위해서이다. 또한 레버리지만 크게 사용하지 않는다면 포지션을 길게 보유할 수 있으며, 손절에 의한 거래 중단을 방지하여 시장변동을 어느 정도 이겨낼 수 있도록 도와준다.

요점 _ 투자자들은 캐리 트레이드를 진행하기 전에 통화 강세의 가능성, 무역수지, 그리고 투자기간을 고려해야 한다. 이 모든 요소는 캐리 트레이드를 진행함에 있어 수익성을 떨어뜨리는 요인이 되기 때문이다.

펀더멘털 트레이딩 전략 1 _ 거시경제 이벤트

단기 트레이더는 한 주간의 경제지표 발표일정에 주목하며, 그것이 거래에 어떤 영향을 미칠지 주의를 기울인다. 많은 트레이더들이 이렇게 행동하지만 과연 경제가 어느 방향으로 움직일지와 관련하여 거시경제적 이벤트에 대한 분석을 게을리하지 않는 것도 중요하다. 그 이유는 큰 스케일의 거시경제 이벤트가 시장을 움직이고 투자를 성공으로 이끌 수 있기 때문이다. 이런 거시경제 변수의 영향은 하루 이틀의 가격 변동을 넘어 해당국의 통화에 대하여 몇 개월 혹은 몇 년에 걸친 중장기적 펀더멘털 전망을 재설정할 잠재력으로 작용할 수 있다.

전쟁, 정치적 불확실성, 자연재해, 그리고 중요한 국제회의 같은 이벤트들은 예측하기가 어렵고 불규칙적이기 때문에 강도가 매우 커서 통화시장에 심리적 물리적으로 광범위한 파급효과를 미치고 있다. 이러한 이벤트에 따라 통화가 급격히 강세를 보이거나 급격히 약세를 보일 수 있다. 따라서 전 세계에서 발생되는 주요 이슈에 대하여 관심을 기울여야 하며 이벤트 발생 전후 시장의 분위기를 이해하고 예측함으로써 성공적인 거래를 시행할 수 있고 최소한 심각한 손실 가능성을 줄일 수 있다.

큰 이벤트가 발생한 시점
G7, 혹은 G8 재무장관 미팅
대통령 선거
중요한 회담

주요 중앙은행 미팅

통화체제의 변경 가능성

큰 국가들의 채무 디폴트 가능성

지정학적 긴장고조로 인한 전쟁 발발의 가능성

연준의장의 경기에 대한 반기별 의회연설

이런 이벤트들의 중요성을 확인하는 가장 좋은 방법은 사례를 통해서다.

사례1 _ G7 회의 (2003년 9월 두바이)

G7 국가는 미국, 영국, 일본, 캐나다, 이탈리아, 독일, 프랑스로 구성되며(G8에는 러시아 포함), 이 나라들은 전 세계 경제규모의 약 3분의 2를 차지하고 있다. 그러나 모든 G7 회의들이 중요한 것은 아니다. G7 재무장관회의에서 시장이 주목하고 있는 시기는 큰 변화가 예상되는 시기이다. 2003년 9월 22일에 열린 G7 재무장관회의는 시장의 매우 중요한 전환점이었다. 미 달러화는 "환율의 유연성"을 언급한 G7 재무장관회의 직후 큰 폭으로 하락하였다. 이러한 단어들이 다양하고 함축적인 의미를 지니고 있음에도 시장에서는 이를 정책의 큰 변화로 해석하고 있었다. 이 정도의 변화를 나타냈던 시기는 2000년에도 있었다.

2000년 회의 시작 하루 전에 외환시장에서 EUR/USD의 대규모 시장개입이 있었기 때문에 시장은 회의 결과에 특히 관심을 기울일 수밖에 없었다. 당시 미국 무역적자가 눈덩이처럼 불어나고 있었고 큰 이슈가 되었기 때문에 2003년 9월 G7 재무장관회의는 중대한 이벤트

〈그림 10-9〉 G7회의를 전후한 유로/달러의 흐름
(출처 : 현대선물 HTS)

가 되었다. EUR/USD는 달러의 가치절하에 따라 큰 타격을 입었고 당시 일본과 중국은 자국통화를 보호하기 위하여 적극적으로 시장에 개입하였다. 이에 따라 시장에서는 G7 재무장관들이 일본과 중국의 시장개입을 강력히 비판하는 성명을 발표할 것이라고 기대하였다.

그러나 회의가 진행되는 동안 달러화는 이미 〈그림 10-9〉에서 보는 바와 같이 매도세가 시작되었다. 성명이 발표된 시점에 유로/달러는 150핍 정도 급등했다. 비록 최초의 움직임이 크지는 않지만 2003년 9월과 다음 G7 회의가 열린 2004년 2월 사이에 달러화는 무역량 가중치 환율을 약 8퍼센트, 파운드 대비로는 약 9퍼센트, 유로화 대비로는 약 11퍼센트, 엔화 대비로는 약 7퍼센트, 그리고 캐나다 달러와 대

〈그림 10-10〉 EUR/USD와 미국 대선
(출처 : 현대선물 HTS)

비해서는 약 1.5퍼센트 하락하였다.

11퍼센트의 움직임이란 환율로는 약 1,100핍에 해당하는 변동이다. 이러한 이벤트는 시장의 전반적인 정서를 바꿀 수 있는 영향력을 가지고 있기 때문에 발표시점에서의 시장 충격보다 시장에 미치는 장기적인 충격이 더 중요하다는 것을 암시하고 있다. 〈그림 10-9〉는 유로/달러의 주간차트이며, G7 회의 후 유로/달러가 어떻게 움직였는지 여실히 보여주고 있다.

사례2 _ 정치적 불확실성 (2004년 미국 대통령 선거)

통화시장에 큰 충격을 주었던 또 다른 사례는 바로 2004년 미국 대통령 선거다. 일반적으로 정치적 불안정은 해당국 통화의 약세를 야기시킨다. 열기가 뜨거웠던 2004년 11월 대선 경쟁은 후보자들 사이에서 재정적자의 지속적 증대에 대한 입장 차이가 맞물리면서 달러화의 전반적인 하락세를 가져왔다. 이러한 시장 분위기는 사담 후세인을 제거하기 위한 미행정부의 결정에, 국제사회에서 당시 조지 부시 미국 대통령에 대한 지지가 결여되면서 더욱 악화되었다.

결과적으로 선거를 앞둔 약 3주 사이에 유로화는 달러화 대비 600 핍 가까이 상승하였다. 이는 〈그림 10-10〉에 잘 나타나 있는데, 부시 대통령의 대선 승리가 확실해지고 다시 확정되면서 주요 통화에 대하여 달러화의 매도가 지속되었다. 이는 현재 시장의 상황이 무엇에 의해 앞으로 마무리될지 주목받게 되었기 때문이다. 대선 다음 날 EUR/USD는 약 200핍 가까이 상승했으며, 이후 추가적으로 700핍이 더 상승하여 약 6주 만에 고점을 기록했다. 이러한 움직임은 많은 사람들이 긴 시간이라고 느껴졌겠지만, 단 두 달 사이에 발생한 일이다. 또한 이러한 거시경제적 이벤트가 시장을 좌우한 사건이었고, 이를 따르던 사람들은 큰 수익을 얻었다.

이는 단기 트레이더들에게도 중요한 이벤트다. 왜냐하면 대통령 선거 전까지 미국 달러는 약세를 보이고 있었으므로 이를 고려하면 EUR/USD를 랠리에 매도하기보다는 저점에서 매입 기회를 포착하는 것이 보다 신중한 전략이 될 수 있기 때문이다.

사례3 _ 미국과 이라크의 전쟁

전쟁 같은 지정학적 리스크는 외환시장에 큰 영향을 미치고 있다.

<그림 10-11> 전쟁 중 USD/CHF의 흐름
(출처 : 현대선물 HTS)

<그림 10-11>에서 보듯이 2002년 12월과 2003년 2월 사이에 달러화는 이라크에 대한 침공이 있기 전 몇 개월 동안 스위스 프랑 대비 약 9퍼센트 정도 약세를 보였다. 국제사회에서 전쟁은 극히 이례적인 사건이기 때문에 달러화는 지속적으로 매도세를 보이고 있었다. 스위스 프랑은 국가의 정치적 중립성과 안전자산으로서의 지위로 인해 혜택을 보는 통화이다. 2월과 3월 사이 전쟁은 피할 수 없었지만 신속하고 결정적인 미국의 승리로 귀결될 것이며, 이에 따라 전쟁으로 발생된 거래 포지션이 청산될 것이라고 시장은 예상하였다. 결국 USD/CHF는 투자자들이 달러 매도 포지션을 청산함에 따라 3퍼센트 상승하였다.

이러한 각각의 이벤트들은 외환시장에서 큰 움직임을 가져온다.

그리고 이 큰 움직임은 모든 형태의 투자자들에게 중요한 이벤트가 된다. 거시경제적 이벤트들을 잘 관찰하고 정리함으로써 트레이더들은 현명한 결정을 내릴 수 있으며 베일에 가려져 있는 불확실성에도 휘말리지 않는다.

대부분의 이벤트들은 전문가들, 통화분석가들, 그리고 일반적으로 국제사회에서 수개월 전에 이미 논의되었던 예상 가능한 일이었다. 세상은 항상 변화하고 있기에 트레이더들은 이에 대한 준비를 철저히 해야 한다.

선행지표로서의 상품가격

금과 원유 같은 상품들은 외환시장과 아주 밀접히 연결되어 있다. 그러므로 상품과 통화 간의 관계에 대한 본질을 이해하는 것이 트레이더들로 하여금 리스크를 측정하고 가격 변화를 예측하고 위험노출 정도를 이해하는 데 도움이 된다.

투자자들에게 상품은 전혀 다른 개념으로 비춰질지 모르겠지만, 특히 금과 원유는 외환시장에 영향을 주는 유사한 펀더멘털 요인에 따라 변동하는 경향이 있다. 이전에 논의한 바와 같이 상품통화로서 간주되는 네 가지 통화들이 있는데, 호주 달러, 캐나다 달러, 뉴질랜드 달러, 그리고 스위스 프랑이 바로 그것이다. 그리고 이 네 가지 통화는 모두 금 가격과 강한 상관관계를 가지고 있다. 즉 이 나라들의 금 매장량과 통화 관련 법규는 금 가격과 해당 통화가 거의 거울처럼 움직이는 효과를 나타낸다. 캐나다 달러는 원유가격과 연동되어 변동하지만 이들의 관계는 매우 복잡하고 변화가 심하다. 이러한 통화들은 상품과 특별한 상관관계를 가지고 있으며 통화의 움직임 또한 당연히 상품가격에 영향을 미친다. 이런 움직임과 방향성에 녹아 있는 펀더멘털을 좀 더 상세히 파악한다면 관계의 강화를 통해 두 시장 간에 존재하는 추세를 쉽게 찾아낼 수 있다.

상품과 통화의 상관관계

금

금과 상품통화의 관계를 분석하기에 앞서 미리 미 달러화와 금과의 관계를 이해하는 것이 중요하겠다. 비록 미국이 남아프리카공화국 다음으로 세계의 두 번째 금 생산국이지만, 금 가격의 랠리는 달러화 강세로 이어지지 않는다. 실제로 달러화가 하락했을 때 금 가격은 오르는 경우가 많았고 반대의 경우도 마찬가지이다. 비이성적인 것처럼 보이는 이러한 움직임은 투자자들이 가지고 있는 금에 대한 인식에서 비롯되고 있다. 지정학적으로 불안한 시기에 투자자들은 달러화를 기피하고 대신에 안전자산으로 인식하여 금을 선택하고 있다.

흔히 많은 투자자들은 금을 '반(反)달러Anti-dollar'라고 부른다. 그러므로 달러화가 약세가 되면 많은 소심한 투자자들이 가치가 하락하는 달러화를 피해 안정적인 상품으로 몰려들면서 금 가격은 상승탄력을 받게 된다. AUD/USD, NZD/USD, USD/CHF는 금 가격움직임을 거의 그대로 거울처럼 쫓아가는 경향이 있다. 그 이유는 이런 각각의 통화들이 자연적, 정치적으로 금과 긴밀한 관계를 갖고 있기 때문이다.

〈그림 10-12〉 AUD/USD와 금 가격(2002~2008)

　　남태평양 지역부터 살펴보자. 〈그림 10-12〉에서 보는 바와 같이 AUD/USD는 금 가격과 강한 정(+)의 상관관계(0.80)를 갖고 있다. 그러므로 금 가격이 오르게 되면 호주 달러가 달러화 대비 강세를 보이기 때문에 AUD/USD 역시 오르는 경향이 있다. 이런 관계를 나타내는 이유는 호주가 연간 50억 불에 상당하는 귀금속을 수출하는 세계 세 번째의 금 생산국이기 때문이다(최신(2012) 자료에 따르면 현재 호주는 중국에 이어 두 번째 금 생산국이다). 이런 이유로 인하여 AUD/USD는 금 가격의 움직임을 증폭시킨다. 만약 국제사회의 불안정성에 따라 금 가격이 상

〈그림 10-13〉 NZD/USD와 금 가격(2002~2008)

승하게 되면 이는 이미 미 달러화의 가치하락이 이루어지고 있다는 신호를 보내고 있는 것이다.

즉 금 수입업자가 비용 상승분을 커버하기 위하여 호주 달러에 대한 수요를 늘리면서 AUD/USD는 상승 압력을 받을 것이다. 뉴질랜드 달러는 호주 달러와 같은 움직임을 나타내는 경향을 보이는데, 이는 뉴질랜드의 경제가 호주 경제와 아주 밀접하게 연결되어 있기 때문이다. 뉴질랜드 달러 역시 금 가격과의 상관관계가 약 0.80 정도로 정(+)의 상관관계를 나타낸다(그림10-13 참고). CAD/USD는 금 가격과 0.84

의 좀 더 강한 정(+)의 상관관계를 가지며, 이는 위에 언급한 호주의 펀더멘털적 논리와 매우 유사하다(캐나다는 세계에서 5번째 금 수출국가이다).

유럽지역에서는 스위스의 통화가 금 가격과 매우 강한 상관관계를 갖는다. CHF/USD 통화쌍은 금과 0.88 정의 상관관계를 가지고 있는바 이는 호주 달러, 뉴질랜드 달러 그리고 캐나다 달러가 금에 대한 정의 높은 상관관계를 가지는 것과 사뭇 다른 이유에서다.

스위스는 호주나 캐나다처럼 금 매장량이 많지 않아 금 수출국은 아니다. 그러나 스위스 프랑은 금본위제도를 고수하고 있는 세계에서 몇 안 되는 통화 중의 하나이다. 스위스는 화폐 발행액의 25퍼센트에 해당하는 금액을 금으로 보유하고 있다(이 부분은 오류로 보인다. 스위스는 1936년 금본위제를 도입한 이후 제도를 폐지한 2000년까지 외환보유액 중 금보유 비율을 법으로 40퍼센트 이상 유지하는 금태환을 시행하였다—역자 주). 이렇듯 금에 기반한 통화가치는 불안한 시기에 스위스 프랑이 안전자산으로 인식되도록 만들었다. 이러한 사례는 미국과 이라크 간 전쟁에서도 발견된다. 당시 많은 투자자들은 달러를 인출하여 금과 스위스 프랑에 투자했었다(스위스는 지난 2000년에 금본위제를 폐지하였으나 현재도 위기상황에서는 스위스 프랑이 안전자산으로 인식되고 있다).

따라서 금 가격(혹은 구리나 니켈 가격) 상승을 예상한 트레이더들은 네 가지 상품통화 중 하나를 매수하는 것이 현명할 것이다. 금 대신에 AUD/USD를 매수함에 따른 한 가지 재미있는 이점이 있다. 바로 캐리 트레이드에 대한 금리차익도 거둘 수 있다는 점이다. 아울러 금 가격은 금속시장의 전반적인 움직임을 대변하는 지표 상품의 역할을 하기도 한다.

〈그림 10-14〉 USD/CAD의 역수와 원유가격(2002~2008)

유가

유가는 세계경제에 큰 영향을 미친다. 경제주체가 생산자든 소비자든 관계없이 영향을 받고 있는 것이다. 그러므로 유가와 통화 간의 상관관계는 금보다 더욱 복잡하고 불안정하다. 상품통화 중에서 유일하게 캐나다 달러가 원유가격과 긴밀한 관계를 가지고 있다.

USD/CAD는 -0.4의 부(-)의 상관관계를 가지기 때문에 유가가 랠리를 펼치는 경우 USD/CAD는 하락하며, 이는 곧 캐나다 달러가 강세 흐름을 띤다는 의미다. 2004년 하반기와 2005년 상반기에 이러한 상관관계가 특히 강했다. 비록 캐나다가 세계에서 14번째로 많은 원유

매장량을 가지고 있지만, 유가는 금보다 더 넓은 범위로 캐나다 경제에 큰 영향을 미치고 있다.

금 가격은 다른 부분으로의 파급효과가 크지 않지만, 유가는 그렇지 않다. 캐나다는 추운 날씨로 인하여 연중 막대한 양의 난방유 수요를 가지고 있다. 캐나다 경제는 특히 해외 경제구조가 허약할 때 더 민감하게 반응하는데, 이는 전적으로 경제구조가 수출에 의존하기 때문이다. 그러므로 유가는 캐나다 달러에 매우 다양한 영향을 미친다. 이러한 영향 중 상당부분은 유가상승에 따른 미국 소비자 수요의 변화에 기인하고 있다. 보통 미국 소비자 수요가 유가상승에 얼마나 민감하게 반응할지를 고민하게 되는데, 캐나다 수출의 85퍼센트가 미국으로 향하고 있어 캐나다 국가경제가 미국과 밀접하게 연결되어 있다.

트레이딩 기회

지금까지는 상품과 통화 간의 관계를 설명했는데 해당 지식을 활용할 수 있는 방법에는 두 가지가 있다. 〈그림 10-12, 10-13, 10-14〉를 보면, 일반적으로 상품가격이 통화가격움직임에 선행하는 것을 알 수 있다. 이는 〈그림 10-13〉의 NZD/USD와 금과의 관계에서, 그리고 〈그림 10-14〉의 USD/CAD와 유가의 관계에서 뚜렷하게 나타난다. 그렇기 때문에 상품블록거래자(대량거래자)들은 통화 환율의 향후 흐름을 예상하기 위해 금과 원유가격을 모니터링하기도 한다.

두 번째 활용방법은 같은 방식으로 높은 상관관계에도 불구하고 위험분산효과가 있는 서로 다른 상품을 활용하는 것이다(보통 상관관계가 서로 부의 관계를 가지는 상품끼리 결합할 경우 리스크 분산효과를 나타내는데,

USD/CAD의 경우 캐나다 달러의 가치를 반대로 표시한 것이므로 여기서는 상관관계가 높은 상품을 결합하는 것으로 표현한 것으로 보임—역자 주). 상품통화와는 다르게 통화거래에 이와 같은 활용방법을 접목할 경우 이점은 양통화 간의 금리차에 기반하여 포지션에 금리 수익을 기대할 수 있으나 (캐리 트레이드의 경우 고금리통화로 자산을 운용할 경우 양 통화 간의 금리 차이만큼 초과수익을 기대할 수 있다) 금이나 원유 등 상품의 경우에는 이러한 금리차 수익이 없다는 점이다.

선행지표로서 채권 스프레드 활용

어떤 트레이더는 금리가 투자결정의 본질적인 부분이며 시장의 향방을 결정지을 수 있다고 이야기한다. FOMC(연방공개시장위원회) 금리 결정은 외환시장을 움직이는 고용데이터에 이어 두 번째로 파급력이 큰 지표이다. 금리변화는 외환시장에 있어 단기적 방향을 암시할 뿐만 아니라 장기적인 시장의 방향을 결정한다. 한 나라 중앙은행의 금리결정은 통화쌍이 외환시장에서 서로 밀접하게 연결되어 있기 때문에 여러 통화에 영향을 미칠 수 있다. LIBOR와 10년 고정금리 채권 등과 같은 채권의 금리 차이는 외환시장에서 환율변동의 선행지표로 활용될 수 있다.

외환거래에서 양 통화 간의 금리 차이는 기준통화(환율에서 앞에 표시된 통화)의 금리와 상대통화(환율에서 뒤에 표시된 통화)의 금리 차이를 의미한다. 외환시장의 마감시간인 미 동부시간(뉴욕타임) 기준으로 오후 5시에 금리차 정산을 위하여 자금을 주고받고 있다(스왑 스프레드 조정).

금리 차이와 통화 간의 상관관계를 이해하는 것은 매우 유용하다. 중앙은행의 익일물(오버나잇) 금리 결정뿐만 아니라 미래의 오버나잇 금리 수준, 그리고 금리 변경시점 등도 환율변동에 큰 영향을 미친다. 이런 일이 일어나는 이유는 바로 해외투자자들이 금리에 매우 민감하기 때문이다. 대형 투자은행, 헤지펀드, 그리고 기관투자자들은 자산운용을 위하여 전 세계 시장에 참여하고 있다. 따라서 그들은 적극적으로 자금을 저수익 자산에서 고금리 자산으로 전환하고 있다.

금리 차이 _ 선행지표, 동행지표 혹은 후행지표?

대부분의 외환 트레이더들이 투자결정을 할 때 현재와 미래의 금리 차이를 고려하기 때문에 이론상으로는 금리 차이와 환율흐름 간에는 일정부분의 상관관계가 존재한다. 그러나 환율흐름이 금리결정 결과를 예측할 수 있을까? 혹은 금리결정 결과를 통해 환율흐름을 전망할 수 있을까?

선행지표는 미래의 상황을 예측하는 경제지표이며, 동행지표는 현재의 경제상황 변화에 따라 발생되는 경제지표이다. 그리고 후행지표는 현재의 경제상황에 따라 향후에 발생되는 지표이다. 예를 들어 금리 차이가 미래의 환율흐름을 예측할 수 있다면 금리 차이는 환율을 예측하는 선행지표라고 말할 수 있다. 금리 차이가 환율흐름의 선행, 동행, 후행지표인지 아닌지는 다분히 트레이더들이 미래금리와 현재 금리를 바라보는 시각에 달려 있다.

효율적인 시장이라면, 만약 외환 트레이더들이 미래금리보다는 현재금리에 관심을 가지고 있을 경우 금리 차이가 환율시장과 동행지표라고 기대할 것이다. 만약에 미래금리와 현재금리를 동시에 생각한다면 금리 차이가 환율시장을 읽는 선행지표라고 기대할 것이다.

경험적으로 볼 때 금리 스프레드가 특정 통화에 유리하게 변화하면 해당국 통화는 일반적으로 다른 통화들에 비해 강세를 나타낸다. 예를 들어, 만약 현재 호주의 10년 만기 국채금리가 5.5퍼센트이고, 미국 10년 만기 국채금리가 2.00퍼센트라면, 금리 스프레드는 호주 달러에 350bp만큼 유리하다. 만약 호주가 금리를 25bp만큼 인상하였다고 가정하고 10년물 국채수익률 역시 상승하여 5.75퍼센트가 된다면 금리 스프레드는 375bp로 호주에 유리하게 변화한 것이다. 역사적인 근

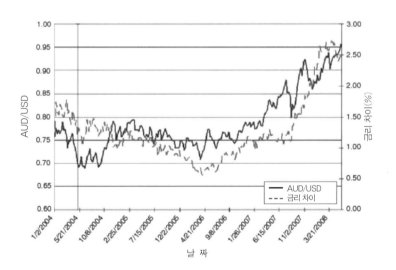

〈그림 10-15〉 AUD/USD와 금리 차이

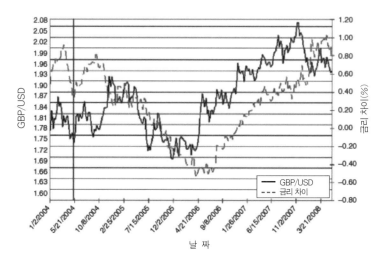

〈그림 10-16〉 GBP/USD와 금리 차이

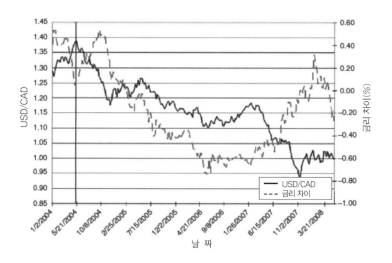

〈그림 10-17〉 USD/CAD와 금리 차이

거를 기초로 판단할 때 호주 달러는 앞으로 이런 시나리오 아래에서 달러화에 대비하여 강세를 보일 것으로 예상할 수 있다.

2002년 1월부터 2005년 1월까지 약 3년간의 실증데이터를 기초로 한 연구에서 금리 차이는 통화환율 변화에 대한 선행지표 역할을 하고 있다는 사실을 알 수 있다. 〈그림 10-15, 10-16, 10-17〉은 이런 경우를 나타내는 대표적인 사례다.

이 그래프들은 금리 스프레드가 명확하게 선행지표로서 작용하고 있음을 보여주고 있다. 투자자들이 금리 변수 하나만이 아니고 다양한 정보를 기반으로 거래하고 있다고 생각한다면 상관계수가 비록 유용하기는 하지만 완전하지는 않을 것이다. 일반적으로 금리차 분석은 장기적인 관점에서 더 효율적으로 작동하는 것 같다. 그러나 미래 단기금리변동에 대한 시장 예측의 변화는 환율변동에 대한 선행지표로 생각할 수 있다.

〈표 10-1〉 금리 차이 (금리 스프레드)					
	날짜				
	2004.1.1.	2005.1.1.	2006.1.1.	2007.1.1.	2008.1.1.
미국 10년만기 채권금리	4.38	4.27	4.39	4.70	3.86
GBP/USD 환율	1.7705	1.9234	1.7706	1.9262	1.9708
영국 10년만기 채권금리	4.86	4.54	4.10	4.80	4.74
영국과 미국의 금리 차이	-0.48	-0.27	0.29	-0.10	-0.89
USD/JPY 환율	107.41	102.52	114.38	118.6	105.37
일본 10년만기 채권금리	1.37	1.41	1.48	1.69	1.65
미국과 일본의 금리 차이	3.01	2.86	2.91	3.02	2.21

금리 차이의 계산과 환율시장의 추세추종

트레이딩을 할 때 금리 차이를 활용하는 가장 좋은 방법은 1개월물 LIBOR 혹은 미국 10년물 국채금리에 대한 데이터를 엑셀 프로그램으로 정리하는 것이다. 이 금리들은 Bloomberg.com과 같은 웹사이트에서 찾을 수 있다. 금리 차이를 구하는 방법은 통화쌍 맨 위에 기록된 금리에서 두 번째 통화의 금리를 차감하는 것이다. 중요한 것은 금리 차이를 계산할 때 통화쌍에서 표시되는 통화의 순서대로 계산을 해야 한다는 것이다. 예를 들면 GBP/USD의 금리 격차는 영국 10년 길트(Gilt, 영국 국채) 금리에서 미국 10년 국채금리를 차감하여야 한다. 유로의 경우에는 독일 10년 채권금리를 사용한다. 앞의 〈표 10-1〉과 비슷한 양식으로 작성해보자.

데이터가 충분히 모였다면 이제는 상관관계 혹은 추세를 보기 위해서 환율과 금리 차이를 양 좌표로 사용하여 그래프를 그릴 수 있다. 〈그림 10-15, 10-16, 10-17〉의 차트에서 X축에는 날짜를, 그리고 두 개의 Y축은 환율과 금리 차이를 나타내고 있다. 트레이딩에서 이러한 데이터를 충분히 활용하기 위해서 거래하는 통화 간 금리 차이의 추세 변화를 주의 깊게 관찰해야 한다.

펀더멘털 트레이딩 전략 2 _ 리스크 리버설

리스크 리버설risk reversals은 펀더멘털에 기반한 유용한 지표인데 거래 시 여러 지표에 추가하여 사용하면 좋다. 외환거래에서 제일 취약한 부분은 거래량 데이터와 시장의 심리를 파악할 수 있는 정확한 지표가 없다는 점이다. 시장 참여자의 포지션에 관하여 유일하게 발표되는 자료는 미국 상품선물거래위원회^{CFTC}에서 발행되는 'Commitment of Trade^{COT}' 보고서이다. 참고로 이 보고서는 3일 정도 지연 발표된다.

이에 따라 가장 유용한 대체 수단은 FDM인 FXCM 옵션 항목에서 실시간으로 발표하는 리스크 리버설 자료를 활용하는 것이다(애석하게도 현재는 서비스되지 않고 있다). 앞의 8장에서 설명했듯이 리스크 리버설은 동일 통화에 한 쌍의 풋, 콜 옵션으로 구성된다. 풋-콜 패리티에 따라 델타값 0.25 수준의 동일 만기 외가격 콜옵션과 풋옵션은 이론상 같은 내재변동성을 가져야 한다. 그러나 현실에 있어서 내재변동성은 차이가 있다. 시장에 대한 예측이 변동성에 반영되어 있기 때문이다. 따라서 이러한 리스크 리버설은 시장의 분위기를 파악할 수 있는 좋은 지표가 될 수 있다. 콜의 내재변동성이 풋의 내재변동성보다 클 때에는 시장에서 콜에 대한 수요가 많다는 의미다(수요가 많아짐에 따라 가격이 상승하게 되며 가격의 상승에 따라 내재변동성이 커지게 된다. 내재변동성의 의미는 옵션가격 모델에 가격을 입력하여 도출된 변동성을 의미하며, 역사적 변동성은 실제 가격데이터를 토대로 하여 산출된 변동성이다─역자 주).

반대의 경우도 마찬가지다. 풋의 내재변동성이 콜의 내재변동성보다 클 경우에는 풋옵션에 대한 수요가 증가하여 옵션가격(프리미엄)이 상승하게 됨을 의미한다. 리스크 리버설이 0에 가깝게 되면 강세와 약세에 대한 전망이 엇갈리고 있어 예측이 한 방향으로 향하고 있지 않다는 의미이다.

리스크 리버설 표는 무엇을 나타내는가?

우리는 앞서 8장(표8-3)에서 리스크 리버설 표를 보았다. 그러나 좀 더 확실한 이해를 위해서 다시 한 번 살펴보자. 통화옵션은 각각 약자로 표시되어 있으며 아래에서 보는 바와 같이 모두 0에 가까운 값을 가지고 있다. 그리고 이는 시장이 소강상태임을 가리킨다. USD/JPY의 경우 장기 리스크 리버설은 엔 콜옵션(달러 풋옵션)의 수치가 크다. 이는 시장에서 엔 콜옵션(달러 풋옵션)을 선호하고 있다는 것을 나타낸다 (엔콜의 수요가 엔풋보다 많다는 의미임).

리스크 리버설은 어떻게 활용할 수 있을까?

더욱 보기 쉽고 편하게 접근하기 위해서 〈그림 10-18〉에서 보는

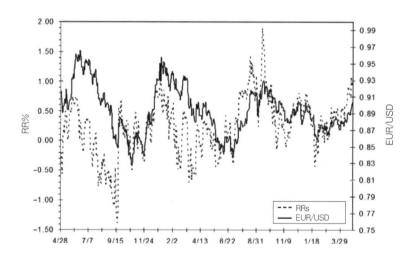

〈그림 10-18〉 EUR/USD와 리스크 리버설 차트

바와 같이 양의 정수와 음의 정수를 각각 콜과 풋 프리미엄에 사용한다(즉 콜옵션 내재변동성에서 풋옵션의 내재변동성을 차감한다). 이에 따라 양의 정수는 시장에서 콜이 풋보다 선호되고 있음을 나타내며, 이는 해당 통화에 대하여 상향 가능성을 기대하고 있다는 의미이다. 반대로 음의 정수는 시장에서 풋이 콜보다 선호되고 있음을 나타내며, 시장에서는 해당 통화에 대하여 하향 가능성을 기대하고 있다는 의미이다. 좀 더 신중하게 사용한다면 리스크 리버설은 시장에서 해당 통화에 대한 포지션을 판단할 수 있는 유용한 도구가 될 수 있다. 리스크 리버설에 의해 도출된 신호가 아주 정확하지는 않더라도 최소한 시장이 강세장이 될 것인지 약세장이 될 것인지를 알려주는 역할은 하게 된다.

리스크 리버설은 그 값이 극단적으로 커질 때 큰 의미를 갖는다. 보통 평균 리스크 리버설에 1 표준편차 값을 더하고 뺀 값 수준을 극단적이라고 표현한다. 리스크 리버설 수치가 이러한 구간에 도달하게 되면 시장에서 해당 통화가 과매도 상태인지 과매수 상태인지를 알려주는데, 이는 추세의 반전 가능성을 암시하고 있다. 따라서 이 지표는 추세의 반전을 나타내는 지표로 인식되고 있다. 시장이 특정 통화에 대하여 상승 쪽으로 포지셔닝되어 있다면, 즉 과매수 상태이면 해당 통화는 강세를 시현하기가 어려워지며 부정적인 뉴스나 이벤트에 따라 쉽게 하락 반전할 수 있기 때문이다.

결론적으로 높은 음의 수치는 시장에서의 과도한 매도세를 의미하며, 반대로 높은 양의 수치는 시장에서의 과도한 매수세를 의미한다. 비록 리스크 리버설에 의해 도출된 신호가 완벽하진 않아도 트레이딩 의사결정에 있어 추가정보를 제공하고 있다.

리스크 리버설의 사례

〈그림 10-18〉은 EUR/USD에 대한 사례다. 25-델타 리스크 리버설(콜/풋옵션의 델타값 0.25)은 보는 바와 같이 유로/달러 환율 움직임에 대한 선행지표였다. 리스크 리버설이 9월 30일에 -1.39로 급락했을 때 이는 시장이 약세장으로 기울었음을 보여준다. 예상대로 9일 이내에 환율이 300핍 상승하여 리스크 리버설 수치는 신뢰성 있는 추세 반전의 지표로 입증되었다.

가격이 다시 0.87로 지속적인 상승탄력을 받으며 급반등할 때, 유로/달러는 과도한 매도세와 관련하여 형성된 잘못된 강세임을 리스크 리버설은 증명하고 있다. 비록 더 세밀하게 들어가면 대조적인 신호로서의 리스크 리버설에 대한 예는 많이 있지만, 이 다음으로 큰 리

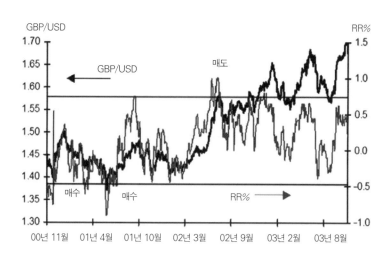

〈그림 10-19〉 GBP/USD와 리스크 리버설 차트

스크 리버설의 극단적 움직임은 1년 후에 나타났다. 8월 16일에 리스크 리버설은 1.43으로, 이날 시장은 최고점의 강세장을 보였고 3주 안에 260핍의 하락으로 이어졌다. 한 달 뒤 리스크 리버설이 다시 1.90을 기록했을 때 EUR/USD는 또 다른 고점을 형성했고, 이는 향후 급락의 전조가 되었다.

다음 예는 GBP/USD다. 〈그림 10-19〉에서 보다시피 리스크 리버설은 시장의 극단적인 과매수와 과매도를 판단하는 좋은 도구가 된다.

또한 리스크 리버설이 얼마나 시장 움직임의 전환을 찾는 데 유용할 수 있는지 좀 더 명확히 확인하기 위해 매수와 매도를 진입할 적정 수준을 아래 그림에 추가했다. 시장의 포지셔닝이 어디로 기울었는지를 이해하기 위한 가격과 거래량에 대한 정보가 전혀 없지만, 그림에도 리스크 리버설은 이런 단점을 보완하고 전반적인 시장 분위기를 파악하는 데 도움이 된다.

옵션변동성 활용하기

이미 8장에서 현재 환율의 움직임을 포착하기 위해 옵션변동성을 활용하는 방법을 간략하게 살펴보았다. 많은 헤지펀드에서 이 자료를 선호하는 이유는 옵션변동성을 활용하는 것이 시장을 좀 더 깊고 확실하게 파악할 수 있도록 도와주기 때문이다. 내재변동성은 과거 환율변동을 토대로 하여 주어진 기간 동안 예상되는 환율변동의 측정치이다.

이는 보통 일간 가격변동에 대한 연간 표준편차 데이터를 가지고 계산된다. 선물 가격은 내재변동성을 계산하는 데 도움을 주며, 옵션 프리미엄을 계산하는 데도 활용된다. 비록 이런 이야기들이 다소 어려워보일지 모르지만 옵션변동성을 활용하는 것은 그리 복잡하지 않다. 기본적으로 옵션의 변동성은 과거 변동자료를 기준으로 주어진 기간 동안 통화가격 변동의 정도를 측정하는 것이다. 따라서 일평균 변동 범위가 100핍에서 60핍으로 줄어들어 2주 정도 유지되고 있다면 단기변동성은 장기변동성에 비하여 현저하게 줄어든다. 그러므로 만약 EUR/USD의 일간 변동폭이 100핍에서 60핍 정도를 보이고 약 2주간 이 범위에 머물러 있다면, 십중팔구 일중(단기)변동성 역시 같은 기간 동안의 주간(장기)변동성과 비교하면 정확하게 이 범위로 좁혀진다.

원칙들

변동성 활용에 있어서 두 가지 간단한 원칙이 있다. 첫 번째는 만약 단기 옵션변동성이 장기 옵션변동성보다 더 낮다면 방향성은 확실하지 않지만 기존의 레인지를 돌파할 것으로 기대해야 한다. 두 번째는 만약 단기 옵션변동성이 장기 옵션변동성보다 높다면 기존 레인지로의 회귀가 나타날 가능성이 높음을 의미한다.

그렇다면 이러한 원칙들이 성립되는 이유는 무엇일까? 환율이 레인지 안에서 움직이는 기간에는 내재 옵션변동성이 낮거나 낮아지고 있다. 이런 원칙들이 의미하는 것은 레인지를 보이는 기간에는 움직임이 작아지는 경향을 보인다는 것이다. 우리는 옵션변동성이 급격히 떨어질 때를 가장 주의해야 하는데, 이 시점이 돌파를 목전에 둔 상황일 수 있기 때문이다. 단기변동성이 장기변동성보다 크면 최근 가격움직

〈그림 10-20〉 AUD/CAD 변동성 차트

〈그림 10-21〉 USD/JPY 변동성 차트

임이 장기적인 평균가격움직임보다 변동폭이 더 크다는 의미이다. 이는 결국 레인지가 장기 평균적인 수준으로 돌아갈 것임을 알려준다.

실증적인 데이터를 보면 더 확실히 알 수 있다. 아래는 원칙에 의한 판단이 정확하게 추세 혹은 돌파를 예측했던 몇몇 사례들이다. 차트를 분석할 때는 1개월 변동성을 단기변동성으로, 3개월 변동성을 장기변동성으로 사용한다. 〈그림 10-20〉의 AUD/CAD 변동성 차트에서 대부분은 단기변동성이 장기변동성과 비슷한 수준을 유지하고 있다. 그러나 첫 번째 화살표가 가리키는 부분을 보면 단기변동성이 장기변동성보다 아래에 있긴 하지만 급격히 튀어 오르는 모습을 볼 수 있다. 이는 원칙대로라면 해당 환율에서 곧 돌파가 일어날 가능성이 높음을 시사한다. AUD/CAD는 결국 정확하게 추세돌파 후 강한 상승추세를 나타냈다.

같은 추세는 〈그림 10-21〉의 USD/JPY 차트에서도 볼 수 있다. 왼쪽부분의 화살표 주위를 보면 1개월 변동성이 3개월 변동성보다 더 높게 치솟고 있다. 기대했던 대로 환율은 레인지 장세를 지속하는 모습이다. 다음 화살표가 가리키는 부분에서는 단기변동성이 장기변동성 아래로 떨어지고 있으며, 이는 가격상승을 유발하면서 돌파를 야기시킨다.

이런 원칙들의 최대 수혜자

이 전략은 돌파 전략을 구사하는 트레이더에게도 유용하지만, 레인지 전략을 구사하는 트레이더에게도 이러한 정보가 잠재적인 돌파시점을 예측하는 데 유용하다. 만약에 변동성이 떨어지거나 혹은 매우 낮은 수준이라면 레인지 장세는 서서히 마무리될 가능성이 크다. 과거의 레인지를 확인한 후에 트레이더들은 환율이 레인지 안에 머무를지에 대한 판단을 위해서 변동성을 살펴봐야 한다. 트레이더들은 레인지 장세에서 매수로 갈지 매도로 갈지를 결정해야 하고, 포지션이 열려 있는 한 언제 청산할지를 결정하는 데 도움을 받기 위하여 변동성을 지속적으로 모니터링 해야 한다. 이는 단기변동성이 장기변동성 아래로 하락하면 트레이더는 만약 돌파가 자신에게 유리하지 않은 경우를 대비하여 포지션 청산을 고려해야 한다.

만약에 현재 환율이 리미트 수준에 근접하여(즉 이익 실현 가격에 근접하여 있고) 반면 손절가격과 멀리 떨어져 있다면, 잠재적인 돌파는 트레이더에게 유리한 쪽으로 작용할 가능성이 크다. 이런 상황에서는 리밋 주문을 현재가격보다 멀리 설정하는 것이 좋다. 그 이유는 잠재적 돌파로 인해 수익이 커질 수 있기 때문이다. 만약에 현재 가격이 손절가격과 가깝고 이익 실현 가격에서는 멀리 떨어져 있는 상황이라면, 돌파는 트레이더에게 불리하게 진행될 가능성이 있어 트레이더는 포지션을 즉시 청산해야 한다.

돌파 전략을 사용하는 트레이더들은 추세돌파를 검증하기 위해 변동성을 살펴볼 수도 있다. 만약 트레이더가 돌파 가능성을 생각하고 있다면 내재변동성을 통해 돌파의 진위를 검증할 수 있는 것이다. 내재변동성이 일정하게 유지되거나 증가한다면 이는 변동성이 낮거나 떨어지는 상황과 비교할 때 향후 레인지 장세를 나타낼 가능성이 높다. 다시 말해서, 돌파 전략을 사용하는 트레이더들은 시장에 진입하기 전에 단기변동성이 정확하게 장기변동성에 비해 훨씬 낮은지 살펴봐야 한다는 것이다.

변동성은 옵션가격 산정의 핵심요소이기도 하지만 옵션변동성은 시장의 상황을 예측하기 위한 매우 유용한 도구이다. 왜냐하면 옵션변동성은 환율변동의 정도를 파악하는 지표이기 때문이다. 반면 내재변동성은 과거 변동자료를 토대로 하여 주어진 기간 동안에 대하여 변동의 기대치를 측정하는 지표이다.

변동성 추적하기

변동성 추정은 1년간의 역사적인 데이터를 기준으로 보통 일간 환율변동에 대한 표준편차를 산출하는 것이다(이는 과거의 가격 변동이 정규 분포를 취하고 있다는 것을 기본 전제로 한다. 그러나 실제 변동성은 가격 변동수치에서 산출되는 것이 아니고 가격변동에 따른 일일 수익률을 기초자료로 산출한다).

FX 내재변동성

	EUR/USD	USD/JPY	GBP/USD	USD/CHF	AUD/USD
1주	8.45	7.3	7.75	10.25	8.25
1개월	8.35	7.9	7.85	9.75	8.7
2개월	8.5	8.1	8.05	9.75	9.15
3개월	8.6	8.15	8.2	9.85	9.35
6개월	8.9	8.3	8.35	10.05	9.8
1년	9.2	8.45	8.6	10.2	10.15

	EUR/CHF	EUR/JPY	EUR/GBP	GBP/CHF	USD/CAD
1주	3.65	7.4	5.6	5.7	7.35
1개월	3.15	7.7	5.25	6.2	7.5
2개월	3.15	7.95	5.3	6.2	7.5
3개월	3.15	8.0	5.35	6.3	7.6
6개월	3.3	8.2	5.6	6.5	7.7
1년	3.4	8.35	5.85	6.75	7.7

〈그림 10-22〉 IFR 변동성 데이터

변동성 자료는 FXCM 홈페이지에서 찾아볼 수 있다. 일반적으로 장기변동성은 3개월간의 변동성을, 단기변동성은 1개월간의 변동성을 사용한다. 〈그림 10-22〉는 통화별로 변동성을 표시한 예시다.

다음 단계는 일자별로 환율과 1개월 내재변동성, 3개월 내재변동성을 정리한다. 가장 좋은 정리 방법은 그래프 작업을 쉽게 할 수 있는 마이크로소프트 사의 엑셀 같은 프로그램을 활용하는 것이다. 또한 1개월/3개월 변동성 차이나 이러한 변동성의 차이를 백분율로 계산해 보는 것도 도움이 된다. 일단 자료가 정리되면 데이터를 그래프로 표시하여 시각적으로 확인할 수 있다. 그래프는 양쪽 Y축을 사용하며 한쪽에는 현재가격을, 다른 쪽은 단기/장기 변동성을 표시한다. 필요하다면 장단기 변동성 차이를 별도 차트로 만들 수도 있다.

펀더멘털 트레이딩 전략 3 _ 개입

중앙은행의 개입은 외환시장에서 단기적으로 혹은 장기적으로 가장 중요한 펀더멘털적 환율변동요인이다. 단기 트레이더에게 있어서 개입은 수분 만에 150핍에서 250핍가량의 일중 움직임을 초래하므로 유의해야 한다. 장기 트레이더에게 있어서 개입은 현재의 추세에 큰 변화를 초래할 수 있다. 왜냐하면 중앙은행이 현재의 환율 움직임에 대한 자신의 현재 입장─기존정책의 변화 혹은 기존정책의 고수─과 의사를 시장에 전달하는 것이기 때문이다.

개입은 크게 두 가지로 구분되는데, 하나는 불태화 개입 그리고 다른 하나는 태화 개입이다. 불태화 개입은 국채를 매입하거나 매도하는 공개시장조작을 통하여 본원 통화량의 조절 개입 효과를 상쇄하는 것이다. 그리고 태화 개입은 개입 효과를 상쇄하기 위한 본원 통화량의 조절 없이 진행된다. 많은 사람들은 불태화 개입에 비해 통화량의 변화가 나타나는 태화 개입이 외환시장에서 효과가 더 오래 지속된다고 주장한다.

아래의 사례들을 중심으로 살펴보면, 일반적으로 개입은 중요한 관찰대상이며 외환시장에서 환율의 움직임에 큰 파급효과를 가져올 수 있다. 비록 개입이 우리가 예상치 못한 순간에 진행되긴 하지만, 실제로 개입이 진행되기 전 며칠 혹은 몇 주 전에 시장에서는 이미 개입의 필요성에 대하여 이야기가 나오고 있다.

개입의 방향은 일반적으로 미리 시장에 알려지곤 하는데, 이는 중앙은행이 시장에서 자국통화의 과도한 강세/약세 현상에 대하여 이미 잘 알고 있기 때문이다. 이런 개입에 대한 언급은 트레이더들에게 큰 수익을 얻을 수 있는 기회를 제공하기도 하지만 일부 트레이더들은 이 시기에 시장진입을 하지 않고 관망상태에 머무르기도 한다.

아래 사례에서 볼 수 있겠지만 반드시 주목해야 할 부분은 개입에 의하여 초래되는 랠리나 투매 현상은 중앙은행의 개입을 저지하기 위하여 투기자들이 시장에 진입할 수 있기 때문에 쉽게 역전될 수 있다는 사실이다. 중앙은행 개입이 시장의 반대세력에 의하여 저지될지 아닐지 여부는 개입의 횟수, 과거 성공률, 개입의 정도, 개입 시기와 경제 여건이 개입 여건과 일치하는지 등에 주로 좌우된다.

이러한 개입은 G7 통화보다는 태국, 말레이시아, 한국 등 소위 개발국 통화에서 자주 발생한다. 그 이유는 이러한 개발도상국에 있어서 통화가치의 과도한 절상은 그 나라의 수출 경쟁력을 약화시키고 경제 회복을 저해하는 요소로 작용하고 있기 때문이다. G7 국가의 시장개입은 자주 발생하지는 않지만 그 효과는 매우 크다.

일본

지난 몇 년 동안 G7 국가 중 가장 빈번하게 시장개입을 한 당사자는 바로 일본중앙은행[BOJ]이다. 2003년 일본정부는 개입에 무려 20.1조 엔을 쏟아 부었다. 이전 기록은 1999년도의 7.64조 엔이다. 2003년 12월(11월 27일과 12월 26일 사이)에 일본정부는 2.25조 엔을 팔았다. 그 해에 개입에 지출된 엔화의 규모는 무역흑자의 84퍼센트에 육박했다. 수출주도형 경제구조를 가진 일본의 경우 과도한 엔의 절상은 제조업자

USD/JPY 환율반응

시간(1분 데이터, 미국 동부시간 기준)

〈그림 10-23〉 USD/JPY, 2003년 5월 19일(미국 동부시간 기준, 1분 데이터)

들에게 큰 위험 요인으로 작용하고 있었다.

과거 수년간 BOJ의 빈번한 시장개입과 개입 강도에 따라 USD/JPY 환율에 대한 보이지 않는 지지선이 그려질 수 있었다. 비록 이러한 지지선이 2002년에서 2005년 사이에 115엔에서 110엔으로 조정되었지만 시장은 BOJ의 시장개입에 대하여 두려움을 가지고 있다. 평상시 100핍의 변동폭이 시장개입 시에는 3배 정도 증폭되기 때문에 시장의 두려움은 어떻게 보면 당연한 것이다. 시장개입이 이루어지면 몇 분 안에 100핍 이상이 수직 상승하기도 한다.

〈그림 10-23〉에서 보여주는 첫 번째 사례에서 일본정부는 2003년 5월 19일에 시장에 개입하여 달러를 사고 1.04조 엔의 엔화(약 90억 달러)를 팔았다. 개입은 미국 동부시간EST으로 오전 7시에 시작되었다. 개입 전에 USD/JPY는 115.20엔 부근에서 거래되었다. 오전 7시 개입

USD/JPY 환율반응

시간(1분 데이터, 미국 동부시간 기준)

〈그림 10-24〉 USD/JPY, 2004년 1월 9일(미국 동부시간 기준, 1분 데이터)

이 시작되었을 때 환율은 1분 만에 30핍이 상승했다. 7시 30분경 USD/JPY는 전체적으로 100핍 이상 상승했다. 동부시간으로 오후 2시 30분에 USD/JPY는 220핍 이상 올랐다. 개입은 일반적으로 100핍에서 200핍 정도의 움직임을 야기한다. 개입과 같은 방향으로 거래하는 일은 위험을 감수해야 하는 일이지만 동시에 수익을 기대할 수 있다. 설령 가격이 다시 제자리로 돌아온다 할지라도 말이다.

〈그림 10-24〉에 나와 있는 두 번째 USD/JPY의 사례는 트레이더가 개입과 같은 방향으로 거래하는 방법, 그리고 가격 역전이 당일 늦게 나타난다고 할지라도 수익을 취하는 방법을 보여주고 있다. 2004년 1월 9일에 일본정부는 달러를 매수와 동시에 1.664조 엔 규모의 엔화를 매도(약 150억 불)했다. 개입 전 USD/JPY는 약 106.60선에서 거래되었다. 일본중앙은행이 미국 동부시간^{EST}을 기준으로 12시 22분에 개입했을 때 환율은 35핍이 점프했다. 3분 후에 USD/JPY는 100핍 이상 올랐고, 5분 후에 USD/JPY는 개입 이전 수준보다 150핍을 상승하였다. 30분 후 USD/JPY는 여전히 개입시점인 12시 22분 수준보다 100핍 높은 수준에 머무르고 있었다. 비록 환율이 결국 106.60선으로 되돌아왔지만, 시장참여자들은 개입과 같은 방향으로 거래를 함으로써 수익을 얻게 되었다.

여기서의 핵심은 '지나친 욕심은 금물'이라는 결론이다. 시장에서 경제의 펀더멘털에 의거하여 엔화의 강세나 미 달러화의 약세가 당연한 것이라 생각하고, 이 경우 일본정부의 시장개입으로 환율의 절상 속도를 늦추기 위한 승산 없는 게임이라고 생각한다면 USD/JPY의 반전은 쉽게 일어날 수 있기 때문이다. 예를 들어 전체 움직임 폭

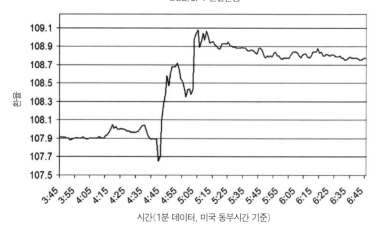

시간(1분 데이터, 미국 동부시간 기준)

〈그림 10-25〉 USD/JPY, 2003년 11월 19일(미국 동부시간 기준, 1분 데이터)

인 150핍~200핍 중에서 100핍 정도의 수익을 목표로 한다든지, 혹은 일중 단기 트레일링 스탑을 15~20핍에 설정함으로써 수익을 확정시 킬 수 있다.

일본 개입의 마지막 사례는 〈그림 10-25〉에서 보듯이 일본중앙 은행이 달러를 사고, 948억 엔(약 80억 달러)을 팔던 2003년 11월 19일 부터다. USD/JPY는 개입 전 107.90엔대에서 거래되었고, 107.65로 일 시적으로 떨어졌다. 일본중앙은행이 미국 동부시간(EST)을 기준으로 오전 4시 45분 시장에 개입하였을 때 USD/JPY는 순간적으로 40핍이 급등했다. 10분 후 USD/JPY는 100핍 이상 오른 108.65엔대에 거래되 었다. 개입 20분 후 USD/JPY는 개입 이전 수준보다 150핍 이상 상승 했다.

유로존

최근 몇 년 동안 외환시장에서 개입을 단행했던 국가는 일본만이 아니다. 유로존의 중앙은행 역시 2000년에 단일통화인 유로가 미 달러 당 90센트에서 84센트로 하락하자 유로화 매수를 위해 시장에 개입했다. 1999년 1월 유로화가 처음 시장에 출현했을 당시에 환율은 달러 대비 1.17이었다. 급격한 유로화의 하락으로 인하여 유럽중앙은행ECB은 유로화 출범 이후 최초로 미국, 일본, 영국, 캐나다 정부를 상대로 유로화를 지지하기 위한 시장개입에 참여해주도록 설득했다.

당시 유로존은 시장에서 새로운 통화에 대한 신뢰가 부족하였고 또한 유로화의 하락으로 인하여 석유 수입원가가 증가하는 것을 크게 우려하고 있었다. 당시 에너지 가격은 10년 고점을 기록하였고 유럽의 석유 수입의존도가 매우 높아 강력한 통화의 뒷받침이 요구되었다. 미국은 개입에 동의했는데, 이유는 유로화 매수와 달러화를 매도하는 개입의 형태는(유로화의 가치 상승과 동시에 미 달러화의 가치 하락을 유도) 유럽 제품의 수입단가를 상승시킬 수 있고 지속적으로 증가하는 무역수지의 적자를 메꾸기 위한 자본의 유입을 촉진하기 위해서였다. 일본 역시 개입에 참여하였는데 그 이유는 유로화의 약세가 일본의 수출에 큰 위협요인으로 작용했기 때문이다.

비록 유럽중앙은행이 개입의 규모를 직접적으로 공개하지 않았지만, 미국 연방준비제도이사회는 유럽중앙은행을 대신하여 약 150억 유로 규모로 유로화 매입형태의 개입이 이루어졌다고 발표했다. 시장에서는 실제 시장의 개입에 대하여 매우 놀랐지만, 이미 유럽중앙은행은 ECB와 유럽연맹의 관리를 동원하여 구두 개입을 시사하면서 시장

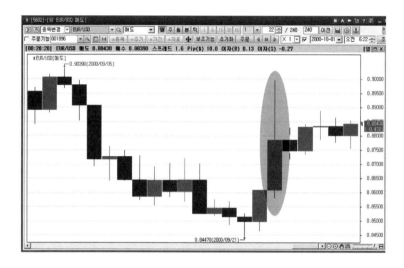

〈그림 10-26〉 EUR/USD, 2000년 9월
(출처 : 현대선물)

에 경고를 보냈다. 이러한 것을 트레이딩에 활용하면 트레이더는 개입을 예상하고 유로화를 매입할 기회를 포착할 수 있다. 또 반대로 유로화 매도 포지션 진입을 자제할 수도 있을 것이다.

〈그림 10-26〉은 개입 당일 유로/달러의 움직임을 나타내고 있다. 불행히도 2000년 9월 당시의 분 단위 데이터는 구할 수 없었다. 하지만 일 데이터상으로도 우리는 2000년 9월 22일 미국, 일본 등과의 공동 개입이 이루어질 당시 유로화의 일중 고가와 저가 범위가 약 400핍 이상 벌어졌다는 사실을 충분히 알 수 있다.

개입이 비록 자주 일어나지는 않지만, 펀더멘털 트레이딩에 있어서 개입은 환율 움직임의 급격한 변동을 초래하기 때문에 매우 중요하다. 트레이더에게 있어서 개입은 다음 세 가지를 암시한다.

1. 개입에 적극적으로 대처하자.

   중앙은행 관리의 시장에 대한 경고를 개입 발생 신호로 활용하라. 일본정부에의 시장개입에 의하여 설정된 눈에 보이지 않는 지지선을 활용하여 단기 저점에서 시장에 진입하는 전략을 사용할 수 있다

2. 개입에 반하는 거래를 피하자.

   사회에는 반대로 행동하는 사람이 항상 존재한다. 그러나 시장개입에 맞서는 거래는 수익을 볼 수도 있지만 막대한 위험을 수반하고 있다. 중앙은행의 한 차례 개입으로도 환율은 쉽게 100 내지 150핍 혹은 그 이상의 급격한 변동을 보일 수 있다. 이에 따라 스탑주문이 실행되어 움직임이 더 커질 수 있다.

3. 개입이 위험 요인으로 작용할 때는 반드시 스탑주문을 사용하자.

   하루 24시간 거래가 이루어지는 시장의 특성상 개입은 하루 중 언제라도 발생할 수 있다. 스탑주문은 반드시 포지션 진입과 동시에 이루어져야 한다. 특히 개입이라는 중대한 위험요인이 있는 경우에는 스탑주문이 더욱 중요하다.

외환거래를 위한 주식시장

증시와 외환시장은 지난 몇 년간 상관관계가 꾸준히 높아지고 있다. 상관관계의 일부는 그린스펀 시절의 초과 유동성에 기인하는데, 당시 투자자와 트레이더들은 보이는 것이라면 무조건 매수하던 시기였다. 결과적으로 증시와 캐리 트레이드는 리스크 측정의 도구가 되어 위험

감수 성향이 강할 때는 강세를 보이고, 반면 위험감수 성향이 낮아질 때는 약세를 보였다. 그러나 외환거래를 위해 주가지수를 활용하는 것은 단순히 증시가 하락할 때 USD/JPY를 매도하고 증시가 오를 때 USD/JPY를 매수하는 개념보다 더 복잡하다.

닭이 먼저냐 달걀이 먼저냐 하는 이야기처럼, 실제로 어떤 것이 시장을 선도하는지 이해하기는 매우 어렵다. 종종 필자는 주식시장의 변동이 통화시장에서의 움직임을 초래하는 경우를 보아왔다. 물론 반대의 경우도 자주 발생한다.

이러한 전략에서 수립의 근간이 되는 세 가지 상관관계가 있다.

1. 니케이와 다우지수의 관계

〈그림 10-27〉은 일본 증시(니케이225)와 미국 증시(다우존스 산업평균지수)의 강력한 상관관계를 보여준다. 2000년 이후 두 가지 지수의 움직임 패턴은 놀랍도록 닮아 있으며, 차트를 자세히 들여다보면 종종 니케이225의 움직임이 다우존스 산업평균지수보다 더 넓은 변동폭을 보이고 있다는 것을 알 수 있다(물론 두 개의 지수는 차트상 같은 단위로 표준화되지 않았음을 감안하자). 더 중요한 사실은 어떤 시기에는 니케이지수가 다우지수를 선행하고 어떤 시기에는 다우지수가 니케이지수를 선행하는 것을 알 수 있다. 이외에 글로벌 증시 간에 상관관계는 일본과 미국에서 보는 것 이외에 새롭거나 특별한 것은 없다.

2. 니케이와 USD/JPY의 관계

〈그림 10-28〉은 니케이지수와 USD/JPY 사이의 상관관계를 보여

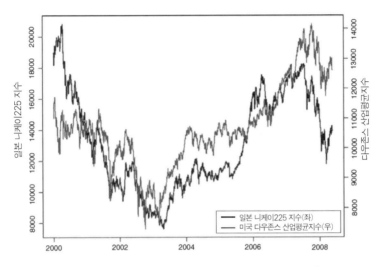

〈그림 10-27〉 니케이 225 지수 vs. 다우존스 산업평균지수(2000~2008)

일본 니케이225지수 vs. USD/JPY 2000 ~ 2008

〈그림 10-28〉 니케이225 지수 vs. USD/JPY(2000~2008)

주고 있다. 비록 〈그림 10-27〉에서 보는 것과 같이 상관관계가 아주 강하지는 않지만 통계학적으로 큰 유의성이 있음을 알 수 있다. 차트 상에서 보면 니케이지수는 환율과 반대되는 모습을 보이고 있다. 즉 USD/JPY가 하락하면 니케이는 상승세를 보인다. 일본 증시의 실적이 좋게 나오면 이는 경제가 건실하고 시장이 낙관적이라는 것을 반영하고 있고, 이러한 분위기가 USD/JPY에 호재로 작용하여 엔화가 강세 현상을 보이고 있다. 그러나 일본 증시가 침체를 보이기 시작하면 국내외 투자자들이 공히 민감해지면서 일본 주식뿐만 아니라 일본 엔화에서 빠져나가게 된다.

3. USD/JPY와 다우지수의 관계

지금까지의 사실을 종합하여 살펴보면 우리는 USD/JPY와 다우지수의 관계를 알 수 있다. '니케이와 다우지수'가 '니케이지수와 USD/JPY'와 같이 상관관계를 가지고 있기 때문에 자동적으로 다우지수와 USD/JPY 역시 간접적으로 상관관계를 갖는다고 생각할 수 있을 것이다. 이는 사실이기는 하지만 이들 사이의 상관관계는 이미 살펴본 두 개의 상관관계보다는 약하다. 또한 이러한 사실은 투자자들이 상관관계에 큰 비중을 두고 의사결정을 하지 않는 것이 중요하다는 것을 보여주고 있다. 일별로 보면 이러한 자산(니케이, 다우, 엔)은 같은 방향으로 변동될 수 있다는 사실만을 확인하는 데 그쳐야 한다. 투자 결정에 있어 참고사항으로만 활용해야 하며 절대로 전략의 근간이 되어서는 안 된다는 얘기다.

이러한 사실들을 염두에 두고, 다음에서는 통화거래 시 주식시장

을 활용하는 펀더멘털과 기술적 분석을 결합한 두 가지 방법을 살펴
보도록 한다.

펀더멘털과 상관관계의 동시 활용

필자가 가장 선호하는 전략은 펀더멘털 분석과 함께 상관관계를 활용
하는 것이다. 다음 페이지의 〈그림 10-29〉 자료는 실제로 'BKTraderFX
(필자가 소속된 미국 소재 외환전문 투자자문사)'의 독자들에게 추천했던 실
제 거래정보의 예이다.

    2008년 5월 7일, 두 가지 이유에 입각하여 뉴질랜드 달러를 매도
하고 미 달러를 매수하는 전략을 추천했다. 첫 번째 이유는 다우지수
가 200포인트 이상 급락하였고, 캐리 트레이드 매도세가 아시아 시장
에서도 지속적으로 이어질 것이라고 생각했다. 당시 양 통화의 금리
차이는 625bp(뉴질랜드는 8.25퍼센트였고, 미국은 2.00퍼센트)였으며, NZD/
USD는 시장에서 캐리 트레이드가 가능한 몇 안 되는 통화 중의 하나
였다. 이뿐만 아니라 제일 중요한 이유는 앞으로 발표될 뉴질랜드 고
용 자료였는데 그 결과는 그리 좋아 보이지 않았다. 시장에서는 고용
지표가 1분기 0.1퍼센트 하락할 것으로 예상하고 있었으나 인력지수
^{Manpower Index}와 구매관리자지수^{Purchasing Managers Index}가 큰 폭으로 하락한 것
을 감안할 때 고용지표는 시장의 예상치보다 크게 악화될 것으로 생
각되었다.

    캐리 트레이드의 약화와 뉴질랜드 달러의 약세 가능성을 종합하

여 볼 때 뉴질랜드 달러를 0.7812에 매도하는 전략에 대한 확신이 커
졌다.

Short NZD/USD 05.07.2008 +107

May 7, 2008

May 07,2008 3:36pm
~~~~~~

Short NZDUSD market (now 7812)
Stop 7860
T1 7782
T2 7688

New Zealand employment is coming up and we think the number will be weak.
The pair has been trading heavily all day and we are going to get in front of this
number to see if we take advantage of the downward momentum that has bee
building up.

May 07,2008 6:45pm
~~~~~~

Short NZDUSD T1 hit +30; we are breakeven 7812 on the rest

May 07,2008 7:00pm
~~~~~~

Trade moving our way; we are moving stop on 2nd unit to 7792 to lock in +50

May 07,2008 8:25pm
~~~~~~

Move stop to 7735 to lock in 107 pips

May 07,2008 8:32pm
~~~~~~

Out of the trade for 107 pips

매도 NZD/USD, 2008년 5월 7일 3:36PM +107핍

NZD/USD 매도 0.7812
스탑 0.7860
이익 청산 목표 1 : 0.7782 (30핍 수익)
이익 청산 목표 2 : 0.7688 (124 핍)

뉴질랜드 고용지표 발표 예정. 지표가 약하게 나올 것으로 예상. 이 통화쌍 거래량 증대.
환율 하향 돌파 분위기가 고조됨에 따라 고용지표 발표 이전 시장진입 전략 수립.

2008년 5월 7일 6:45PM

수익 청산 목표1 도달(0.7782). 포지션 절반 청산 수익 30핍
잔여 포지션 스탑 진입가 0.7812로 수정

2008년 5월 7일 7:00PM

예상대로 환율변동 잔여 포지션에 대하여 수익 청산 목표2를 0.7792로 수정
20핍 수익 예상, 총수익 50핍 예상

2008년 5월 7일 8:25PM

수익 청산가 스탑 0.7735로 수정. 수익 77핍 수익 예상 / 총 예상 수익치 107핍

2008년 5월 7일 8:32PM

잔여 포지션 청산 0.7735 / 총 107핍 수익 실현

〈그림 10-29〉 거래 사례
(출처 : BKForex Adivisor 제공)

　　자료에서 보듯이 일련의 과정을 거쳐 이 거래에서 107핍의 수익을 얻을 수 있었다.

　　〈그림 10-30〉은 NZD/USD를 거래하는 방법을 보여준다. 다우의 약세로 인하여 거래량은 늘어났고 뉴질랜드 고용지표 발표 이후 환율이 하향 돌파되었다.

〈그림 10-30〉 NZD/USD 시간차트
(출처 : www.eSignal.com)

기술적 분석과 상관관계의 동시 활용

　증시와 외환시장 간의 상관관계를 활용하여 거래하는 또 다른 방법은 바로 기술적 분석을 가미하는 것이다. 〈그림 10-31〉의 예시를 살펴보자. 2008년 5월 1일에 다우지수는 강세를 보이며 시작했고 3시간만에 100포인트 넘게 상승했다. USD/JPY는 흥미롭게도 상승세를 따르지 않았다. 상승세를 따르지 않았던 이유는 그림에서 가리키는 바대로 100일 단순이동평균에 의한 저항선이 자리 잡고 있었기 때문이다.

　증시가 강세를 보일 때 가능한 전략은 바로, 증시가 뉴욕외환시장에서 USD/JPY를 강하게 끌어올릴 것이며 이러한 추세는 아시아장으로 이어질 것으로 예상하여 이동평균선에 의한 저항선 돌파가 진행될 때 매수 진입하는 것이었다. 진입지점은 104.21을 돌파한 시점이 되었어야 했다.

앞서 〈그림 10-27〉에서 보듯이 다우지수의 강한 움직임은 일본시장 개장 후 니케이지수의 랠리를 유도할 것이다. 다우지수는 장 마감까지 100포인트가 추가적으로 상승했으나 USD/JPY는 즉시 상승세를 타지 않았고, 이후 아시아장과 유럽장을 거치면서 상승폭을 높여갔다. 결국 증시와 외환시장 간의 상관관계를 활용할 때 기술적 분석을 가미하는 방안의 핵심은 환율변동의 추세를 타는 것이다.

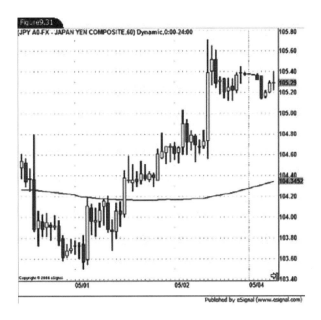

〈그림 10-31〉 NZD/USD 시간 차트
(출처 : www.eSignal.com)

헤지펀드매니저
따라잡기

트레이더들은 종종 거래에 너무 심취하여 매우 단순한 사실을 망각할 때가 있다. 이런 이유로 일정 시간을 투자하여 주간 또는 월간 기준의 거래 보고서를 다시금 살펴봐야 한다. 수익이 난 거래는 어떤 전략이 들어맞았는지, 또는 손실 청산된 거래는 왜 실패한 것인지, 더 좋은 성과를 내기에 어떤 노력을 기해야 하는지 많은 시간을 할애한다.

이번 장에서 다룰 '헤지펀드매니저처럼 거래하는 법'에서는 실질적으로 성공적 투자전략을 수립하는 과정을 다룰 것이다. 필자가 수많은 투자매니저들과 함께 일을 해보고 펀드 상품을 런칭하기까지의 과정에 참여해본 결과, 대다수의 펀드매니저들은 유사한 방식으로 일을 처리하였다. 그들의 투자전략은 다를지라도 투자전략을 연구하고 개발하는 과정은 흡사했다. 이런 유사한 맥락을 보이는 근본적 원인이 있다. 전문 펀드매니저들은 성과에 따른 책임이 따르기 때문이다. 다시 말해 펀드매니저들은 그들의 전략에 대해 속속들이 꿰고 있어야 한다.

트레이더로서 전문가와 비전문가의 차이는, 우선 전문 트레이더는 절대 무턱대고 포지션 진입을 단행하지 않는다는 점이다. 전문 투자매니저가 자신들의 설립 펀드로 투자금을 확실히 유치받기 위해서는 과거 모형 테스트 전략뿐만 아니라 펀드가 성공적으로 운영되었을 경우, 펀드 운영이 실패할 경우, 그리고 얼마만큼 손실을 보게 될 경우 등을 예측해놓아야 한다.

개인투자자로서 운영하는 2만 달러는 펀드매니저가 운영하는 2,000억만큼이나 중요하다. 사실 정확히 말하면 개인투자자들의 자금이 더욱 중요할 수 있다. 왜냐하면 개인투자자의 자금은 순수 본인 자금이지만, 펀드매니저의 자금은 펀드에 가입한 불특정 다수의 자금이기 때문이다. 그러므로 다수의 펀드매니저들이 트레이드 전략을 수립하는 5단계 톱-다운^{Top-Down} 방식을 개인투자자들도 참고하여 배운다면 도움이 될 것이다.

1. 타당한 트레이딩 전략 정의
2. 진입과 청산의 기술
3. 테스트 수행
4. 친숙함
5. 자기반성

1단계 _ 타당한 트레이딩 전략 정의

모든 헤지펀드매니저들은 그들만의 각기 다른 거래전략을 따른다. 몇몇은 펀더멘털 분석법만을 사용할 수 있고, 반면 다른 이들은 기술적 분석법만을 고려하여 전략을 구성할 수 있을 것이다. 가장 우선적으로 트레이더에게 요구되는 것은 자신이 어떤 유형의 트레이더인지 파악하고 어떤 전략 스타일을 선호하는지 파악하는 것이다. 이번 장의 목표가 어떤 스타일(기술적/기본적, 혹은 단기/장기)이 더욱 훌륭한 수익을 창출할지를 비교 분석하는 것은 아니다. 금융시장에서는 수익을 창출하기 위한 방안이 단 한 가지만 존재하는 것은 아니기 때문이다.

참고서적인 《백만장자 트레이더^{Millionaire Trader}》를 살펴보면 성공한

12명의 트레이더들의 일상과 거래성과를 분석해보았는데, 그들처럼 우수한 결과를 얻기까지 비단 한 가지 방법만이 존재하는 것은 아니라는 점을 알 수 있다. 모든 트레이더의 성향은 각기 다르다. 어떤 트레이더는 포지션 보유 기간을 주간 또는 월간 단위로 길게 잡기도 한다. 반면 분과 초를 다투며 순간적인 차익실현을 노리는 트레이더도 존재한다.

거래전략을 정의하기 위해서는 거래를 시작하기 전에 네 가지 주요 쟁점사항을 확인할 필요가 있다. 반드시 계획을 가지고 거래를 시작하라. 절대 포지션이 오픈된 이후 계획을 세울 생각은 하지 말아야 한다.

기본적 분석이냐, 기술적 분석이냐

거래전략 정의를 위한 최초 단계는 당신의 거래전략이 기본적 분석인지 기술적 분석인지, 아니면 이 모두를 조합한 전략인지 파악하는 것이다. 시스템 트레이딩 전략을 개발하는 펀드매니저들은 청산-손절법칙을 설정하여 이를 코드화시켜야 한다. 모든 사람들이 컴퓨터 언어로 거래전략을 설정하지는 못하겠지만 이를 도와주기 위한 전문 강의나 서적이 많이 나와 있다.

트레이더의 거래전략을 시스템화하는 작업의 목적은 거래전략에서 트레이더의 감정적 대응을 배제하기 위한 필수선택이다. 실패한 트레이더들의 가장 주된 원인은 그들의 거래전략에 지나치게 감정적으로 대응했기 때문이다. 당신의 거래전략이 경제뉴스(기본적 분석) 발표에 의존하는지, 아니면 기술적 지표를 근간으로 움직이는지 판단하는 것이 거래전략을 수립하기 위한 첫 번째 단계이다.

어떤 통화쌍을 거래할 것인가?

거래전략 수립 두 번째 단계로는 어떤 통화쌍을 거래할 것인지 판단하는 것이다. 이 같은 결정을 내리는 이유는 당신의 거래전략에 적용된 통화쌍들 모두 항상 같은 결과를 가져다주지는 않기 때문이다. 외환시장에서는 일반적으로 다음 두 가지 유형의 거래전략이 매우 널리 알려져 있다. '추세추종형'과 '박스권 트레이딩'이다. 환율시장의 편향적 방향성 때문에 대부분 헤지펀드들은 추세추종형을 선호한다. 이에 반해 대다수 개인투자자들은 외환시장 본성에 반하는 거래전략을 세우거나 박스권 트레이딩을 선호한다.

선택과정에서 정답이나 오답을 찾는 것은 아니다. 단지 성공적 거래전략을 이끌어내기 위한 확률을 높이기 위해서 헤지펀드매니저들은 거래 시스템에 적합한 통화쌍 후보를 좁힌다. 필자 역시 개인적 경험으로 비추어볼 때 역시 동일한 거래전략을 모든 통화쌍에 적용한 펀드매니저는 본 적이 없다. 즉 시스템에 적용된 통화쌍은 빈번하게 거래가 발생하겠으나 기타 나머지 통화쌍에서는 거래조건이 절대 성립되지 않는다. 예를 들어 당신의 거래전략에서 손실감내 포인트가 100핍을 넘지 않도록 설정되어 있다고 가정해보자. 그렇다면 당신은 환율변동폭이 매우 큰 GBP/JPY나 EUR/CAD 같은 통화쌍들을 거래전략에서 제외시켜야 한다. 해당 통화쌍들은 아래위로 움직임이 너무 크기 때문에 당신의 거래전략이 적합했다 하더라도 기계적 손절주문으로 인해 목표수익에 도달하기는 쉽지 않다.

다음은 박스권 트레이딩에 적용 가능한 통화쌍을 찾아보자. 지금까지 사례들을 미뤄보아 알 수 있듯이, 추세추종형 통화쌍들은 추세분석으로만 접근하며 박스권형 통화쌍들은 박스권 트레이딩 분석법만을 고수하는 것이 바람직하다. CHF/JPY 사례를 살펴보자. 해당 통화쌍은 박스권 트레이딩으로는 최적의 통화쌍이 되겠지만, 추세추종형 전략에는 적합하지 않다. 이러한 배경으로 2008년 3월 급락했던 시점을 제외하고는 2007년 9월부터 2008년 3월까지 환율 움직임 변동폭은 300핍 안에서 갇혀 있었다. 그러므로 당신이 박스권 트레이딩 전략을 추종하는 트레이더라면 위와 같이 CHF/JPY 통화쌍을 찾아 당신의 전략을 적용해야 할 것이다. 이와 반대로 추세추종형 트레이더라면 환율 변동폭이 좁은 통화쌍은 회피해야 한다.

외환거래 전략수립 과정에서 또 하나 고려할 점은 주요통화쌍Majors과 교차통화쌍Crosses을 비교하여 당신의 전략에 맞는 하나를 택해야 한다는 점이다. EUR/USD와 USD/JPY와 같은 주요 통화쌍들은 달러 움직임에 매우 민감하지만, 달러가 제외된 교차통화쌍들은 일반적으로 민감성이 덜하다. 특히 금융시장 뉴스 트레이더들은 이와 같은 성질을 십분 이용할 것이다. 미국 경제지표 자료를 토대로 거래할 트레이더가 아니라면, 외환시장에서 달러 수요가 교차통화 환율에 미치는 영향은 극히 제한적이기 때문에 교차통화쌍을 이용하여 거래전략을 수립하는 것이 더 나을 것이다.

어떤 시간 프레임을 가지고 거래할 것인가?

세 번째 단계로는 어떤 시간 프레임을 가지고 거래할 것인가이다. 일간 기준 운용되는 전략에서 5분 차트를 살펴보는 것은 정확도면에서 상당히 떨어질 것이다. 예를 들어 당신의 전략이 일중 거래전략을 구사한다면 당신은 통상적으로 일간 움직임을 나타내는 차트보다는 일중 시간 또는 분봉 차트를 선별하여 가격움직임을 살필 것이다.

마지막으로 살펴볼 점은 당신의 진입포지션이 일간 보유를 할 것인지 또는 주간 단위로 장기간 보유할 것인지 판단하는 것이다. 예를 들어 단기형 트레이더들은 보다 더 큰 수익을 위하여 일정 시간 이후 거래전략의 효용성이 떨어지면 열려 있는 포지션들을 재빨리 청산한다. 때론 외환시장 시간 프레임이 다른 대륙장으로 바뀔 때에도 포지션을 미리 정리하곤 한다. 이런 움직임은 특히나 금융시장 뉴스에 민감한 트레이더들에게서 찾아볼 수 있다. 그들은 포지션 보유 이후 몇 시간 뒤 요동칠 환율 움직임에 민감하여 그들의 오픈 포지션 수익을 확정시키고자 한다. 때때로 주간 단위 오픈 포지션 보유자들은 주말 동안 발생한 대형 이벤트로 인해 손익구조가 크게 요동치기도 한다. 이 같은 금요일 새벽 폐장 가격과 월요일 시가 사이에 상당한 괴리값을 피하기 위해서는 적절한 스탑주문 설정이나 주말 휴장 전에 오픈 포지션을 정리하는 것이 가장 유용한 방안이다.

2단계 _ 진입과 청산의 기술

《백만장자 트레이더》를 보면 로브 부커^{Rob Booker}의 이야기가 나오는데, 그는 진입과 청산에 대해 환상적인 비유를 찾았다. 종종 사람들은 외환거래에서 진입이 중요한지 청산이 더 중요한지에 대해 논쟁을 벌인다. 이를 두고 로브는 비행 조종에 빗대어 파일럿에게 물어본다. 비행 조종에 있어 과연 이륙이 중요한가, 아니면 착륙이 더 중요한가? 물론 비행기 승객들에게 물어본다면 그들은 두말할 필요 없이 이륙과 착륙 모두 같은 비중으로 중요하다고 느낄 것이다. 트레이딩에서도 역시 유사하게 동일한 비중으로 진입과 청산 모두 중요하다.

대다수의 트레이더들은 매수 매도 신호를 조합한 보조지표를 가지고 최적의 진입 구간을 찾기 위해 수많은 시간을 할애한다. 반면 청산 전략에 대한 고찰은 진입에 비해 상대적으로 그 중요성이 격하되는 경향이 있다. 거래 종료 이후 뒤늦게 청산시점에 대한 반성을 하곤 한다. 하지만 청산에 관한 주위 복기는 보다 발전적인 거래전략 수립을 갈망하는 트레이더들에게 지속 가능한 수익모델을 찾게끔 도와준다. 필자인 나는 종종 월가 트레이더들로부터 수익을 내는 포지션이 어떻게 손실로 전환될 수 있는가에 대한 불평불만을 너무나 자주 듣곤 했다.

헤지펀드매니저들이 트레이딩 전략을 개안할 경우, 그들은 진입과 청산을 모두 고려한 최적의 전략 조합을 도출한다. 이를 고려한 각기 다른 최우선 네 가지 전략을 소개한다.

1회 진입, 1회 청산

해당 전략에서 트레이더는 단순하게 전체 포지션 설정을 한 가격대에 진입시키고 마찬가지로 한 가격대에 오픈 포지션 전부를 청산한다.

1회 진입, 복수 청산

해당 전략에서 트레이더는 전체 포지션을 한 가격대에 진입한다. 그러나 청산 진행은 각기 다른 가격대에 나눠서 진행한다. 이 전략은 통상 추세 또는 저항(지지) 돌파에 편승하여 가능한 한 일정 수익을 계속 쌓아나가는 방식이다.

복수 진입, 1회 청산

해당 전략에서는 진입 포지션을 여러 가격에 나누어 들어간다. 하지만 포지션 청산작업은 목표로 삼은 한 가격대에 전량 정리하는 것이다. 이런 전략을 추구하는 트레이더들은 평단가 낮추기와 평단가 높이기를 선호하는 사람들이다. '평단가 낮추기' 의미는 최초 진입 포지션이 트레이더의 전략과 반대로 움직였을 시 불리해진 가격과 진입가격을 평단화시켜 더 경쟁력 있는 가격대를 도출하는 작업을 가리킨다. '평단가 높이기'는 반대로 최초 진입 포지션이 전략과 맞아 떨어져 수익이 나는 상황에서 추가 포지션을 구축하는 전략이다.

복수 진입, 복수 청산

이번 전략에서는 진입도 여러 번 나누어 진행하고 청산 작업 역시 다수에 걸쳐 수익화하는 작업이다. 특히 이런 전략은 추세추종형 트레이더들에게 자주 쓰이는 전략이다. 통상 진입 포지션이 수익이 나고 있는 상황에서 추세가 이어질 것을 간주하고 평단가 높이기 작업을 단행한다. 청산 역시 긴 추세 속에서 각각 나누어 진행한다.

자동시스템 프로그램에서 진입과 청산 전략은 상기 네 가지 전략 중 하나를 프로그램 언어로 코딩화되어 정해져 있다. 손매매(수동) 거래자들 역시 거래에 앞서 네 가지 조합 중 자신의 전략에 맞는 것을 선택하면 된다. 평단가 전략을 선호하는 트레이더들에게는 자신의 전략에서 어긋난 가격움직임이 얼마만큼 더 내려갈 것인지(또는 올라갈 것인지) 파악해야 하는 매우 중요한 논제가 따라다닌다. 평단가 낮추기, 이른바 '물타기'라고 불리는 전략은 때론 과감하게 손절을 단행해야 한다. 현명한 트레이더라면 자신이 최초 설립한 방향성이 다시 돌아오지 않음을 인정하고 재빨리 기존전략을 수정해야 한다.

훌륭한 평단가 낮추기 전략은 최대 세 번 이하로 재진입 기회를 제한한다. 손절 전략에서 특별한 진입 청산 전략기술은 존재하지 않는다. 다만 한 가지 명심해야 할 운용 철칙은 설정한 손절을 끝까지 고수해야 한다는 점이다.

3단계 _ 테스트 수행

당신이 차를 살 때 시험운행 없이 산 적이 있는가? 그렇듯 트레이딩에서도 절대 백 테스트(과거자료 회귀분석) 없이 곧바로 거래를 시작하지 마라. 헤지펀드매니저와 자동시스템 매매자들에게 있어 백 테스트는 너무나도 중요한 작업이다. 자신들의 전략 모델을 과거자료에 대입하여 수익이 나지 않는다면, 과연 해당 전략이 미래에 수익을 창출할 것이라는 가능성이 존재하겠는가? 대부분 외환 개인투자자들은 그들의 친구, 전문서적 또는 트레이딩 강사라 불리는 비전문가로부터 전략 연구를 배운다. 하지만 그 누구도 무턱대고 전략을 추종해서는 절대 안 된다. 백 테스트와 포워드 테스트까지 검증하는 습관을 꼭 들이도록 노력하자.

특히 시스템 프로그램에 능수능란한 트레이더들은 대표적인 자동화 프로그램(가령 TradeStation, eSignal, Meta Trader)을 이용하여 전략 검증을 테스트하고 수익 창출이 가능한지 평가하길 바란다. 반대로 프로그램 코딩 작업을 다룬 적 없는 일반 트레이더는 비주얼 백^{Visual back} 테스트를 이용하자. 당신의 보조지표가 설정된 차트를 열고서 최소 20번 이상 전략 테스트를 단행한다. 그런 다음 하위 시간 프레임을 설정하여 설정된 전략대로 정확한 가격에 체결되었는지 확인한다. 예를 들어 당신이 1시간 차트를 바탕으로 전략 테스트를 시행했다면, 5분 차트에서 해당 시간 사이에 스파이크(순간 급락 또는 급등) 현상이 없었는지 검토해야 한다.

과거회귀분석인 백 테스트 작업을 마쳤다면 이제는 포워드 테스트를 해야 한다. 외환거래의 훌륭한 장점 중 하나는 바로 손쉽게 접할 수 있는 모의거래와 미니 사이즈 거래가 가능하다는 점이다. 포워드 테스트에서 소액 자금으로 거래전략을 테스트하는 것은 매우 중요한 작업이다. 왜냐하면 거래전략에 실제 펀드 자금이 투입되는 순간 트레이더의 심리상태는 이전과는 전혀 다른 상태에 놓이게 된다. 계좌 운영을 잘 이끌어나가기 위해서는 이런 트레이딩 심리를 잘 다룰 수 있어야 한다. 특히 상당한 자금 규모를 운영해야 하는 트레이더라면 자신의 심리적 상태를 다스리는 기술이 그 무엇보다도 중요하다. 이를 다스리는 최고의 방법 중 하나는, 트레이더라면 변하는 계정 가치(달러)를 신경 쓰지 말고 환율변동 가치(핍)에 중점을 두는 일이다.

4단계 _ 전략에 대한 친숙함

헤지펀드매니저와 같은 사고를 갖기 위한 네 번째 단계는 친밀도이다. 모든 전략이 같지 않기 때문에 앞으로 구사할 전략에 대한 친밀도를 높이는 것이 중요하다.

거래성과 이해하기

성과분석을 살펴볼 경우, 다음 두 가지 주요 유형의 전략이 존재한다. 하나는 거래 성공률을 높이는 전략, 다른 하나는 높은 수익금액을 추구하는 전략이다.

거래 성공률을 높이는 전략에 있어서는, 통상 성공한 거래에서 발생되는 수익 핍과 실패한 거래에서 발생된 손실 핍이 거의 같다. 예를 들면 10번 중 8번 성공하는 전략이 있고, 매 성공 시 20핍의 수익이 발생하는 반면 매 실패 시 20핍의 손실이 발생되는 경우를 보자. 이것은 이 책의 앞장에서 설명한 위험-보상$^{Risk-Reward}$ 원칙에는 맞지 않지만, 성공한 회수가 실패한 회수보다 월등히 많아지면 이 전략은 의미 있는 전략이 된다. 이 예에서 10번 거래에 따른 총 수익은 120핍이다. 따라서 이와 유사한 전략을 활용하는 데 6번 혹은 7번 연속 거래가 실패한다면 이런 전략은 신중하게 재검토되어야 한다.

최대수익추구 전략은 거래 성공확률은 낮지만 높은 수익 금액을 노리는 전략으로, 연속적인 거래 실패를 기록할 수 있는 전략이다. 이러한 전략은 주로 추세돌파형 트레이더들이 활용하는 것으로서, 포지션에 추세돌파를 예견하고 작은 포지션에 아주 좁은 스탑주문을 걸어놓는 것이다. 비록 자주 스탑이 실행되어 30핍 또는 40핍의 손실이 발생하더라도 추세가 돌파되면 결과적으로 400핍 내지 500핍의 수익을 올릴 수 있는 구조이다.

여기에서 핵심은 어떤 형태의 시장 환경에 해당 전략이 잘 맞아떨어지는지, 그리고 어떤 형태의 장에서 실패하는지 정확히 알아내는 것이다. 그래야만 언제 거래를 중단할 것인지 정확히 판단할 수 있다.

손실발생가능액 이해하기

외환거래에서 손실관리는 두말할 필요 없이 너무나 중요하다. 외환거래를 처음 시작하는 대다수 사람들은 그 어떤 금융상품 투자보다도 외환거래가 훨씬 위험하다고 주장한다. 물론 이런 견해에 대해 일정부분 옳기도 하고 틀리기도 하다. 외환시장에서는 단지 8개 주요 통화쌍이 거래되고 있어 외환시장은 다른 시장보다 훨씬 이해하기가 쉽다. 또한 대부분의 사람들은 주로 G10 통화들을 거래하고 있기 때문에 경제 통계나 자료들은 임의로 조작되지 않을뿐더러 미국 주식시장에서 분식회계 등으로 일대 파문을 일으킨 월드컴WorldCom이나 엔론Enron 같은 사태가 발생할 가능성이 매우 적다.

외환시장 일간 변동폭은 평균적으로 1.0퍼센트에서 2.0퍼센트 미만에서 움직인다. 이는 여타 투자상품과 비교해볼 때 변동폭이 매우 적은 편이다. 하지만 높은 레버리지를 이용하는 외환거래의 특성상 그 위험도는 훨씬 높은 편이다. 어떤 브로커의 경우는 400:1의 레버리지를 제공하기도 하는데, 이 경우 1퍼센트의 움직임은 500퍼센트의 움직임으로 증폭된다. 따라서 소위 말하는 깡통계좌가 될 수도 있다. 다행히도 레버리지는 고객이 적절하게 조절할 수 있으며 트레이더는 이에 맞게 적극적으로 리스크를 관리하여야 한다.

전략에서 발생될 수 있는 손실발생가능액Drawdown을 이해하는 것이 리스크 관리에 크게 도움이 된다. 이를 통하여 당신은 언제 거래를 중지할지 언제 대기할지 결정할 수 있다. 손실발생가능액이란 총 거래에 따라 발생된 자산가치 감소를 뜻한다. 모든 전문투자매니저들은 그들의 투자전략에서 발생될 최대 손실을 인지하고 있다. 예를 들어 필자는 캐리 트레이드를 포함하고 있는 전략을 테스트해본 바 지난 10년간 그 전략에서 발생할 수 있는 최대 손실금액은 15퍼센트였다. 이러한 수치를 머리에 심어두게 되면 만약 전략의 시행에 따라 10퍼센트의 손실이 발생하였더라도 반드시 이 전략이 실패했다고 단정 지을 수 없을 것이다.

그러나 만약 손실이 15퍼센트에 도달하게 되면 많은 우려가 따를 것이다. 게다가 손실이 20퍼센트에 도달하면 현재의 장세가 백-테스트의 장세와는 완전히 다른 상황이라 판단하여 아마도 거래를 중단할 것을 신중히 고려할 것이다.

손실을 이해하기 위해서 모든 트레이더들은 다음 세 가지 주요 사항들을 숙지해야 한다. 우선 첫째로, 주어진 거래에 대한 평균 손실을 아는 것이 중요하다. 이는 진입된 거래가 거래전략에 잘 부합되고 있는지 상태를 파악하기에 유용하다. 둘째로 최대 손실가능폭을 인지하는 것인데, 이는 최악의 상황을 파악하는 데 중요하다. 마지막으로 손실발생가능액을 청산거래에서 적용할 것인지 또는 미청산 포지션에서 적용할 것인지 구분해야 한다. 종종 청산거래에서 발생된 손실발생가능액과 미청산 포지션에서 계산한 손실발생가능액은 다를 수 있다.

5단계 _ 자기반성

헤지펀드매니저처럼 거래하는 비법의 마지막 단계는 자기반성이다. 몇 년 전 필자는 말레이시아에서 FX 트레이딩 워크숍을 가졌다. 이 자리에서 한 트레이더는 필자에게 몇 가지 조언을 구했다. 그가 말하길 "저의 트레이딩 전략은 대부분 외환시장 환경에서 꽤 훌륭한 성과를 냈습니다. 하지만 유독 주요 경제지표 및 속보뉴스가 발표되는 시점에는 큰 손실이 나곤 합니다"라고 고충을 토로했다. 그는 필자에게 현답을 기대했으나 필자가 그에게 해줄 수 있는 간단한 답안은 단순히 "경제지표가 발표되는 순간에는 거래하지 마세요"였다.

트레이더들은 종종 거래에 너무 심취하여 매우 단순한 사실을 망각할 때가 있다. 이런 이유로 일정 시간을 투자하여 주간 또는 월간 기준의 거래보고서를 다시금 살펴봐야 한다. 필자 역시 한 주가 마감되면 회사동료들과 둘러앉아 각각 개별 거래에 대한 복기를 논의한다. 수익이 난 거래는 어떤 전략이 들어맞았는지, 또는 손실 청산된 거래는 왜 실패한 것인지, 더 좋은 성과를 내기에 어떤 노력을 기해야 하는

지 많은 시간을 할애한다. 그리고 이것이 당신의 거래전략에 부합된 거래인지, 아니면 감정에 입각한 즉흥적 거래인지 분석하여 다음 번 거래에서는 똑같은 실수는 되풀이하지 않도록 주의해야 한다.

필자가 말레이시아에서 만났던 트레이더는 이후 지표 발표 시간대를 회피하면서 거래성과가 소폭 개선되었다. 사실 이런 거래전략은 박스권 거래전략에 적절하다. 다른 거래자들은 자신들의 이익실현이 너무 성급한 것이 아닌지 반성하기도 한다. 또한 하루 중 확실한 자기 거래시간을 설정함으로써 그들의 거래성과가 개선되었다고 밝힌 사람들도 있었다.

우리가 알아야 할
주요 통화쌍들

통화 움직임에 어떤 경제지표와 경제적 요인들이 가장 큰 영향을 미치는지 트레이더가 알기 위해서는 많이 거래되는 통화쌍 각각의 일반적인 특성을 잘 알고 있어야 한다. 어떤 통화들은 상품의 가격을 추종하기도 하고, 또 다른 통화들은 상품가격과 완벽하게 반대로 움직이기도 한다.

트레이더들은 경제지표의 예상치와 실제치의 차이를 주목할 필요가 있다. 뉴스에 대한 시장의 예상치와 실제치의 차이에 따라 외환시장에 미치는 영향력이 다르기 때문에 이는 뉴스를 해석하는 데 가장 중요한 부분이다. 이를 '마켓 디스카운트 메커니즘market discount mechanism'이라 하는데, 이것을 통해 평소 외환시장과 뉴스 사이의 연관관계가 매우 중요함을 알 수 있다. 뉴스나 경제지표는 예상치와 크게 다를 때보다 예상치에 근접할 경우 통화 움직임에 미치는 영향이 적다. 따라서 단기 트레이더들은 시장의 예상치를 주의 깊게 살펴보아야 한다.

미국 달러(USD)

전반적 경제 개요

미국은 2006년 기준 GDP가 13조 달러를 초과한 만큼 세계를 선도하는 경제대국이다. 이는 세계 최대규모로서 구매력평가 모델에 근거하면 일본 생산량의 3배, 독일의 5배, 영국의 7배 수준이다. 미국은 부동산, 운송, 금융, 의료 서비스, 사업 서비스업이 GDP의 약 80퍼센트를 차지하는 서비스 중심 국가다. 하지만 미국 제조업의 규모 자체만으로도 미국 달러는 미국 제조업 부문에서 발생되는 상황에 특히 민감할 수밖에 없다. 미국은 세계에서 가장 유동성이 풍부한 주식과 채권시장을 보유하고 있기 때문에 외국인 투자자들은 계속적으로 미국 자산 매입을 늘려왔다.

국제통화기금IMF에 따르면, 외국인이 미국에 직접 투자하는 금액FDI은 미국으로 유입되는 전 세계 자금의 40퍼센트에 달한다. 또한 미국은 전체 해외저축의 71퍼센트를 흡수한다. 이는 외국인 투자자들이 만약 미국 자산시장에 매력을 느끼지 못하고 자금을 회수한다면 미국 자산 가치와 미국 달러가 상당한 영향을 받게 될 것을 뜻한다. 더 구체적으로 보면, 외국인 투자자들이 다른 고수익 자산 매입을 위해 달러 표시 자산을 처분할 경우 이는 미국 달러뿐만 아니라 미국 자산의 가치 하락을 가져올 것을 의미한다.

미국의 수입과 수출 규모 역시 다른 나라들의 무역 규모를 초과한다. 이는 미국 대륙의 규모 자체에서 기인하는 것으로, 실제 미국의 수입과 수출 규모는 GDP의 12퍼센트에 불과하다. 이렇듯 대규모의 무역 활동에도 불구하고 미국은 2006년 8,000억 달러가 넘는 경상수지 적자를 기록했다. 이는 미국 경제가 10년 이상 골치를 썩고 있는 문제다. 그리고 지난 5년간 외국 중앙은행들이 준비자산을 달러에서 유로로 다각화하는 방안을 고려하면서 미국은 해외자금 능력이 약화되었고, 이로 인해 경상수지 적자는 더욱 큰 문제가 되고 있다. 막대한 경상수지 적자 규모로 미국 달러는 자본흐름의 변화에 아주 민감하다. 사실 무역적자로 인한 미국 달러의 추가 하락을 막기 위해서 미국은 하루에도 상당한 규모의 자본을 유치해야 한다(2006년 이 수치는 일 기준 20억을 넘어섰다).

미국은 또한 수많은 국가의 최대 무역상대국으로, 미국 무역규모는 전 세계 무역의 20퍼센트를 차지하고 있다. 이러한 순위는 매우 중요한데, 이는 달러 가치의 변화와 변동성의 변화가 미국의 교역 상대국들과의 무역 활동에 영향을 주기 때문이다. 좀 더 구체적으로 보면 달러 약세는 미국 제품의 수출을 촉진하지만, 달러의 강세는 미국 제품의 해외 수요를 감소시킬 것이다.

다음은 미국의 주요 무역 파트너를 나열해본 것이다(중요도 순).

주요 수출 시장	주요 수입 시장
1. 캐나다	1. 캐나다
2. 멕시코	2. 중국
3. 일본	3. 멕시코
4. 영국	4. 일본
5. 유럽연합	5. 유럽연합

출처 : 2006년 보고서 〈미국의 국제 거래〉, 경제분석국

주요 수출 시장 리스트는 이 나라들의 성장과 정치적 안정성이 미국에 미치는 중요도 순으로 나타냈다. 예를 들어 캐나다의 성장이 둔화된다면, 캐나다에 대한 미국의 수출·수요 역시 감소하며, 미국의 경제 성장에 파급 효과를 미칠 것이다.

통화정책을 조절하는 Fed

연방준비제도이사회$^{Fed, Federal Reserve}$는 미국의 통화정책 당국이다. Fed는 연방공개시장위원회^{FOMC}를 통해 통화정책을 결정하고 시행한다. FOMC의 투표권이 있는 위원들은 Fed의 7명 위원과 12개 지역 연방준비은행 총재 중 5명이다. FOMC는 1년에 8회 정기회의를 개최하고, 그 회의에서 금리 조정 여부를 결정하거나 경제성장률 전망치를 제시하기 때문에 널리 주시된다.

Fed는 철저하게 독립적인 통화정책 권한을 갖고 있다. 그리고 정치적인 영향력을 덜 받는다. 왜냐하면 대부분의 이사진들에게 매우 긴 임기(14년)를 보장함으로써 대통령과 의회의 집권 정당이 바뀌어도 재직할 수 있기 때문이다.

Fed는 2월과 7월 반기 통화정책 보고서를 발표한 뒤 험프리-호킨스$^{Humphrey-Hawkins}$ 증언을 한다. 연방준비은행 의장은 그 보고서와 관련하여 의회와 은행위원회의 질문에 답변을 한다. 이 보고서는 GDP, 인플레이션, 실업에 관한 FOMC의 전망을 포함하고 있어 주목할 필요가 있다.

다른 중앙은행들과 달리 Fed는 '물가안정과 지속 가능한 경제성장'이라는 장기목표를 달성하기 위한 권한을 가지고 있다. Fed는 이 목표를 달성하기 위해서 인플레이션과 실업률을 통제하고 균형 있는 성장을 위한 통화정책을 펼쳐야 한다. Fed가 통화정책을 조절하는 데 사용하는 가장 일반적인 수단은 공개시장조작과 연방자금 금리다.

공개시장조작

공개시장조작은 Fed가 미국 재무부 단기채권^{Treasury bills}, 중기채권^{Treasury notes}, 장기채권^{Treasury bonds}을 포함한 국·공채를 매입하는 것을 수반한다. 이는 Fed가 정책의 변화를 시사하고 시행하기 위한 가장 일반적인 수단 중 하나다. 일반적으로 Fed가 국·공채 매입을 늘리면 시중에 유동성이 공급되어 이자율이 낮아지며, Fed가 국·공채를 매각하면 시중의 유동성을 흡수하여 이자율이 상승한다.

연방자금 목표

연방자금 목표금리는 연방준비제도이사회의 핵심적인 정책 목표이며, Fed가 회원은행들에 대한 대출에 적용하는 금리를 말한다. Fed는 연방자금 금리를 높여 인플레이션을 낮추거나 연방자금 금리를 낮춰 성장과 소비를 촉진시킨다. 연방자금 금리의 변화는 시장에서 면밀히 관찰되며, 이는 주요한 정책 변화를 의미해 전 세계 채권과 주식시장에 광범위한 영향을 미친다. 시장은 특히 Fed 성명서에 주목하는데, 이는 향후 통화정책 향방에 대한 단서를 제공하기 때문이다.

재정정책 면에서 연방자금 금리 결정권은 미국 재무부가 갖고 있다. 재정정책의 결정은 적절한 수준의 세금과 정부 지출을 결정하는 것을 포함한다. 사실 시장은 Fed에 더 많이 주목하고 있지만, 달러정책을 결정하는 실질적인 정부기관은 미국 재무부이다. 즉 외환시장에서 달러 환율이 저평가 혹은 고평가되고 있다고 판단되면, 재무부는 뉴욕 연방준비제도이사회로 하여금 외환시장에 개입하도록 함으로써 미국 달러를 매도 혹은 매수할 권한을 부여하거나 지시한다. 따라서 재무부의 달러정책과 그 정책의 변화는 통화시장에 매우 중요하다.

지난 수십 년간 재무부와 Fed 위원들은 "강한 달러" 기조를 유지해왔다. 이는 전 재무장관 폴 오닐(Paul O'Neill) 시절에 특히 더 뚜렷했는데 그는 강한 달러정책 주창자였다. 부시 행정부의 헨리 폴슨(Henry Paulson) 재무장관도 이러한 기조를 이어가며 강한 달러정책을 견지했다. 그러나 부시 행정부는 2003년과 2008년 사이에 달러 하락을 저지하는 정책은 거의 시행하지 않았고, 이는 시장으로 하여금 실제로 약한 달러정책을 선호하고 이것을 성장의 원동력을 위한 수단으로 이용하고 있다고 믿게 만들었다. 그러나 미국정부가 정치적인 이유 때문에 약한 달러정책으로 전환할 것 같지는 않다.

달러의 주요 특성

• 모든 통화거래의 90퍼센트 이상이 달러와 관련되어 있다

외환시장에서 가장 유동성이 풍부한 통화는 EUR/USD, USD/JPY, GBP/USD, USD/CHF이다. 이 통화들은 세계에서 가장 활발하게 거래되는 통화이고, 이 통화쌍은 모두 미국 달러와 관련되어 있다. 사실 모든 통화거래의 90퍼센트 이상이 미국 달러와 관련되어 있으므로 모든 외환 트레이더들에게 있어 달러는 매우 중요하다. 따라서 시장을 움직이는 가장 중요한 경제지표는 미국의 펀더멘탈 지표이다.

• 9.11 사건 이전까지 달러는 세계 최고의 안전통화였다

미국 달러가 세계 최고의 안전통화로 여겨져온 이유는 2001년 9월 11일 이전에는 미국의 안정성이 매우 높았기 때문이다. 미국은 세

계에서 가장 안전하고 발전된 시장 중 하나로 알려져 있었다. 달러의 안전자산으로서의 지위는 미국이 낮은 수익률로 투자를 유치할 수 있도록 하였으며, 이에 따라 전 세계 통화준비금의 76퍼센트가 달러 표시 자산이었다. 통화준비금을 미국 달러로 보유하는 또 다른 이유는 달러가 세계의 기축통화이기 때문이다. 준비통화를 선택하는 데 있어서 달러의 안전자산으로서의 지위는 외국 중앙은행들에게 중요한 역할을 했다. 그러나 9.11 이후 미국에 대한 불확실성이 증가하고 금리가 하락함에 따라 각국 중앙은행들을 포함한 외국인들의 미국 자산 보유는 줄어들었다. 또한 유로의 출현은 세계 최고의 준비통화였던 달러의 지위를 위협했다. 많은 세계의 중앙은행들은 이미 달러 보유량을 줄이고, 유로 보유량을 늘리면서 준비통화를 다변화하기 시작했다. 이러한 추세는 앞으로 모든 트레이더들이 지켜보아야 할 중요한 사항이다.

- 미국 달러는 금 가격과 반대방향으로 움직인다

〈그림 12-1〉에서 확인할 수 있듯이 금 가격과 미국 달러는 역사적으로 거의 완벽한 역 상관관계이자 서로 상반되는 거울 이미지를 보이고 있다. 이는 금 가격이 상승할 때 달러는 하락하고, 반대의 경우도 마찬가지임을 의미한다. 이러한 역 상관관계는 금의 가치가 달러로 측정된다는 사실에서 기인한다. 금은 오래 전부터 화폐의 궁극적인 형태로서 인식되어 왔기 때문에 글로벌 불확실성으로 인한 달러의 가치하락은 금 가격 상승의 주된 이유가 되어왔다. 또한 금은 최고의 안전자산으로 간주되기 때문에 지정학적인 불확실성이 부각되면 투자자들은 금으로 몰려들 것이다. 이는 본질적으로 달러의 가치를 저해하게 된다.

금 가격 vs. 달러 인덱스 (2000년~2008년)

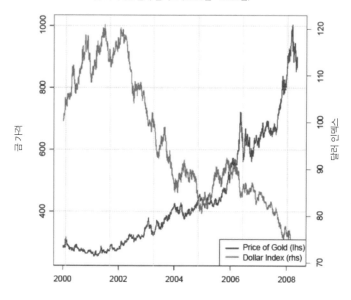

〈그림 12-1〉 금 가격 VS 달러 차트

• 많은 이머징 국가들이 자국통화 가치를 달러에 연동시킨다

통화를 달러에 연동시키는 것은 정부가 준비통화에 대한 고정환율로 자국 통화를 매수하거나 매도함으로써 미국 달러를 준비통화로 유지하는 데 동의하겠다는 기본 사상과 관계가 있다. 이 정부들은 일반적으로 유통되는 자국통화의 양과 준비통화량을 최소한 동일하게 보유할 것을 약속해야 한다. 따라서 미국 달러를 대량으로 보유해왔고, 고정 혹은 변동환율을 관리하는 데 적극적인 관심을 갖고 있는 이 중앙은행들은 매우 중요하다. 현재 홍콩이 달러에 연동된 고정환율제를 시행하고 있고, 2005년 7월까지는 중국도 달러에 연동된 고정환율제를 유지해왔다.

중국은 통화시장의 매우 적극적인 참가자다. 왜냐하면 중국의 일일 최대 변동폭이 전일의 미국 달러 종가 환율을 기준하여 매우 좁은 범위 내에서 통제되기 때문이다. 하루 내에 이 범위를 넘어선다면 중앙은행은 외환시장개입을 통해서 달러를 매수하거나 매도할 것이다. 2005년 7월 21일 이전까지 중국은 자국 환율을 달러당 8.3위안에 고정하는 페그제를 시행했다. 수년간 평가절상 압박을 받으면서 중국은 자국 환율을 8.11위안으로 조정하고, 매일 통화의 종가로 환율을 재조정했다. 이후 중국은 통화 바스켓 환율을 기초로 하는 관리변동환율제로 전환했다.

지난 1~2년간 시장은 이러한 중앙은행들의 자산 취득 행태를 주목해왔다. 준비통화의 다각화나 아시아 국가들의 환율제도의 유연성에 대한 논의가 진행되면서 중앙은행들에 있어 미국 달러와 달러 표시 자산의 필요성이 점차 감소하고 있다. 이것이 사실이라면 이는 장기적으로 미국 달러에 매우 부정적인 요인이 될 수 있다.

• 미국 국채와 해외 채권 간 금리 차이는 강력하게 추종된다

미국 국채와 해외 채권 간의 금리 차는 전문적인 FX 트레이더들이 추종하는 매우 중요한 관계다. 이는 잠재적인 통화 움직임의 강력한 지표가 될 수 있다. 미국 채권시장은 세계 최대채권시장 중 하나이고, 투자자들은 미국 자산의 수익률에 매우 민감하기 때문이다. 대규모 투자자들은 항상 높은 수익률을 제공하는 자산을 찾고 있다. 미국 채권의 수익률이 낮아지거나 혹은 해외 채권의 수익률이 높아진다면 투자자들은 미국 자산을 팔고 해외 자산을 사게 될 것이다. 미국 채

권이나 주식을 매도하는 것은 통화시장에 영향을 미치게 되는데, 이는 미국 달러를 매도하고 해외 통화를 매수하는 과정을 수반하기 때문이다. 미국 채권의 수익률이 증가하거나 해외 채권수익률이 감소한다면 투자자들은 미국 자산을 매수하면서 결국 미국 달러 강세를 가져올 것이다.

• 달러 인덱스를 주시하라

시장 참가자들은 미국 달러 인덱스^{U.S. Dollar Index, USDX}를 전반적인 달러 강세 혹은 약세의 척도로서 면밀히 관찰한다. USDX는 뉴욕상품거래소에서 거래되는 선물계약^{futures}으로서 세계 주요 6개국 무역량의 가중치를 고려하여 결정된다. 시장 참가자들이 일반적인 달러 약세 또는 무역가중 달러의 하락을 이야기할 때 일반적으로 이 지수를 참고하기 때문에 이 지수를 추종하는 것은 중요하다. 또한 달러가 개별적인 통화에 대해 크게 변동한다 해도 USDX는 무역가중치에 근거하기 때문에 크게 움직이지 않을 수 있다. 이 지수가 중요한 것은 일부 중앙은행들이 달러에 대한 개별 통화쌍의 움직임보다 무역가중지수에 중점을 두기 때문이다.

• 미국 통화거래는 증시와 채권시장의 영향을 받는다

한 나라의 주식 및 채권시장, 그리고 그 나라의 통화 간에는 강한 상관관계가 존재한다. 일반적으로 주식시장이 오르면 투자 기회를 얻기 위한 외국인 자금이 유입될 것이다. 주식시장이 하락한다면 국내 투자자들은 해외의 투자 기회들을 잡기 위해 국내주식을 매도할 것이다. 채권시장의 경우 경기 호조로 인해 더 높은 수익을 기대할 수 있게 되면 외국자본의 유입을 촉진시킬 것이다. 이러한 시장들에서 발생하는 환율의 변동과 각종 상황 전개는 외국인 포트폴리오 투자의 변화를 초래하며 이는 결국 외환거래를 필요로 하게 된다.

국가 간 인수합병 활동도 FX 트레이더들이 지켜보아야 할 중요한 부분이다. 상당한 현금거래가 수반되는 대규모 M&A 거래는 통화시장에 큰 영향을 미친다. 인수자는 국경을 넘는 인수합병 자금을 확보하기 위하여 달러를 매수하거나 매도해야 하기 때문이다.

미국의 중요 경제지표

다음의 경제지표들은 모두 미국 달러에 중요한 지표들이다. 미국 경제는 서비스업 중심 국가이기 때문에 특히 서비스업 부문의 지표들을 유의하여 살펴야 한다.

고용-비농업취업자수(Employment-Nonfarm Payrolls)

미국 고용지표는 가장 중요하고도 매우 주시되는 경제지표다. 이는 경제적인 이유보다는 연방준비제도이사회가 실업을 통제하기 위한 강한 압박을 받는다는 정치적인 영향력 때문이다. 그 결과 금리정책은 직접적으로 고용 상황의 영향을 받는다. 월간 보고서는 사업장 조사와 가구 조사라는 두 가지 조사를 포함한다. 사업장 조사를 통해 비농업취업자수, 평균시간당 주간노동시간, 총 노동시간지수를 조사하고, 가구 조사를 통해 노동인구에 관한 정보, 가구 고용, 그리고 실업률을 산출한다. 외환 트레이더들은 계절조정을 거친 월간 실업률과 비농업취업자수의 유의한 변화를 주시한다.

소비자물가지수

소비자물가지수$^{Consumer Price Index, CPI}$는 인플레이션의 주요 척도이자 소비재 바스켓의 가격수치이다. 경제전문가들은 CPI-U 또는 변동성이 큰 식료품과 에너지 항목을 제외한 근원 인플레이션에 더 중점을 둔다. 소비자물가지수는 다양한 경제·사회적 변화를 초래할 수 있기 때문에 외환시장에서 관심을 가지고 관찰하고 있다.

생산자물가지수

생산자물가지수$^{Producer Price Index, PPI}$는 국내 생산자들이 내놓는 판매 가격의 평균 변화를 측정하는 지수군이다. PPI는 농업, 전기, 천연가스, 임업, 어업, 제조업, 광업을 포함한 국내의 거의 모든 제품 생산업의 가격 변화를 추적한다. 외환시장은 계절조정을 거친 상품 PPI와 함께 PPI지수가 월 대비, 분기 대비, 연간 기준으로 어떻게 반응하는지를 주시한다.

국내총생산

국내총생산$^{Gross Domestic Product, GDP}$은 미국 내에서 생산되고 소비되는 재화와 서비스의 총량을 측정한 것이다. 경제분석국$^{Bureau of Economic Analysis, BEA}$은 소득에 근거한 데이터와 지출에 근거한 데이터라는 두 가지 상호보완적 요소로 GDP를 구성한다. 각 분기 마감 한 달 후 발표하는 GDP의 예비치는 아직 공개되지 않은 재고, 무역수지 등의 추정 수치를 포함하고 있는 가장 중요한 지표이다. GDP의 다른 발표들은 크게 수정되지 않는 한 중요하지 않다.

무역수지

무역수지는 재화와 서비스의 수입과 수출의 차이를 나타낸다. 개별상품뿐만 아니라 모든 국가와의 총 무역, 그리고 특정 국가 및 지역과의 무역에 대한 상세내역을 제공한다. 트레이더들은 한 달 기준 수치를 신뢰도가 낮다고 판단하고, 3개월 계절조정 무역수지에 중점을 둔다.

고용비용지수

고용비용지수Employment Cost Index, ECI는 매 분기 세 번째 달 급여 지급주기가 끝나는 12일에 고용자들의 보수를 측정한 값이다. 이 조사는 약 3,600여 명의 민간기업 고용인들과 700개 주정부 및 지방자치단체, 공립학교, 공공병원들의 확률 표본을 추출하여 측정한다. 고용비용지수의 큰 장점은 총 고용비용의 30퍼센트 이상을 차지하는 임금 외 비용을 포함한다는 점이다. 고용비용지수에 대한 시장의 반응은 보통 미온적이지만, 연준이 주시하는 지표이기 때문에 주의 깊게 살펴볼 필요가 있다.

공급관리협회(전 NAPM)

공급관리협회Institute for Supply Management, ISM는 20개 산업, 전국 300개 제조업체의 구매관리자들에게 설문을 돌려 산출한 복합지수를 매월 공개한다. 지수가 50을 넘을 경우 경기의 확장을, 50 이하일 경우 위축을 의미한다. 앨런 그린스펀 전 연준 의장이 매우 주시했던 지표 중 하나로 널리 주목된다.

산업생산

산업생산지수^{Index of Industrial Production}는 미국 제조업, 광업, 유틸리티 생산 실적을 측정하는 지수이다. 각 산업별, 품목별 생산 활동을 파악할 수 있다. 외환시장은 주로 계절조정 월간 변화 총 수치를 주시한다. 지수의 증가는 보통 달러 강세 요인이 된다.

소비자신뢰지수

소비자신뢰지수^{Consumer Confidence}는 소비자의 개별적인 경기 인식을 바탕으로 작성된다. 설문조사는 전국 5,000개 가구를 샘플로 선정하여 통상 3,500개의 응답을 받아 산출한다. 총 5개의 질문으로 구성되는데, ① 지역의 경기 상황, ② 6개월 후의 지역경제 전망, ③ 지역의 고용 상황, ④ 6개월 후의 구직 전망, ⑤ 6개월 후의 가계수입에 대한 전망을 조사한다. 설문에 대한 응답은 계절조정을 거쳐 개별 지수화한 후 종합지수로 만들어진다. 시장 참가자들은 소비자신뢰지수의 상승을 소비자 지출이 증가하는 시그널로 감지한다. 소비자 지출의 증가는 종종 인플레이션을 가속화하는 기폭제로서 관찰된다.

소매판매

소매판매지수^{Retail Sales Index}는 소매업체 샘플을 선정하여 월간 총매

출액을 측정한 지수이다. 소비자 지출과 소비자 신뢰의 척도를 나타낸다. 자동차 판매는 월간 변동이 크기 때문에 자동차 판매를 제외한 지수가 가장 중요하다. 소매판매는 계절적 요소 때문에 변동이 매우 심하지만 경제 현황을 알아볼 수 있는 중요한 지표이다.

<u>재무부 국제자본유출입 자료(TIC 자료)</u>

　재무부의 국제자본유출입 자료는 미국으로의 자본유입 총액을 월 단위로 측정한 수치이다. 이 자료는 미국의 무역/재정 적자문제가 심화되면서 지난 수년간 중요성이 커지고 있다. 미국 무역적자 해소 방법으로 더욱 큰 이슈가 되며, 시장은 헤드라인 수치 외에도 외국 중앙은행의 미국 채권 수요를 나타내는 공공부문의 자본흐름에도 주목한다.

유로(EUR)

전반적 경제 개요

　유럽연합은 통합유럽 건설을 위한 제도적 체제로서 발전했다. 현재 EU는 오스트리아, 벨기에, 덴마크, 핀란드, 프랑스, 독일, 그리스, 아일랜드, 이탈리아, 룩셈부르크, 네덜란드, 포르투갈, 스페인, 스웨덴, 영국, 체코, 헝가리, 폴란드, 슬로바키아, 리투아니아, 라트비아, 에스토니아, 슬로베니아, 키프로스, 몰타, 불가리아, 루마니아, 크로아티아를 포함한 28개 회원국으로 구성되어 있다. 그리고 덴마크, 스웨덴, 영국,

체코, 헝가리, 폴란드, 리투아니아, 불가리아, 루마니아, 크로아티아를 제외한 국가들은 공통 통화로 유로를 사용하고 있다(2014년 1월 현재).

공통 통화를 사용하고 있는 18개 국가들은 유럽통화동맹^{European} Monetary Union, EMU을 구성하고, 유럽중앙은행^{European Central Bank, ECB}이 요구하는 단일 통화정책을 공유한다. EMU는 2006년 GDP 규모 12조 달러로, 세계에서 두 번째로 큰 경제권이다. 고도로 발전한 채권시장, 주식시장, 선물시장을 보유한 EMU는 유로지역 내외의 투자자들에게 두 번째로 매력적인 투자시장이 되고 있다.

과거 EMU는 외국인 직접 투자나 대규모 자본금 유치에 어려움을 겪어왔다. 사실 EMU는 외국인 직접 투자의 순 공급자이고, 세계 자본 유출액의 약 45퍼센트를 차지하고 있으나, 자본 유입액은 19퍼센트에 불과하다. 그 주요 원인은 역사적으로 미국 자산이 매력적인 수익률을 제공했기 때문이다. 그 결과 미국은 총 해외저축의 71퍼센트를 흡수했다. 그러나 유로가 자리를 잡아가고 더 많은 국가들이 EMU에 참가하면서 준비통화로서 유로의 중요성도 동시에 높아지고 있고, 이에 따라 유럽으로의 자본 유입도 증가해왔다. 향후 외국 중앙은행들이 보유자산의 다양화를 위하여 유로 보유를 늘릴 것으로 예상되고 있어 유로 수요는 계속 증가할 것으로 전망된다.

EMU는 무역 주도의 경제이자 자본흐름 주도의 경제이다. 따라서 무역은 EMU 내의 각 나라들에게 매우 중요하다. 대부분의 주요 경제국들과 달리 EMU는 대규모의 무역적자나 흑자가 발생하지 않는다. 사실 EMU는 2003년 소규모 무역적자에서 2006년 소규모 무역흑자로 돌아섰다. EU 수출은 세계 무역 규모의 약 19퍼센트를 차지하고,

EU 수입은 세계 총수입의 17퍼센트를 차지하고 있다. EMU는 기타 국가들과도 상당한 무역 규모를 가지고 있어 국제무역에서 큰 힘을 갖고 있다. EU의 형성으로 인하여 국제사회에서의 영향력도 증대되었다. 개별 국가들이 단일 경제권으로 통합되면 최대 교역상대국인 미국과 동등한 위치에서 협상할 수 있기 때문이다. EU의 가장 중요한 교역국은 다음과 같다.

주요 수출 시장	주요 수입 시장
1. 미국	1. 미국
2. 스위스	2. 일본
3. 일본	3. 중국
4. 폴란드	4. 스위스
5. 중국	5. 러시아

EMU는 기본적으로 서비스업 중심의 경제권이다. 2001년 서비스업은 유로존 GDP의 약 70퍼센트를 차지한 데 반해 제조업, 광업, 유틸리티는 GDP의 22퍼센트에 불과했다. 완제품을 생산하는 상당수의 기업들은 여전히 혁신, 연구, 디자인, 마케팅 활동에 집중하고 있으며 제조활동의 대부분은 아시아에서 아웃소싱하고 있다.

국제무역에서 EU의 역할이 커짐에 따라 준비통화로서 유로의 역할에 중요한 의미가 부여됐다. 환위험과 거래비용 감소를 위해 각 나라들은 많은 양의 준비통화를 보유하여야 한다. 전통적으로 대부분의 국제무역 거래에서는 영국 파운드, 일본 엔, 그리고(또는) 미국 달러를 사용해왔다. 유로 도입 이전에 유럽국가들이 다른 유럽국가들의 통화를 대규모로 보유하는 것은 상당히 불합리한 일이었기 때문에 준비통화는 달러로 보유했다. 1990년대 말에는 전 세계 준비통화의 약 65퍼센트가 달러였지만 유로의 출범으로 해외 준비자산이 유로로 이동하고 있다. EU가 전 세계 대부분 국가들의 주요 무역 파트너이기 때문에 이러한 추세는 계속될 전망이다.

통화정책을 결정하는 유럽중앙은행

유럽중앙은행은 EMU 참가국들의 통화정책을 결정할 책임을 가진 기구이다. 유럽통화동맹EMU의 집행이사회는 ECB 총재와 ECB 부총재, 4명의 위원으로 이뤄진다. 이 위원들은 각국의 중앙은행 총재들과 함께 정책위원회를 구성하고, 정책위원회가 지시한 정책을 집행위원회가 ECB를 통하여 시행한다. 격주 단위로 열리는 회의에서 통상 과반수 투표로 새로운 통화정책이 결정되고, 찬반 동수일 경우 총재가 결정권을 갖는다. ECB는 격주로 회의를 갖고, 각 회의에서 통화정책을 결정할 수 있지만 회의 이후에 공식 기자회견이 예정된 회의에서만 정책 결정을 기대할 수 있다.

EMU의 주된 목표는 물가안정과 성장 촉진이다. 이러한 목표를 달성하기 위해 통화와 재정정책 변화가 이루어진다. EMU 창설과 함께 EU는 그 목표 달성을 위하여 개별 국가들이 협력할 수 있도록 여러 가지 적용 기준을 마련한 마스트리히트 조약을 발효시켰다. 어떤 국가든 이러한 기준에서 벗어나면 무거운 벌금이 부과된다. 이 기준에 근거해볼 때 ECB는 인플레이션과 적자에 초점을 맞춘 엄격한 회원관리

권한을 갖고 있다. ECB는 일반적으로 월별 소비자물가지수^{Harmonized Index} ^{of Consumer Prices, HICP}를 연간 2퍼센트 미만으로, M3(통화 공급)를 연간 4.5퍼센트 수준에 유지하기 위해 노력하고 있다

EMU 수렴 기준

1992년 유럽연합조약(마스트리히트 조약)에서는 EU 회원들이 유럽통화동맹^{EMU}에 가입하기 위한 전제조건을 다음과 같이 규정했다.

- 인플레이션율은 역내 회원국 중 경제여건이 가장 좋은 3개국의 평가일 이전 1년 인플레이션 평균치보다 1.5퍼센트 이상 초과하지 않을 것
- 장기 금리는 역내 국가 중 가장 인플레이션이 낮은 3개 국가의 장기 금리(10년) 12개월 평균치보다 2퍼센트 이상 초과하지 않을 것
- 환율이 최소 2년간 ERM^{Exchange-Rate Mechanism}의 환율 변동폭(기준율 대비 상하 15퍼센트) 이내에서 유지될 것
- 일반적인 정부부채 잔액은 GDP의 60퍼센트 이내로 유지할 것. 이보다 높을 경우 충분히 감소 중이라면 허용
- 일반적인 재정 적자는 GDP의 3퍼센트 이내를 유지할 것. 일시적이거나 소폭의 초과는 허용

유럽중앙은행과 유럽중앙은행제도(European System of Central Banks, ESCB, ECB와 28개 회원국 중앙은행으로 구성)는 각국 정부와 기타 EU 기관으로부터 독립된 기관으로 통화정책에 대한 완벽한 통제권을 가지고

있다. 이러한 운용상의 독립은 마스트리히트 조약 108조에 의거해 부여받았으며, 108조의 주요 내용은 의사결정을 할 수 있는 조직의 멤버들이 EU 회원국의 지역기관, 정부기관 혹은 어떤 다른 조직으로부터 지시를 받거나 받을 수 없다고 규정하고 있다. ECB가 통화정책을 조절하기 위해 사용하는 주요 수단은 다음과 같다.

공개시장조작

ECB는 금리를 조정하고 유동성을 관리하며 통화정책 기조를 시사하기 위해 다음 네 가지 범주에서 공개시장조작을 하고 있다.

1. 단기자금 공급조작^{Main refinancing operations, MRO} : 일주일 단위로 시행되는 2주 만기의 유동성 공급(대출) 프로그램으로, 금융권에 대한 리파이낸싱 거래이다.

2. 장기자금 공급조작^{Longer-term refinancing operations, LTRO} : 월 1회 시행되는, 만기가 3개월 이상인 유동성 공급(대출) 프로그램으로 금융권에 장기 리파이낸싱을 추가 제공한다.

3. 미세조정 조작 : 시장에서의 유동성을 관리하고 금리를 조정하기 위하여 수시로 집행하는 정책으로, 예측하지 못한 유동성 변화에서 발생되는 금리 변동 요인을 통제하기 위하여 시행한다.

4. 구조적 조작 : 채무증서 발행, 상환 거래, 아웃라이트 거래를 포함한

다. ECB가 금융 부분에 관한 유로시스템의 구조적인 포지션을 조정하기 원할 때마다 시행한다(정기적 또는 비정기적으로).

<u>ECB 최저입찰금리</u>

유럽중앙은행^{ECB} 최저입찰금리는 ECB의 중요한 정책 목표이며 ECB가 소속된 국가의 중앙은행에 제공하는 대출금리이다. 이는 격주로 시행되는 ECB 회의에서 변경된다. 인플레이션이 ECB의 관심대상이기 때문에 ECB는 인플레이션을 방지하기 위해 금리를 높은 수준으로 유지하기를 원한다. ECB 최저입찰금리의 변화는 유로에 큰 영향을 미친다.

ECB는 환율 목표치를 갖고 있지 않지만 환율이 물가안정에 영향을 주기 때문에 정책 심의과정에서 환율을 감안할 것이다. 따라서 ECB는 인플레이션이 우려될 경우 외환시장개입을 시행한다. 결과적으로 정책위원회 위원들의 발언은 외환시장 참가자들의 주목 대상이 되고 유로의 변동성을 촉발한다. ECB는 경제성장 분석과 경제 상황에 관한 인식 변화를 기술한 월간 자료를 발행하고 있는데, 이를 통해 통화정책 기조의 변화 신호를 감지할 수 있기 때문에 주시할 필요가 있다.

유로의 주요 특성

• EUR/USD는 가장 유동성이 풍부한 통화이며, 모든 주요 유로 크로스통화들 역시 유동성이 높다

유로는 1999년 1월 1일 전자화폐로 첫 선을 보였다. 당시 유로는 그리스 통화를 제외한 모든 EMU 이전의 통화들을 대체했다(그리스의

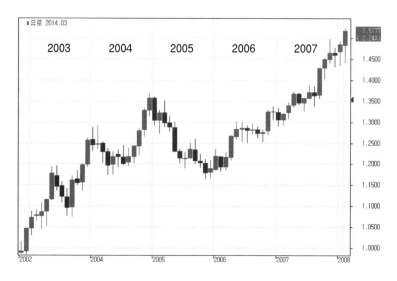

〈그림 12-2〉 EUR/USD 5년 차트
(출처 : 현대선물)

경우 2001년 1월 유로로 대체). 그 결과 EUR/USD는 현재 전 세계에서 가장 유동성이 풍부한 통화쌍이며 EUR/USD의 움직임은 유럽과 미국 경제의 건실성을 나타내는 주요한 척도로 사용된다. 유로는 일반적으로 '안티 달러'로 알려져 있는데, 이는 2003년과 2008년 사이 EUR/USD 통화쌍의 움직임을 좌우했던 것이 달러의 펀더멘털이었기 때문이다 (그림12-2 참조).

　　EUR/JPY와 EUR/CHF 역시 유동성이 매우 풍부한 통화들이며, 일반적으로 일본과 스위스 경제의 건실성을 파악하는 척도로 사용된다. EUR/USD와 EUR/GBP는 스프레드가 낮고 질서 있는 움직임을 보이며, 갭이 드물게 발생하기 때문에 거래하기 좋은 통화쌍이다.

- 유로는 독특한 리스크를 갖고 있다

　1999년에 도입되었지만 유로는 아직 새로운 통화이다. 유로는 다른 통화에 있어서는 전혀 문제가 되지 않지만 고려해야 할 많은 위험 요소들이 있다. 즉 28개 국가들의 경제적, 정치적, 그리고 사회적 상황에 노출되어 있다는 사실이다. 유로를 사용하는 국가들이 증가할 것으로 기대되기는 하지만, ECB의 정책이 그들에게 최선의 이익이 된다고 생각하지 않아 만약 어떤 나라든지 유로 사용을 중단하거나 그들의 자국 통화로 되돌아가기 시작한다면 그것은 전체 유로존의 안정성에 영향을 미칠 것이다.

　유로는 전 세계에서 국가 단위로 사용하지 않는 유일한 통화이다. 독일, 프랑스, 이탈리아, 스페인이 유로존 내에서 가장 크고 경제적으로 우세한 국가들이라 해도 28개 회원국 전체의 통화정책을 결정할 권한과 책임은 ECB에 있다. 28개 회원국들은 ECB의 행동을 자주 검증하고 비판하며 정치적으로 압박하곤 한다. 서브프라임 사태 이전까지 ECB는 검증되지 않은 새로운 중앙은행일 뿐이었다. 그러나 ECB는 신용경색에 신속하게 대응하고 풍부한 유동성을 공급함으로써 그들에 대한 평판을 완전히 바꿔놓았다.

- 10년물 미국 국채와 10년물 독일 국채 간 금리 스프레드는 유로 방향성을 시사한다

　10년물 국채는 향후 유로 환율, 특히 달러 대비 환율의 중요한 지표로서 사용된다. 미국 10년물 국채와 독일 10년물 국채 간의 금리 차이는 유로 향방에 좋은 신호가 된다. 독일 국채 금리가 미국 국채 금리

보다 높아지고, 그 차이가 증가하거나 스프레드가 넓어지면 이는 유로의 상승을 시사한다. 금리 차이가 줄어들거나 스프레드가 좁아지면 유로의 하락을 점쳐볼 수 있다. 10년물 독일 국채는 보통 유로존의 기준 채권으로 사용된다.

• 유로지역 자금 흐름 예측

거래에 유용한 또 다른 금리는 유럽은행 간 금리(유리보금리)로 알려진 3개월 금리이다. 이는 대형은행 간 정기예금 금리이다. 트레이더들은 유리보 선물 금리와 유로달러 선물 금리를 비교하는 경향이 있다. 유로달러는 미국 밖의 은행 및 기타 금융기관에 예치된 미국 달러 표시 예금이다. 투자자들은 고금리 자산을 선호하기 때문에 유리보 선물과 유로달러 선물 사이의 스프레드가 유리보에 유리하도록 더 넓어지게 되면 유럽 채권 자산은 더 매력적인 것이 된다. 스프레드가 좁아지는 것은 유럽 자산의 매력이 감소함으로써 유로를 향한 자산 흐름이 잠재적으로 감소할 것임을 시사하는 것이다.

인수합병 활동 역시 EUR/USD 움직임에 중요한 의미를 가진다. 최근 몇 해 동안 EU와 미국 다국적기업 간의 M&A가 증가하고 있다. 대규모 거래, 특히 현금거래의 경우 EUR/USD에 단기적으로 상당한 영향을 줄 것이다.

유로의 중요한 경제지표

다음은 모두 유로에 있어 중요한 경제지표들이다. EMU는 18개 국가들로 구성되기 때문에 각국의 GDP, 인플레이션, 실업률과 같은 정치적, 경제적 상황들을 잘 알아두는 것도 중요하다. 유럽통화동맹[EMU] 내 경제대국은 독일, 프랑스, 이탈리아다. 따라서 전반적인 EMU의 경제지표와 함께 위 3개국의 경제지표들을 주목해야 한다.

GDP

GDP(예비치)는 유로스타트[Eurostar]가 많은 국가들로부터 데이터를 수집해 발표한다. 보통 프랑스, 독일, 네덜란드를 포함하지만, 이탈리아는 예비치에 포함되지 않고, 최종치에만 추가한다. EU-28과 EMU-18의 연간 총액은 국가 GDP의 단순 합계이다. 분기치의 경우 일부 국가들(그리스, 아일랜드, 룩셈부르크)이 분기별 국가 데이터를 만들지 않기 때문에 합산하는 것이 더 복잡하다. 더욱이 포르투갈은 상당한 시간차를 두고 부분적인 분기 수치를 만든다. 따라서 EU-28과 EMU-17 전체의 분기 수치는 총 EU GDP의 95퍼센트 이상을 차지하는 국가들 그룹을 기초로 한 예상치이다.

독일 산업생산

산업생산은 계절적 요인을 반영하여 4개 부문별(광업, 제조업, 에너지, 건설업)로 구분한 내역을 포함한다. 제조업 생산은 기본 생산자재, 자본재, 소비재, 비내구 소비재의 4개 주요상품 그룹으로 구성된다. 독일은 유로존 내 최대 경제대국이기에 독일의 산업생산은 매우 중요하다. 그러나 시장은 가끔 프랑스 산업생산에 반응하기도 한다. 산업생산(최초치)은 데이터 표본이 적기 때문에 모든 표본을 사용한 수정치가 유효한 데이터로 사용된다. 재무부는 종종 최초 데이터에 수정치의 예상 방향을 표기하기도 한다.

인플레이션 지표

조화소비자물가지수 _ 유로스타트에서 발표하는 EU 조화소비자물가지수^{HICP}는 EU법에 근거해 국가 비교분석을 목적으로 만들어졌다. 유로스타트는 1995년 1월부터 이 지수를 발표해왔는데, 1998년 1월 이후로는 MUICP로 불리는 EMU-18 지역 상세지수를 발표하고 있다. 물가정보는 각 국가 통계기관이 조사하고 그들은 조화소비자물가지수를 산출하기 위한 100개 인덱스를 유로스타트에 제공한다. 유로스타트는 이러한 하위지수들을 가중평균으로 합산하여 각국의 조화소비자물가지수를 발표하고, 이때 가중치는 국가별로 부여된다. 조화소비자물가지수는 해당 월의 말경에 발표한다. 스페인, 프랑스, EMU-5 국가들의 국가 CPI 발표 이후 10일경이다. 조화소비자물가지수가 발표될 시점에 시장이 이미 물가를 반영하고 있더라도 조화소비자물가지수는 ECB가 인플레이션 지수로서 참고하기 때문에 주목할 필요가 있다. ECB는 유로지역의 소비자물가 인플레이션을 0퍼센트에서 2퍼센트 범위 내에 유지하는 것을 목표로 한다.

M3 _ M3는 채권과 은행 예금을 모두 포함한 광의의 통화공급 지표이다. ECB는 M3를 인플레이션의 주된 척도로 면밀히 관찰한다. 1998년 12월 ECB 정책위원회는 M3 목표수준을 4.5퍼센트로 설정했는데, 이 수치는 인플레이션 목표 2퍼센트, 성장률 목

표치 2~2.5퍼센트, 장기 통화유통속도 목표치 0.5~1퍼센트를 달성하기 위한 수준이다. 성장률은 월간 변동성에서 발생할 수 있는 정보 왜곡을 방지하기 위해 3개월 이동평균 기준으로 관찰된다. ECB의 통화 목표를 향한 접근 방식은 조작과 개입 여지가 있다. 독일중앙은행이 그랬듯이 ECB는 M3의 범위를 설정하지 않기 때문에 M3가 설정 범위를 벗어난다 해도 자동적으로 시행되는 조치는 없을 것이다. 더구나 ECB가 M3를 중요한 지표로 고려하고 있지만 다른 통화 유통량 변화도 참고할 것이다.

독일 실업률

독일 연방노동청이 발표하는 실업률은 전월과 대비한 변화뿐만 아니라 실업인구에 대한 정보를 포함하여 계절조정^{SA} 수치와 비계절조정^{NSA} 수치 모두 공개된다. 비계절조정 실업률은 공석, 단기 교대제 방식, 직원 수(1999년 잠시 중단됨)와 함께 발표된다. 독일중앙은행은 연방노동청$^{Federal Labor Office, FLO}$ 발표 이후 한 시간 내에 계절조정 실업률을 발표한다. 이 발표를 하루 앞두고 종종 노동조합으로부터 공식적인 데이터가 유출되는데, 이때 유출되는 비계절조정 실업자수는 거의 수백만 명 수준이다. 비계절조정 실업률의 정확한 수치가 로이터에서 '소식통'에 의해 보고될 때 유출된 수치는 보통 공식적인 수치를 반영한다. 루머는 가끔씩 공식적인 발표 1주 전까지 유포되지만 매우 부정확하다. 게다가 지금까지 독일 인사의 발언은 외신을 통해 오역되어 왔으므로 루머 뉴스보도를 해석하는 데 주의가 필요하다.

각국의 재정 적자

'안정 및 성장에 관한 협약Stability and Growth Pact'은 재정 적자 상한선을 GDP 3퍼센트 이하로 정하고 있다. 각 국가들 역시 재정 적자를 감축하기 위한 목표들을 갖고 있다. 시장 참가자들은 목표치에 미달하는지를 주시한다.

IFO 조사

유로존 GDP의 30퍼센트 이상을 차지하는 독일은 단연 유럽의 최대 경제대국이다. 따라서 독일 기업현황에 대한 이해는 전체 유럽에 대한 이해로 간주된다. IFOInformation and Forschung [research]는 매달 7,000개 독일 기업을 대상으로 독일 기업환경과 단기계획을 조사한다. 최초 발표치는 기업환경 헤드라인 수치와 두 가지(현재 기업현황과 기업전망)의 동일 가중 하위지수를 포함한다. 보통 범위는 80~120이고, 기업신뢰가 높아질수록 수치도 커진다. 이 조사치가 가장 가치 있지만 이전 데이터와 비교해 측정하기도 한다.

영국 파운드(GBP)

전반적 경제 개요

영국은 2006년 GDP 규모 약 2조 달러의 세계 네 번째 경제대국이다. 세계에서 가장 효율적인 중앙은행을 가지고 있는 영국 경제는 오랜 기간 동안 높은 성장, 낮은 실업률, 생산량 증가, 소비 회복세의 수혜를 입어왔다. 2003년 절정에 달했던 영국의 강한 주택시장 덕에 소비자지출은 크게 증가했다. 영국은 서비스 중심 국가로 제조업 부문이 GDP에서 차지하는 비중이 줄어들고 있으며, 현재는 국가 생산의 5분의 1을 차지하고 있다. 영국은 세계에서 가장 발전된 자본시장 시스템을 보유한 국가 중 하나이다. 그 결과 금융업은 영국 GDP에 가장 큰 공헌을 하고 있다.

서비스업이 GDP 대부분의 비중을 점유하고 있지만 영국이 EU 내 최대 천연가스 산출국이자 수출국 중의 하나라는 사실을 간과해서는 안 된다. 에너지 생산업은 영국 GDP의 10퍼센트를 차지하고 있는데 이는 선진국 중 가장 높은 수준이다. 유가와 같은 에너지 가격의 상승은 영국의 원유 수출업자에게 상당한 수익을 안겨주기 때문에 특히 중요하다(영국은 2003년 북해 유전의 폐쇄로 잠시 순 수입국이 되었지만 이후 순 원유수출국으로서의 위치를 되찾았다).

전반적으로 영국은 무역적자가 지속되고 있는 순 수입국이다. 최대 교역국은 EU이고, 양자 간의 무역은 영국 전체 수입과 수출 활동의 50퍼센트 이상을 차지한다. 단일국가로서는 미국이 영국의 가장 큰 교역국이다. 영국의 가장 중요한 무역 파트너는 다음과 같다.

주요 수출 시장	주요 수입 시장
1. 미국	1. 독일
2. 프랑스	2. 프랑스
3. 독일	3. 미국
4. 아일랜드	4. 네덜란드
5. 네덜란드	5. 벨기에

영국은 2003년 유로화 도입을 거부했지만, 영국의 유로화 채택 여부는 미래에 있어서 트레이더들에게 큰 변수가 될 것이다. 영국이 EMU 가입을 결정한다면 경제에 상당한 영향을 미칠 것이고 가장 중요한 것은 영국 금리가 유로존과 동일하게 조정되어야만 한다는 사실이다. EMU 가입에 반대하는 주된 의견 중 하나는 영국정부가 그간 훌륭하게 거시경제정책을 운영해왔다는 사실이다. 영국은 성공적인 통화정책과 재정정책 운영으로 EU를 포함한 최근 경제 부진을 나타낸 주요 국가들 중 단연 뛰어난 결과를 보였다.

영국 재무부는 유로 도입에 앞서 5개 경제조건을 열거하였다.

유로 도입을 위한 영국의 5개 경제조건

1. 영국과 EMU 참가국 간의 비즈니스 사이클과 시장구조가 지속적으로 수렴될 수 있는가? 또 이에 따라 영국시민들이 유로 금리 수준에서 안정적으로 생활할 수 있는가?
2. 경제 변화에 대처할 수 있는 충분한 유연성이 있는가?
3. EMU 참가가 기업의 영국 내 투자를 증진시킬 수 있는가?
4. EMU 참가가 영국 금융산업의 경쟁력을 강화할 수 있는가?
5. EMU 참가가 고용안정과 성장을 촉진시킬 수 있는가?

영국은 정부 관료들이 유권자들에게 크게 신경을 쓰는 매우 정치적인 국가다. 유권자들이 유로 가입을 원치 않는다면 EMU 참여 가능성은 줄어들 것이다. 다음은 유로 도입에 대한 찬반 의견이다.

유로 도입을 찬성하는 입장

- 영국 기업의 환율에 대한 불확실성 감소 및 외환 거래비용 또는 리스크의 감소
- ECB 관리하에 지속적인 저인플레이션 유지 가능성은 장기 금리를 낮추고 계속적인 경제성장을 부양할 것임
- 단일통화로 인한 가격 투명성 촉진
- EU의 국가 금융시장의 통합은 유럽 내 자본 배분의 효율성을 높임
- 유로는 미국 달러에 이은 가장 중요한 준비통화
- 영국의 EMU 참가로 EMU의 정치적인 영향력이 크게 증가할 것임

유로 도입을 반대하는 입장

- 과거 통화연맹 실패
- 한 국가의 경제적, 정치적 불안정은 유로에 영향을 미치고, 다른 견고한 국가들의 환율에 영향을 미침
- 안정 및 성장에 관한 협약은 엄격한 EMU 수렴 기준을 강제하고 있음
- 가입은 유럽중앙은행에 영국 내의 통화 권한을 영구히 이관하는 것을 의미
- 통화 유연성이 없는 통화연맹에 참가하기 위해서는 영국 고용과 주택시장의 유연성을 필요로 함
- 어느 나라가 ECB를 지배할 것인가에 대한 우려
- 새로운 통화 도입은 상당한 비용을 필요로 함

통화정책을 결정하는 영란은행

영란은행^{BOE}는 영국의 중앙은행이다. 9명의 위원으로 구성되어 있는 통화정책위원회$^{Monetary\ Policy\ Committee,\ MPC}$에서 영국의 통화정책을 결정한다. 총재, 2명의 부총재, 2명의 BOE 이사, 4명의 외부 전문가가 포함되어 있다. 위원회는 1997년 통화정책 운영의 독립성을 승인받았다. 이러한 독립성에도 불구하고 영란은행의 통화정책은 재무부장관이 지시하는 인플레이션 목표치 달성에 중점을 두고 있다. 현재 소매판매지수$^{Retail\ Price\ Index,\ RPIX}$ 인플레이션 목표치는 2.5퍼센트이다. 영란은행은 이 목표를 달성하기 위해 허용 범위 내에서 금리를 조정할 권한이 있다. 통화정책위원회는 금리(은행 레포 금리) 변경을 포함한 통화정책 변화를 매월 회의를 통하여 결정하며 그 내용을 발표한다.

통화정책위원회는 향후 2년간의 성장과 인플레이션, 그리고 정책 변화의 정당성에 대한 통화정책위원회의 전망을 기술한 분기별 인플레이션 보고서와 함께 모든 회의 이후에 성명서를 발행한다. 그 외에 발행하는 분기 공보에서는 지난 통화정책 움직임과 국제적인 경제 환경, 그리고 영국 경제에 미치는 영향을 분석한 정보를 제공한다. 모든 보고서들은 통화정책위원회의 정책과 향후 정책 움직임에 대한 상세 정보를 포함한다. 통화정책위원회와 영란은행에서 사용하는 주된 정책 수단은 다음과 같다.

은행 레포 금리

이는 재무부의 인플레이션 목표에 부합하는 통화정책을 집행하기 위하여 사용되는 주요 금리다. 이 금리는 은행들의 단기자금대출 같은,

시장에서의 은행 영업을 위하여 설정된다. 이 금리의 변화는 예금자와 대출자를 위한 상업은행이 설정하는 금리에 영향을 준다. 이는 경제의 지출과 생산, 그리고 결과적으로 비용과 물가에 영향을 미칠 것이다. 이 금리의 상승은 인플레이션을 낮추기 위한 작업이며, 이 금리의 하락은 성장 부양과 경기 확장을 가져올 것이다.

공개시장조작

공개시장조작은 앞에서 언급한 레포 금리를 조정함으로써 시행되며 시장에 적절한 유동성과 은행 시스템에 지속적인 안정성을 보장하는 것을 목표로 한다. 이는 통화의 가치 유지, 금융 시스템의 안정성 유지, 영국 금융 서비스의 효율성 확보라는 영란은행의 세 가지 주요 목표를 반영하고 있다. 영란은행은 매일 단기채권을 매수하거나 매각함으로써 유동성을 조절하는 공개시장조작을 시행한다. 이것으로도 유동성 조절에 부족하다면, 영란은행은 추가적인 오버나이트^{overnight} 조작을 할 수 있다.

파운드의 주요 특성

• GBP/USD는 매우 유동성이 높다

GBP/USD는 영국 파운드가 기준통화 또는 상대통화인 전 세계 모든 파운드 관련 외환 거래의 6퍼센트를 차지할 정도로 유동성이 높은 통화쌍 중 하나이다. 또한 외환시장에서 가장 유동성이 높은 4개 통화쌍(EUR/USD, GBP/USD, USD/JPY, USD/CHF) 중 하나이다. GBP/USD의 유동성이 높은 이유 중 하나는 고도로 발달한 영국의 자본시장 때문이

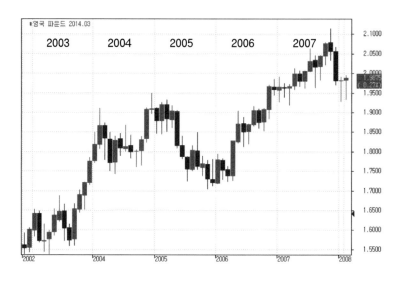

〈그림 12-3〉 GBP/USD 5년 차트
(출처: 현대선물)

다. 미국 이외의 투자 기회를 모색했던 많은 외국인 투자자들은 영국
으로 자금을 투자해왔다. 외국인들은 영국 투자를 위해 그들의 자국통
화를 팔고, 영국 파운드를 사들여야 할 것이다(그림12-3 참조).

• GBP는 세 개의 이름이 있다

영국의 통화는 영국 파운드British Pound, 스털링Sterling, 케이블Cable이라
는 세 개의 이름을 가지고 있다.

• GBP에는 투기자들이 많다

이 책이 발간될 당시(2008년) 영국 파운드는 선진국 중 가장 높은
금리를 가지고 있는 통화 중 하나였다. 호주와 뉴질랜드의 금리가 더

높지만, 그들의 금융시장은 영국만큼 발달되어 있지 않다. 이에 따라 이미 포지션을 가지고 있거나 새로운 캐리 트레이드 포지션에 관심 있는 많은 투자자들은 달러, 일본 엔, 스위스 프랑과 같은 통화를 매도하고, 상대통화로 GBP를 매입하였다. 캐리 트레이드는 저금리통화를 매도하거나 차입해 고금리통화 자산에 투자하거나 대출을 운용하는 것이다. 최근 몇 해 동안 캐리 트레이드가 보편화되면서 파운드 수요가 증가되어 왔다. 그러나 파운드와 다른 통화들 간의 금리 차이가 줄어든다면 캐리 트레이드의 청산으로 파운드 변동성은 증가할 것이다.

- 영국 국채와 해외 국채 간 금리 차이를 추적한다

영국 국채^{Gilt}/미국 국채, 그리고 영국 국채/독일 국채^{Bund} 간의 금리 차이는 외환시장 참가자들이 주목하는 대상이다. 영국 국채 대 미국 국채는 GBP/USD 흐름의 선행지표가 되고, 영국 국채 대 독일 국채는 EUR/GBP의 선행지표로 사용된다. 이러한 금리 차이는 영국 채권의 프리미엄이 미국과 유럽의 채권(독일 국채는 유럽 금리의 바로미터로 사용됨) 프리미엄보다 어느 정도 높은지, 혹은 그 반대의 경우인지를 판단할 수 있다. 이러한 차이는 트레이더들에게 잠재적인 자본흐름 또는 통화 움직임의 신호가 된다. 현재 영국 통화는 미국과 같은 신용 안정성을 보유하고 있다.

- 유로파운드 선물은 금리 움직임의 신호를 제공한다

영국 금리나 은행 레포 금리가 통화정책에 주요 정책 수단으로 사용되기 때문에 금리의 잠재적 변화를 계속해서 눈여겨보는 것이 중요하다. 정부 관리들의 발언은 금리 기조의 변화를 포착하는 방법이 되고 있다. 또한 영란은행은 통화정책위원회 위원들의 투표 결과를 공개하고 있다. 이렇게 위원회 멤버의 개인적인 투표 결과를 발표하는 것은 그들의 의견이 영란은행의 의견이 아니고 개인적인 의견이라는 것을 말하는 것이다. 따라서 영란은행 금리의 잠재 변화를 예측하기 위해서 다른 신호를 찾아볼 필요가 있다. 3개월 유로파운드 선물은 향후 유로파운드 금리 3개월물에 대한 시장의 기대심리를 반영한다. 이 상품들은 영국 금리 변화를 예견하는 데 유용하게 사용되고, 궁극적으로 GBP/USD의 향후 움직임에 영향을 줄 것이다.

- 영국 정치인들의 유로에 대한 발언은 유로에 영향을 미친다

유로에 관한 발언(특히 총리 또는 재무부장관의 발언)이나 여론조사는 외환시장에 영향을 미친다. 유로 도입 신호는 GBP에 하락 압박을 가하고, 유로에 대한 반대의견들은 보통 GBP 상승을 가져온다. 왜냐하면 영국이 유로를 채택한다면 영국 금리가 상당히 하락해야 하기 때문이다(이 글을 쓰는 현재 영국 금리는 5.00퍼센트, 유로 금리는 4.00퍼센트). 금리 하락은 캐리 트레이드 투자자들의 포지션을 청산하게 하거나 파운드를 매도하게 할 것이다. 또한 GBP/USD는 유로 도입과 관련한 불확실성으로 인해 하락할 수 있다. 영국 경제는 현재 통화당국의 감독 아래 잘 성장해왔다. EMU는 현재 EMU 가입을 위한 수렴 기준을 충족하지 못하는 참가국들로 인해 많은 어려움을 겪고 있다. 하나의 통화당국인 ECB가 18개국(영국까지 포함하면 19개국)을 관장하기 위해서는 EMU가 모든 회원국의 경제 상황을 잘 조정할 수 있는 통화정책

을 만들어내야 한다.

- GBP는 에너지 가격과 긍정적인 연관성이 있다

영국에는 BP 사와 같이 세계에서 가장 큰 에너지 기업들이 자리하고 있다. 에너지 생산은 영국 GDP의 약 10퍼센트를 차지하고 있는데 그 결과 영국 파운드는 에너지 가격과 정의 상관관계를 가진다. 많은 EU 국가들은 영국에서 원유를 수입하기 때문에 유가가 상승하면 결국 그들은 에너지 구입 자금 조달을 위해 더 많은 파운드를 매수해야 한다. 또한 유가 상승은 영국 에너지 수출업자들의 수익을 높일 것이다.

- GBP 크로스통화

유동성은 GBP/USD가 EUR/GBP보다 풍부하지만, EUR/GBP는 보통 GBP 강세의 가장 중요한 척도가 된다. GBP/USD 통화쌍은 미국 경제에 더 민감한 경향이 있는데, 유로는 영국의 주요 무역 및 투자 파트너이기 때문에 EUR/GBP는 더 순수하게 파운드 펀더멘털 중심으로 움직인다. 그러나 물론 두 통화 모두 상호의존적이다. 이는 EUR/GBP의 움직임이 GBP/USD의 움직임에 스며들 수 있다는 것이며, 반대의 경우도 마찬가지다. GBP/USD의 움직임도 EUR/GBP 거래에 영향을 미칠 수 있다. 따라서 파운드 트레이더들은 의식적으로 두 통화쌍 모두의 움직임에 주시해야 한다. EUR/GBP 환율은 EUR/USD를 GBP/USD로 나눈 결과와 정확히 같아야 한다. 시장 참가자들은 종종 환율 간 미세한 차이를 이용한 차익거래를 하고 있기 때문에 이러한 차이는 아주 빨리 소멸된다.

영국의 중요한 경제지표

다음 경제지표들은 모두 영국의 중요한 지표들이다. 그러나 영국은 기본적으로 서비스 중심의 경제이기 때문에 특히 서비스 부문에 관한 수치들에 집중하는 것이 좋다.

고용 상황

월간 조사는 영국 통계청이 조사한다. 이 조사의 목표는 노동력을 가진 인구를 3개 그룹 ―취업자, 실업자, 비노동인구―으로 분류하고 이러한 그룹에 대한 상세한 자료를 제공하는 것이다. 조사 데이터는 시장 참가자들에게 고용의 산업별 이동, 근로시간 실업률과 같은 노동시장에 대한 주요 정보를 제공한다.

소매물가지수

소매물가지수^{RPI}는 소비재 바스켓의 가격 움직임을 반영한 지표이다. 시장은 모기지 이자 지급을 제외한 RPI 혹은 RPI-X를 주시한다. 재무부는 물가 목표를 위해 근원소매물가지수$^{RPI-X}$를 사용한다. 현재 정부 물가 목표치는 2.5퍼센트(RPI-X 연율 기준)로 설정되어 있다.

GDP

통계국이 조사하는 분기 보고서로 영국 안에서 생산된 모든 재화와 서비스 시장가치의 총합계이다. GDP는 가계, 기업, 정부의 지출에 순 외국인 매입을 더하여 계산된다. GDP 디플레이터는 현재 가격으로 측정된 총생산량을 기준연도의 고정달러 GDP로 전환하기 위해 사용되며, 영국 비즈니스 사이클의 현 위치를 파악하는 데도 쓰인다. 높은 성장률은 종종 인플레이션으로 해석되고, 낮은(또는 마이너스) 성장률은 경기침체 또는 부진한 경제성장을 시사한다.

산업생산

산업생산Industrial Production, IP 지수는 영국의 제조업, 광업, 채석업, 전기가스업, 상수도업의 생산 변화를 측정한다. 산업생산은 매출액이 아니고 생산품의 물리적인 수량을 조사하며 여기에 가격을 곱하면 생산량이 된다. IP는 GDP의 4분의 1을 차지하기 때문에 현재 경기 상황을 파악할 수 있다.

구매관리자지수

구매관리자지수Purchasing Managers Index, PMI는 영국구매자협회Chartered Institute of Purchasing and Supply가 발표하는 월간 조사로, 생산, 신규 주문, 재고, 고용 항목을 계절적 요인을 감안하여 가중 평균한 수치다. 50을 상회하면 경기 확장을, 50을 하회하면 경기 위축을 의미한다.

영국 주택착공 건수

주택착공 건수는 매월 착공을 시작한 거주 목적의 빌딩 건설 프로젝트의 건수를 조사한 것이다. 주택시장은 경제성장을 지속시키는 주요 산업이기 때문에 중요한 지표가 된다.

스위스 프랑(CHF)

전반적 경제 개요

스위스는 2006년 GDP 2,550억 달러를 기록한 세계 9위의 경제대국이다. 경제 규모는 작지만 1인당 GDP는 세계에서 가장 높은 국가 중 하나이다. 스위스는 다른 많은 경제대국들보다 높은 안정성을 가지고 있는 경제 부국이자 기술 대국이다. 스위스의 부는 주로 제조업에 있어서의 기술력, 관광업, 금융업에 의존하고 있다. 그리고 화학, 약학 산업, 기계, 정밀기기, 시계, 그리고 투자자 기밀보호로 알려진 금융 시스템이 역사적으로 유명하다. 이는 정치적 중립의 유구한 역사와 결부되어 스위스와 스위스 통화는 안전한 피난처로서의 명성을 얻게 됐고, 그 결과 스위스는 역외자산의 세계 최대 목적지가 되었다. 스위스는 2조 달러가 넘는 역외자산을 보유하고 있고, 세계 개인자산관리 비즈니스의 35퍼센트 이상을 차지하고 있는 것으로 추산된다.

이에 따라 고도로 발달된 대규모 금융업과 보험업이 발전하였고, 이 부문에 스위스 인구의 50퍼센트 이상이 종사하고 있으며 총 GDP의 70퍼센트 이상을 차지한다. 스위스의 금융산업은 안전 피난처로서의 지위와 엄격한 고객 비밀보장으로 번성하여 왔다. 때문에 세계적으로 위험회피 경향이 강할 때에는 자금이 유입되어 경제를 주도하고 위험감수 성향이 커질 때에는 무역이 경제를 주도한다.

따라서 무역흐름이 중요한데, 유럽국가들과의 무역이 스위스 전체 무역 중 3분의 2를 차지한다. 스위스의 가장 중요한 교역국은 다음과 같다.

주요 수출 시장	주요 수입 시장
1. 독일	1. 독일
2. 미국	2. 이탈리아
3. 이탈리아	3. 프랑스
4. 프랑스	4. 네덜란드
5. 영국	5. 미국
6. 일본	6. 영국

최근 상품무역흐름은 적자와 흑자 사이를 넘나들어왔다. 반면 경상수지는 1966년 이후로 흑자를 내고 있다. 2006년 경상수지 흑자는 GDP의 14.5퍼센트에 달했다. 이는 노르웨이, 싱가포르, 홍콩을 제외한 모든 선진국 중 가장 높은 수준이다. 흑자 요인의 대부분은 스위스 금리가 낮음에도 불구하고 안전자산을 찾는 외국인 투자자들에 기인한다.

통화정책을 결정하는 스위스국립은행

스위스국립은행Swiss National Bank, SNB은 스위스의 통화정책을 결정하는 독립된 중앙은행으로 3명의 위원으로 구성되어 있다. 위원회는 의장, 부의장, 그리고 SNB 집행위원회 소속의 다른 위원으로 구성된다. 소수의 인원으로 구성되어 있기 때문에 모든 결정은 합의된 투표에 입각해 이뤄진다. 위원회는 최소 분기에 한 번 통화정책을 검토하지만, 통화정책은 어느 때에라도 결정하고 발표할 수 있다. 대부분의 중앙은행과 달리 SNB는 공식적인 금리 목표치를 설정하지 않는다. 대신 3개월 스위스 리보금리의 목표 범위를 설정해두고 있다.

중앙은행의 목표

SNB는 목표를 통화 목표치^{M3}로 설정하였으나 1999년 12월 연율 2퍼센트 이하 인플레이션으로 전환했다. 이 수치는 국내 소비자물가지수에 근거한 것이다. 통화 목표치는 여전히 중요한 지표이고, 이는 장기 인플레이션에 관한 정보를 제공해주기 때문에 중앙은행은 이를 집중 관찰하고 있다. 또한 인플레이션 목표치는 중앙은행의 투명성을 증대시킨다. 중앙은행은 "중기 인플레이션이 2퍼센트를 초과할 경우 SNB는 통화긴축정책을 펼칠 것이다"고 명확히 언급한 바 있다. 만약 디플레이션 우려가 높아진다면 중앙은행은 통화정책을 완화할 것이다.

또한 SNB는 환율을 면밀히 관찰하고 있다. 스위스 프랑의 과도한 강세는 인플레이션 환경을 유발할 수 있기 때문이다. 글로벌 위험 회피 추세가 나타나면 스위스로의 자본흐름이 상당량 늘어날 것이고 이에 따라 스위스 프랑의 강세가 촉발될 수 있다는 점에서 판단해보면 위의 내용을 이해할 수 있다. 결국 이런 상황이 도래할 경우 환율의 강세를 저지하기 위하여 유동성 조절을 통해 지체 없이 시장에 개입할 것이다. 결국 SNB 위원들은 구두 개입, 통화 공급, 환율 등 다양한 방법을 통해 스위스 프랑 시장에 개입한다.

중앙은행의 정책 수단

통화정책을 시행하기 위해 SNB가 가장 보편적으로 사용하는 정책 수단은 다음과 같다.

목표 금리 범위 _ SNB는 3개월 금리(스위스 리보금리)의 목표 범위를 설정하여 통화정책을 시행한다. 이 범위는 보통 100bp 스프레드 차이로 설정되고, 최소 매분기에 1회 수정된다. 이 금리는 스위스 프랑 투자를 위한 가장 중요한 시중 금리이기 때문에 목표치로써 사용된다. 이 목표 범위를 수정할 때는 경제 환경의 변화에 대한 확실한 설명이 수반된다.

공개시장조작 _ 레포 거래는 SNB의 주된 통화정책 수단이다. 레포 거래는 차후 지정한 날짜에 같은 종목과 같은 수량의 증권을 반대로 매매할 것을 약정하고 차입자가 대출자에게 증권을 판매하는 거래이다. 이 구조는 차입자가 대출자에 이자를 지급하는 증권담보부 대출과 비슷하다. 레포 거래는 1일에서 몇 주까지 아주 짧은 만기를 가지고 있는 거래이다. SNB는 3개월 리보금리를 조작하기 위해 이 레포 거래를 사용한다. 3개월 리보금리가 SNB가 설정한 목표치 이상으로 상승하게 되면 중앙은행은 레포 거래를 통하여 상업은행에 낮은 금리로 추가 유동성을 공급하게 된다(즉 상업은행으로부터 채권을 매입하고 현금을 지급하는 형태로 유동성을 시중에 공급하는 것이다). 반대로 SNB는 레포 금리를 높여 유동성을 줄이거나 3개월 리보금리 상승을 유도할 수 있다.

SNB는 현재 경제 상태의 상세한 평가와 통화정책을 검토한 분기 자보를 발행한다. 월간 자보에는 경제 상황에 대한 짧은 논평이 포함되어 있다. 이 보고서들은 현재 국내 경제 상황에 대한 SNB의 평가 변화 정보를 포함하고 있어 살펴볼 필요가 있다.

스위스 프랑의 주요 특성

- 안전 피난처로서의 지위

이것은 아마도 스위스 프랑의 가장 독특한 특성일 것이다. 스위스의 안전 피난처 지위와 은행 시스템의 비밀주의는 스위스 금융산업의 가장 중요한 장점이기 때문에 항상 안전 피난처 지위가 강조되고 있다. 스위스 프랑은 주로 국내 경제 상황보다 국외 이벤트에 따라 움직인다. 이는 이미 언급한 대로 스위스의 정치적 중립성으로 인해 스위스 프랑은 세계 최고의 안전통화로 여겨지고 있고, 이에 따라 글로벌 불안정성 혹은 불확실성이 부각되는 시기에는 투자자들이 투자자산의 수익률보다 투자 자산의 안정성을 먼저 생각하기 때문이다. 이러한 상황에서 자금이 스위스로 흘러들어가게 되면 스위스의 경제 상황과 관계없이 스위스 프랑은 강세를 보인다.

- 스위스 프랑은 금과 큰 상관관계를 가진다

스위스는 공식적으로 세계 4위의 금 보유국이다. 스위스 헌법은 통화준비금 중 40퍼센트를 금으로 보유해야 한다고 명시하였다. 이후 그 규정이 사라졌음에도 금과 스위스 프랑 간의 관계는 스위스 투자자들의 마음에 깊이 자리하고 있다. 그 결과 스위스 프랑은 금과 80퍼센트에 가까운 정의 상관관계를 갖는다. 금 가격이 상승할 때 스위스 프랑 역시 상승할 가능성이 높다. 또한 금은 통화를 대체할 수 있는 가장 확실한 안전 피난처로 간주되기 때문에 글로벌 경제와 지정학적인 불확실성이 고조되는 시기에는 금과 스위스 프랑 모두 강세를 보인다.

- 캐리 트레이드 효과

지난 수년간 선진국 중에서 가장 낮은 금리를 유지하고 있는 스위스 프랑은 트레이더들이 캐리 트레이드를 수행하는 가장 보편적인 통화였다. 이 책의 여러 곳에서 언급했듯이 투자자들이 고수익 자산을 선호하는 현상으로 인해 최근 들어 이러한 거래가 보편화되고 규모도 급증하고 있다. 다시 설명하면 캐리 트레이드는 저금리통화를 매도하거나 차입해 고금리통화 자산에 매입하거나 운용하는 것이다. 스위스 프랑의 금리가 선진국 통화 중 가장 낮기 때문에 캐리 트레이드에서 차입하거나 매도하는 통화가 바로 스위스 프랑이다. 이는 고금리통화를 매입하고 저금리통화인 스위스 프랑을 매도하는 결과를 초래하게 된다. 캐리 트레이드는 통상 GBP/CHF 또는 AUD/CHF 통화쌍에서 이루어지며 이러한 거래에 따라 EUR/CHF와 USD/CHF 역시 영향 받게 된다. 캐리 트레이드를 청산하게 되면 스위스 프랑에 대한 매입 수요가 커질 것이다.

- 유로 스위스 선물과 외국금리 선물 간 가격 차이를 따른다

전문적인 스위스 트레이더들은 유로-스위스 선물 3개월물과 유로-달러 선물 간 가격 차이를 주시하고 있다. 이 차이는 미국 채권의 프리미엄이 스위스 채권자산의 프리미엄보다 어느 정도 높은지 혹은 그 반대의 경우인지를 판단할 수 있기 때문에 잠재적 통화흐름의 좋

은 지표가 된다. 투자자들은 항상 고수익 자산을 추구하기에 이 차이는 트레이더들에게 잠재적인 통화 움직임의 가능성을 보여준다. 이는 글로벌 채권 간 금리 격차를 이용해 거래 진입이나 청산을 원하는 캐리 트레이더들에게 특히 중요하다.

- 은행 규제의 잠재적 변화

과거 수년간 유럽연합의 회원국들은 은행 시스템의 비밀주의 완화와 고객 계좌의 투명성 증대를 위해 스위스에 상당한 압박을 가해왔다. EU는 EU 내 세금 탈루자들을 조사하기 위한 적극적 조치의 일환으로 스위스를 계속 압박하였고 이는 향후 큰 관심사가 될 것이다. 이것은 스위스에 있어 쉽지 않은 결정이다. 고객 계좌의 비밀주의는 스위스은행 시스템의 핵심이 되는 강점이었기 때문이다. EU는 스위스가 제안에 따르지 않을 경우 심각한 제재를 부과하겠다고 위협해왔다. 현재 관계 정부당국 간에 보다 적절한 해결 방안을 찾기 위한 협상이 진행되고 있다. 이러한 스위스 금융규제의 변화는 스위스 경제뿐만 아니라 스위스 프랑에도 영향을 미칠 것이다.

- 인수합병

스위스의 주된 산업은 은행과 금융이다. 이 산업 내의 인수합병M&A 활동은 매우 비일비재하고, 특히 합병은 전체 산업으로 파급되고 있다. 그 결과 이러한 M&A는 스위스 프랑에 상당한 영향을 미칠 수 있다. 외국기업이 스위스은행이나 보험회사를 인수할 경우 그들은 스위스 프랑을 사들이고 자국통화를 팔아야 할 것이며, 반대로 스위스은행이 외국기업을 인수할 경우 스위스 프랑을 팔고 외국통화를 사들여야 할 것이다. 어느 쪽이든 스위스 프랑 트레이더들은 스위스 기업과 관련한 M&A 발표를 주의 깊게 살펴보아야 한다.

• 트레이딩 움직임, 크로스통화 특징

EUR/CHF는 CHF를 거래하기 원하는 트레이더들에게 가장 활발히 거래되는 통화쌍이다(그림12-4 참조). USD/CHF는 유동성이 부족하고 변동성이 높아 상대적으로 거래가 적다. 그러나 데이 트레이더들은 변동성 때문에 EUR/CHF보다 USD/CHF를 선호하는 경향이 있다. 실제로 USD/CHF는 EUR/USD와 EUR/CHF에서 파생된 합성통화일 뿐

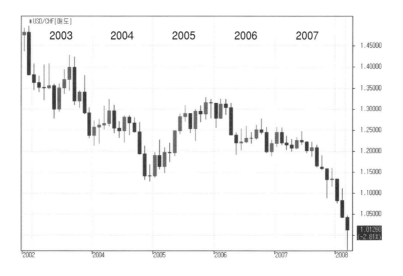

〈그림 12-4〉 USD/CHF 5년 차트
(출처: 현대선물)

이다. 마켓메이커나 전문적인 트레이더들은 USD/CHF 거래를 하기 위해 이러한 통화쌍들을 선행지수로써 이용하거나, 혹은 USD/CHF의 유동성이 낮을 때 통화쌍의 가격을 책정하곤 한다. 이론상 USD/CHF 환율은 EUR/CHF를 EUR/USD로 나눈 값과 정확히 동일하다. 다만 이라크전쟁이나 9.11테러와 같은 글로벌 위험회피 추세경향이 심할 동안만 자체 USD/CHF 거래가 활발해질 것이다. 시장 참가자들은 환율의 이러한 미세한 차이를 빠르게 이용하여 수익을 얻는다.

스위스의 중요한 경제지표

KoF(스위스경제연구소) 선행지수

KoF 경기선행지수는 스위스경제연구소가 발표한다. 일반적으로 스위스 경제의 향후 건실성을 예측하는 척도로 사용되며, 다음 6가지 요소를 포함한다. ① 제조업 주문 변화, ② 향후 3개월간 제조업 구매계획전망, ③ 도매업 재고 추정, ④ 재무상황에 대한 소비자 인식, ⑤ 건설부문 수주 잔고, ⑥ 제조업 수주 잔고

소비자물가지수

소비자물가지수는 매월 스위스 내에서 지불한 소매가격을 기준으로 산정한다. 일반적인 국제 관행에 따라 선정된 상품은 소비 개념에 따라 구분되는데, 이는 국가 계정에 따른 민간 소비총액의 일부인 상품과 서비스 지수 계산에 포함한다. 상품 바스켓은 직접세, 사회보장보험료, 의료보험료와 같은 이른바 이전적 지출은 포함하지 않으며, 인플레이션의 중요한 척도가 된다.

국내총생산

GDP는 스위스 안에서 생산되고 소비된 모든 재화와 서비스 시장 가치의 총합이다. GDP는 가계, 기업, 정부, 순 외국인 매입(수출-수입)에 의한 지출을 포함하여 계산된다. GDP 디플레이터는 현재 가격으로 측정된 총생산량 기준연도의 고정달러 GDP로 전환하기 위해 사용된다. 이 지표는 스위스 비즈니스 사이클의 현 위치를 파악하는 데 사용되는데, 가령 높은 성장속도는 종종 인플레이션으로 여겨지고, 낮은 (또는 마이너스) 성장은 경기 침체 또는 부진한 경제 상황을 시사한다.

국제수지

국제수지는 다른 나라와 행한 모든 경제적 거래를 체계적으로 분류한 것이다. 경상수지는 무역수지에 서비스 수지를 더한 것이다. 스위스는 항상 건실한 경상수지를 유지해왔기 때문에 국제수지는 스위스 프랑 트레이더들에게 중요한 지표가 된다. 긍정적이든 부정적이든 경상수지의 변화는 환율에 상당한 변화를 가져온다.

생산지수(산업생산)

산업지수는 분기별 산업생산(또는 생산자에 의한 실물 생산)량 변화의 척도이다.

소매판매

스위스 소매판매는 해당 월의 40일 이후 월간 단위로 발표된다. 이 지표는 소비자지출 행태의 중요한 지표이고, 계절 조정하지 않는다.

일본 엔(JPY)

전반적 경제 개요

　일본은 2006년 GDP 4조 2,000억 달러를 기록하여 미국, 전체 유로존 또는 EMU에 이은 세계 3위의 경제대국이다. 단일국가로는 두 번째로 큰 경제규모이다. 일본은 또한 세계에서 가장 큰 수출대국이며 매년 5,000억 달러가 넘는 수출 규모를 기록하고 있다. 제조업과 전자제품, 자동차와 같은 제품의 생산과 수출은 GDP의 20퍼센트에 달하는 경제의 핵심 동력이다. 이는 일본의 심각한 구조적 결함에도 불구하고 일본 엔에 대한 수요를 만들어내며 지속적인 무역흑자를 지켜왔다.

　그 외에도 일본은 상품생산을 위한 원재료 최대 수입국 중 하나이다. 수입과 수출 모든 부분에서 일본의 가장 중요한 무역 파트너는 미국과 중국이다. 저렴한 중국제품은 일본의 수입시장에 많은 부분을 차지하며 일본에 도움을 주었다. 일본의 중요 교역국이 된 중국은 2003년 마침내 미국을 능가하며 일본의 최대 수입국이 되었다.

주요 수출 시장	주요 수입 시장
1. 미국	1. 중국
2. 중국	2. 미국
3. 대한민국	3. 대한민국
4. 대만	4. 호주
5. 홍콩	5. 대만

일본의 자산 버블

일본 경제를 이해하기 위해서는 먼저 일본의 경제 버블과 버블 붕괴가 나타나게 된 요인에 대해 알아보아야 한다.

1980년대 일본의 금융시장은 아시아 투자처를 찾고 있는 국제투자자들에게 가장 매력적인 시장 중 하나였다. 일본은 아시아 내에서 가장 발전된 자본시장을 가지고 있었고, 일본의 은행 시스템은 세계에서 가장 견실한 국가 중의 하나로 여겨졌다. 당시 일본은 예상을 넘어서는 경제성장과 제로 인플레이션 상태를 기록하고 있었다. 이에 따라 자산가격 상승에 의한 급속한 성장 및 신용 확대를 초래하였고, 다시 자산 가격의 버블로 이어지게 되었다. 그후 1990년과 1997년 사이 자산 가격이 하락하며 자산 버블은 붕괴현상이 나타나게 되었다. 이 기간 중 자산가격은 10조 달러 이상 하락하였고 이중 65퍼센트가 부동산 가격의 하락에 기인하였으며 이는 일본의 2년 국내생산과 맞먹는 금액이었다.

이러한 자산 가격의 하락은 일본 금융위기를 촉발했다. 금융위기는 1990년대 초에 시작되어 1997년에 많은 금융기관들이 도산하면서 최고조에 도달하였다. 1980년대 자산 버블의 절정에 이르면서 많은 은행들과 금융기관들은 토지를 담보로 건축업자들과 부동산 개발자에게 여신을 확대했다. 그러나 자산 버블이 붕괴되자 많은 부동산 개발업자들이 도산하면서 금융기관들은 부실 대출을 끌어안게 되었으며 담보가액은 최초 대출 당시보다 60~80퍼센트까지 하락하였다. 일본 금융기관들의 거대한 부실채권과 은행권의 기업 대출에 의한 영향력에 따라 이러한 위기는 일본 경제뿐만 아니라 전 세계 경제에도 큰 영향을 미치게 되었다. 거대한 부실 여신, 주식 가격의 폭락, 그리고 부동산 분야의 붕괴는 거의 20년 기간 동안 일본 경제를 심각하게 훼손시켰다.

금융위기 외에도 일본의 공공부채 규모는 GDP의 140퍼센트를 넘으며 선진국 중 가장 높은 부채 수준을 보이고 있다. 재정 악화와 공공부채 증가로 일본은 10년이 넘는 기간 동안 극심한 경제 침체를 겪었다. 높은 부채 부담으로 인해 일본은 여전히 유동성 위기에 처해 있고, 금융 분야는 정부의 구제 조치에 크게 의존하고 있다. 그 결과 일본 엔은 정치 상황뿐만 아니라 통화와 재정 정책의 잠재적 변화에 대한 정부의 발언, 구제 조치 시행 그리고 기타 루머에 매우 민감하게 반응하고 있다.

통화정책을 결정하는 일본은행

일본은행^{Bank of Japan, BOJ}은 일본의 중요한 통화정책을 결정하는 기구이다. 1998년 일본정부는 일본은행에게 재무성^{Ministry of Finance, MOF}으로부터의 독립성과 통화정책에 관한 완전한 지배권을 부여하는 법안을 통과시켰다. 그러나 정부의 권한 하부 위임에도 불구하고 재무성은 여전히 환율정책을 담당하고 있다. 일본은행은 재무성의 통제하에 공식적인 책임을 가지고 일본 외국환거래를 수행한다.

일본은행의 정책이사회는 일본은행 총재, 2명의 부총재, 6명의 위원으로 구성된다. 통화정책회의는 매월 2회 브리핑과 함께 열리며 회의 직후 기자회견이 열린다. 일본은행은 정책이사회가 발행하는 월간 보고서와 월간 경제보고서를 발간한다. 일본정부는 지속적으로 경기 부양을 위한 새로운 계획들을 시도하고 있기 때문에 이러한 보고서들은 일본은행의 센티먼트 변화와 새로운 통화정책 또는 재정정책의 신호를 파악하기 위해 중요하다.

재무성과 일본은행은 통화 움직임을 주도할 권한이 있는 매우 중요한 기관이다. 재무성이 환율 개입의 책임자이기 때문에 재무성 인사들의 발언을 지켜보는 것이 중요하다. 일본은 수출 위주의 국가이므로 정부는 일본 엔 약세를 선호한다. 따라서 일본 엔이 달러에 대비해 급속하게 상승하거나 상승폭이 너무 커지면 일본은행과 재무성 위원들은 구두 개입을 통하여 일본 엔의 현재 수준 또는 움직임에 대한 우려나 관심을 표시할 것이다. 이러한 발언은 시장을 움직이는 변동 요인이 되기도 하지만, 그들의 발언이 빈번하게 일어나는 대신 행동이 없는 구두개입으로만 끝나버리게 되면 시장은 이러한 발언에 면역력이 생기기 시작할 것이다.

그러나 재무성과 일본은행은 일본에 유리하게 환율을 조정하기 위하여 통화시장에 개입해왔다. 따라서 그들의 발언을 완전히 무시할 수는 없다. 일본은행이 통화정책 조절을 위해 가장 많이 사용하는 도구는 공개시장조작이다.

공개시장조작

이러한 활동들은 무담보 오버나잇 콜금리를 조절하는 것에 초점을 맞추고 있다. 한동안 일본은행은 제로금리를 유지해왔다. 이는 일본은행이 성장과 소비 또는 유동성을 부양하기 위해 금리를 더 이상 인하할 수 없다는 것을 의미한다. 따라서 일본은행은 제로금리를 유지하기 위해 공개시장조작을 통하여 유동성을 조절하고 있다. 단기채권, 레포 또는 일본 정부채권을 매수하거나 매각함으로써 유동성을 조절한다. 레포 거래는 차후 지정한 날짜에 같은 종목과 같은 수량의 증권을 다시 매매할 것을 약정하고 차입자가 대출자에게 증권을 판매하는 거래이다. 이 구조는 차입자가 대출자에게 이자를 지급하는 채권 담보부대출과 비슷하다. 레포 거래는 1일에서 몇 주까지 아주 짧은 만기를 갖고 있는 거래이다.

재정정책 측면에서 일본은행은 부실채권을 다루기 위해 여러 방법들을 고려해왔다. 이는 인플레이션 목표치, 일부 민간은행들의 국유화, 은행 부실채권의 재조정과 할인 매각 등을 포함하고 있다. 정책적 결정은 없었지만 정부는 이외에도 많은 다른 대안들을 적극적으로 고려하고 있다.

일본 엔의 주요 특성

- 아시아 강세(약세)를 측정하는 대체물

일본은 아시아에서 가장 GDP가 높은 국가이기 때문에 전반적인 아시아 시장의 강도를 측정하는 대체물로 간주된다. 아시아 내에서 자본시장이 가장 발달한 일본은 한때 아시아지역 투자를 원하는 투자자들에게 훌륭한 투자처였다. 또한 일본은 기타 아시아국과 상당한 규모의 무역 교류를 하고 있다. 결과적으로 일본 내의 경제적, 정치적 불안정성은 다른 아시아 국가들에게 많은 파급효과를 미친다. 물론 이러한 여파는 일방적이지 않다. 다른 아시아 국가들의 경제적 혹은 정치적인 이슈들도 일본 경제와 일본 엔에 많은 영향을 미치고 있다. 예를 들어

G7 국가인 일본은 북한과 강한 유대관계를 갖고 있어 북한의 정치적
불안정성은 일본과 일본 엔에 막대한 리스크가 된다.

• 일본은행 개입 실행

일본은행과 재무성은 외환시장의 적극적인 참여자들이다. 다시
말하면 그들은 JPY 수준에 만족하지 못할 경우 외환시장개입을 해왔
다. 일본은 정부 관료들과 대규모 민간기관들과의 긴밀한 유대관계가
구축된 매우 정치적인 국가이기 때문에 일본 재무성은 엔화 강세를 저
지하고자 할 때 대규모 민간기관을 염두에 둔다. 일본은행은 적극적
인 개입 참가자로서 시장의 움직임 및 다른 참가자들과 조화를 이룬
다. 일본은행은 정기적으로 은행들로부터 대규모 헤지펀드 포지션들

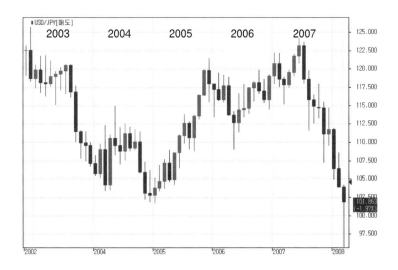

〈그림 12-5〉 USD/JPY 5년 차트
(출처: 현대선물)

에 대한 정보를 받고, 투기자들의 투기 이익 창출을 위하여 시장과 다른 포지션을 보유할 때 개입할 가능성이 높다. 일본은행과 재무성의 개입을 가져오는 세 가지 주요 요인들이 있다.

1. 일본 엔 상승ㆍ하락의 규모 _ 개입은 역사적으로 6주 내의 기간 동안 7엔 이상이 변동될 때 이뤄진다. 바로미터로서 USD/JPY가 사용되고, 117.00에서 125.00까지 7엔의 상승은 700핍 상승을 의미한다 (그림12-5 참조).

2. 현재 USD/JPY 환율 _ 역사적으로 JPY 상승을 제한하는 일본은행 개입의 11퍼센트는 115 레벨 이상에서 이뤄졌다.

3. 투기 포지션 _ 개입의 효과를 극대화하기 위해서 일본은행과 재무성은 참가자들이 반대 방향 포지션을 보유할 때 개입할 것이다. 트레이더들은 CFTC 웹사이트(www.cftc.gov)에서 국제통화시장^{International Monetary Market, IMM} 포지션을 확인함으로써 시장 참가자들의 포지션 규모를 확인할 수 있다.

- JPY 움직임은 시간에 민감하다

수출업체의 본국 송금 수요에 따라 JPY 크로스통화들은 일본 회계연도 말일(3월 31일)에 가까울수록 더욱 활발한 움직임을 보인다. 이는 일본은행 입장에서도 아주 중요한데, 보유 증권의 시가평가를 요구하는 일본 금융청^{Financial Services Authority, FSA} 가이드라인에 충족하도록 재무제표를 재구성해야 하기 때문이다. 투기자들은 회계연도 말 본국 송금에 따른 엔화 매입 수요 증대를 예상하여 일본 엔 상승에 따른 수익을 얻기 위해 엔을 매수한다. 그 결과 회계연도 이후 일본 엔은 투기자들의 포지션 청산에 의해 하락세를 보이는 경향이 있다.

회계연도 외에도 시간요소는 일간 기준으로도 주요 고려사항이 된다. 보통 트레이딩 데스크에서 점심식사를 하는 런던이나 뉴욕의 트레이더들과 달리 일본 트레이더들은 뉴욕시간으로 오후 10시부터 11시까지 한 시간의 점심 휴식시간이 있다. 따라서 시장의 유동성 부족으로 인해 일본 점심시간에는 변동성이 높아질 수 있다.

그 외에도 중요 발표나 정부인사의 발언, 혹은 경제지표가 서프라이즈한 상황을 내지 않는 한 일본 엔은 일본과 런던장에서는 질서 있게 움직이는 경향이 있다. 그러나 뉴욕장에서는 미국 트레이더들이 달러와 엔 포지션을 적극적으로 매매하면서 일본 엔의 변동성이 높아지는 경향이 있다.

- 은행주에 주목한다

일본 경제위기의 핵심이 일본은행들의 부실채권NPL에서 기인되기 때문에 외환시장 참가자들은 은행부문 주식을 면밀히 관찰한다. 은행들의 디폴트 위협, 저조한 실적 또는 부실채권의 추가 발생은 해당 경제가 매우 심각한 문제들을 안고 있음을 시사한다. 따라서 은행주의 움직임은 일본 엔의 방향으로 연결된다.

- 캐리 트레이드 효과

투자자들이 적극적으로 고수익 자산을 물색하면서 캐리 트레이드는 최근 대중화되었다. 일본은 선진국 중 가장 낮은 금리를 보이고 있기 때문에 일본 엔은 주로 캐리 트레이드에서 매도하거나 차입하는 통화가 된다. 가장 대중적인 캐리 트레이드 통화는 GBP/JPY, AUD/JPY, NZD/JPY와 USD/JPY를 포함한다. 캐리 트레이더들은 고수익 통화를 사고 일본 엔을 매도할 것이다. 따라서 스프레드가 좁아진 데 따른 캐리 트레이드의 청산은 일본 엔을 상승시킨다. 캐리 트레이드의 청산은 다른 통화들을 매도하고 일본 엔을 매수하는 과정을 수반하기 때문이다.

일본의 중요 경제지표

다음은 일본 엔에 중요하게 작용하는 경제지표들이다. 무엇보다 일본이 제조업 중심의 국가이기 때문에 제조업 부문의 수치에 집중하는 것이 중요하다.

국내총생산

국내총생산은 일본 안에서 생산된 모든 재화와 서비스의 시장가치의 총합으로 분기별 그리고 연간별로 산출된다. GDP는 가계, 기업, 정부, 순 외국인 매입(수출-수입)에 의한 지출을 포함하여 계산된다. GDP 디플레이터는 현재 가격으로 측정된 총생산량 기준연도의 고정 달러 GDP로 전환하기 위해 사용된다. 이 지표는 일본 비즈니스 사이클의 현 위치를 파악하는 데 사용되며, 예비치는 외환시장 참가자들에게 가장 중요하다.

단칸 조사

단칸tankan 조사는 1년에 네 차례 이뤄지는 일본기업들의 단기 경제조사이다. 4개의 주요 그룹(주요기업 및 대기업, 소기업, 중기업)으로 분류된 9,000개 이상의 기업을 대상으로 조사하며, 일본 기업환경의 전반적인 업황을 제공하고 있어 외환시장 참가자들에게 널리 관찰된다.

국제수지

국제수지는 투자자들에게 상품, 서비스, 투자 소득, 자본흐름을 포함한 일본의 국제경제 거래에 관한 정보를 제공한다. 일본은행의 경상수지는 국제무역 수준을 파악하는 데 유용한 척도로 사용된다. 국제수지는 월간 및 반년 단위로 발표된다.

고용

고용 수치는 일본 후생노동청이 월간 단위로 보고한다. 고용지표는 일본의 고용 인구와 실업률의 척도로서 현재 노동인구에 대한 통계조사를 통해 산출된다. 경제활동의 선행지수로서 시의성과 중요성 때문에 면밀히 관찰되는 경제지표이다.

산업생산

산업생산은 일본의 제조업, 광업, 유틸리티 기업의 생산 추세를 측정한다. 산업생산은 생산된 총 수량으로 일본의 국내 판매와 수출을 위한 상품생산을 포함한다. 농업, 건설, 수송, 통신, 무역, 금융, 서비스업의 생산 및 정부 생산, 수입은 포함하지 않는다. 산업생산은 일정 기간 동안 각 요소의 상대적인 중요도에 따른 가중치에 의해 산출된다. 투자자들은 산업생산과 재고 축적이 총생산과 강한 연관관계를 가지며 경제현황에 관한 좋은 정보가 된다고 본다.

호주 달러(AUD)

전반적 경제 개요

호주는 아시아 · 태평양 지역에서 GDP 기준 다섯 번째 규모의 나라이다. 2006년 국내총생산은 약 6,740억 달러였다. 경제 규모가 상대적으로 작지만 1인당 GDP 기준으로는 서유럽국가들과 견줄 만하다. 호주는 서비스 중심 국가로 GDP의 약 79퍼센트가 금융, 부동산, 기업 서비스 산업에서 창출된다. 그러나 호주는 제조업 수출 비중이 높은 무역적자국이다. 광물 수출 비중이 모든 제조업 수출의 60퍼센트를 넘는다. 그 결과 경제는 상품가격의 변화에 매우 민감하다. 호주 주요 교역국의 경기 하강 또는 급성장은 호주의 수입과 수출 수요에 크게 영향을 미치기 때문에 무역 파트너에 대한 분석이 중요하다.

주요 수출 시장

1. 일본
2. 유럽연합
3. 중국
4. 아세안ASEAN
   (동남아 국가연합)
5. 대한민국
6. 미국

주요 수입 시장

1. 유럽연합
2. 아세안ASEAN
   (동남아 국가연합)
3. 중국
4. 미국

일본과 동남아 국가연합Association of Southeast Asian Nations, ASEAN은 호주 상품의 가장 중요한 수입국이다. 동남아 국가연합은 브루나이, 캄보디아, 인도네시아, 라오스, 말레이시아, 미얀마, 필리핀, 싱가포르, 태국, 베트남을 포함한다. 따라서 호주 경제는 아시아 태평양지역 국가들의 경제 상황에 매우 민감하다. 그러나 아시아가 호주 수출의 가장 중요한 파트너임에도 불구하고 아시아 위기 동안 호주는 1997년에서 1999년까지 매년 평균 4.7퍼센트의 성장을 이뤄냈다. 호주는 '강한 국내 소비'라는 토대를 공고히 하여 강한 성장세를 유지하였고, 그 결과 지난 경제위기들을 견뎌낼 수 있었다. 소비는 1980년대부터 꾸준히 증가하고 있다. 따라서 소비자지출은 글로벌 경기 침체기에 경기 둔화가 호주의 국내 소비에 미치는 여파를 확인하는 시그널로 주시해야 할 중요한 경제지표이다.

통화정책을 결정하는 호주준비은행

호주준비은행Reserve Bank of Australia, RBA은 호주의 중앙은행이다. 중앙은행 내 통화정책위원회는 총재(의장), 부총재(부의장), 재무성 총무, 정부가 임명한 6명의 독립위원들로 구성된다. 통화정책의 변화는 위원회 내의 합의에 따른다.

중앙은행의 목표

RBA 법은 중앙은행 이사회의 권한이 다음 목표들을 달성할 통화정책과 은행정책에 중점을 두는 것이라고 기술하고 있다.

- 호주 통화의 안정성

- 호주의 완전 고용 유지

- 경제적 번영과 호주국민의 복지

위 목표들을 달성하기 위해 정부는 비공식 소비자물가 인플레이션 목표를 연율 2~3퍼센트로 설정해왔다. RBA는 장기적으로 지속 가능한 경제성장의 열쇠가 인플레이션 조절이라고 보며, 이에 따라 적절한 통화가치가 유지된다고 생각한다. 또한 인플레이션 목표치는 통화정책을 결정하기 위한 룰을 제공하며 민간부문 인플레이션 기대치의 가이드라인을 제공한다. 이는 또한 중앙은행 정책의 투명성을 높인다. 인플레이션 또는 인플레이션 기대치가 2~3퍼센트를 초과하면 트레이더들은 RBA가 긴축통화정책을 펼칠 것을(추가 금리 상승) 기대할 것이다.

통화정책 결정은 통화시장의 오버나이트 대출금리 설정을 포함하고 있다. 오버나이트 대출금리의 변화는 그외 다른 금리들에 다양하게 영향을 주기 때문에 금융시장에서 차입자와 대출기관은 이러한 통화정책에 영향을 받는다(그러나 단지 통화정책에 의한 것만은 아니다). 이러한 채널을 통해 통화정책은 기존에 나열했던 위의 목표들이 추구하는 경제목표 달성에 영향을 미친다.

중앙은행 금리

중앙은행 금리Cash Rate는 공개시장조작을 위한 RBA의 목표 금리이다. 이 금리는 금융기관 간의 오버나이트 대출에 대한 금리로서, 결과

〈그림 12-6〉 AUD/USD와 채권 스프레드

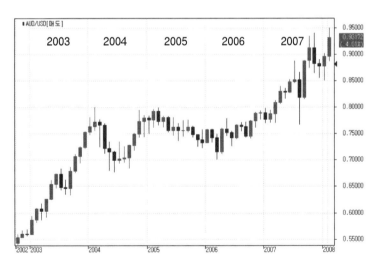

〈그림 12-7〉 AUD/USD 5년 차트
(출처: 현대선물)

적으로 시장에서의 자금시장 금리와 밀접한 관계가 있다. 통화정책의 변화는 직접적으로 금융 시스템의 금리 구조에 영향을 미치고, 또한 통화가치에도 영향을 준다. 〈그림 12-6〉의 차트는 호주와 미국 간 금리 차이와 AUD/USD 가격을 비교하고 있다. 금리 차이와 환율 간에 분명히 긍정적인 연관관계가 있다. 1990년부터 1994년까지 호주는 17퍼센트에서 4.75퍼센트까지 공격적인 금리 인하를 단행하였고 이로 인하여 AUD/USD의 급락을 가져왔다. 다른 시나리오는 2000년과 2004년 사이에 일어났다. 당시 미국이 금리를 인하했던 반면 호주는 금리를 인상했다. 양국의 통화정책의 차이로 이후 5년 동안 AUD/USD는 매우 강한 랠리를 펼쳤다(그림12-7).

금리 유지 - 공개시장조작

매일 시행되는 공개시장조작의 초점은 상업은행들에게 제공하는 유동성 조절을 통하여 중앙은행 금리를 목표에 근접하게 유지하는 것이다. 중앙은행이 금리 인하를 원한다면 일반 금리보다 낮은 금리로 단기 환매 약정 공급을 증가시켜 금리를 인하할 수 있을 것이다. 중앙은행이 금리 인상을 원한다면 단기 환매 약정 공급을 감소시켜 금리를 인상할 것이다. 환매 약정은 차후 지정한 날짜에 같은 종목과 같은 수량의 증권을 다시 매매할 것을 약정하고 차입자(상업은행)가 대출자(RBA)에게 증권을 판매하는 거래이다. 이 구조는 차입자가 대출자에게 이자를 지급하는 담보대출과 비슷하다. 레포 거래는 1일에서 몇 주까지 아주 짧은 만기를 갖고 있는 거래이다.

호주는 1983년 변동환율제를 도입했다. RBA는 과도하게 시장 변동성이 높아져 시장을 위협하거나 환율이 근본적인 경제 펀더멘털과 일치하지 않을 경우 환율 시장개입을 단행할 수 있다. RBA는 달러와의 크로스환율뿐만 아니라 무역가중지수를 관찰한다. 시장개입은 환율 목표달성보다 시장 환경 안정화에 목표를 둔다.

<u>통화정책 회의</u>

RBA는 1월을 제외한 매월 첫 번째 화요일에 통화정책의 잠재적 변화를 논의한다. 모든 회의 이후 RBA는 통화정책 변경의 정당한 이유를 설명하는 보도자료를 발행하고, 금리 변동 여부에 관계없이 성명서를 공개한다. 또한 RBA는 월간 연방준비은행 공보를 발간하는데, 5월과 11월에 발간하는 이 공보는 통화정책에 관한 반기별 성명서를 포함한다. 2월, 5월, 8월, 11월은 경제와 금융시장에 관한 분기 보고를 포함하여 발행한다. 잠재적인 통화정책 변화 신호를 감지할 수 있어 이 보고서들을 면밀히 살펴보는 게 좋다.

호주 달러의 주요 특성

• 상품 관련 통화

역사적으로 호주 달러는 상품가격, 특히 금 가격과 거의 80퍼센트에 달하는 강한 관계를 가져왔다. 이는 호주가 세계 세 번째 규모의 금 생산국이라는 사실에서 기인한다. 또한 매년 금 수출 규모는 50억에 달한다. 그 결과 호주 달러는 상품가격이 상승할 때 수혜를 입지만, 상품가격이 하락할 때 호주 달러도 함께 하락한다. 상품가격이 상승한다면 인플레이션 우려가 고조되어 RBA는 인플레이션 억제를 위해 금리를 인상할 것이다. 그러나 금 가격은 전 세계 경제나 정치의 불확실성 시대에 상승하는 경향이 있기 때문에 이는 상당히 민감한 문제이다. 만약 RBA가 이러한 상황에서 금리를 올린다면 호주는 불확실성으로 인한 파급효과에 더 취약해질 수밖에 없다.

· 캐리 트레이드 효과

호주는 선진국 중 금리가 가장 높은 국가 중 하나다. 호주 달러는 유동성이 풍부해 캐리 트레이드에 가장 대중적으로 사용된다. 캐리 트레이드는 저금리통화를 매도하거나 차입해 고금리통화 자산을 매입하거나 운용하는 것이다. 캐리 트레이드의 대중화로 호주 달러는 2001년부터 2007년까지 미국 달러 대비 95퍼센트 상승했다. 많은 외국인 투자자들은 주식투자의 수익률이 낮을 때 고수익 투자처를 물색해왔다. 캐리 트레이드는 실제적인 수익이 존재하는 한 지속될 것이다. 글로벌 중앙은행들이 금리를 인상하고, 호주와 다른 국가 간의 금리 차가 좁아진다면 AUD/USD는 캐리 트레이드 청산으로 인해 타격을 입을 것이다.

· 가뭄의 영향

상품이 호주 수출의 대부분을 차지하기 때문에 호주 GDP는 농업 활동에 피해를 주는 기후 환경에 매우 민감하다. 예를 들어 2002년은 호주에 극심한 가뭄이 찾아와 매우 어려웠던 한 해였고 호주 농업 부문에 엄청난 타격을 주었다. 농업은 호주 GDP의 3퍼센트를 차지하고 있어 특히 중요하다. RBA는 "농업 생산의 감소는 직접적으로 GDP성장률을 1퍼센트 감소시킬 수 있다"고 예상한다. 수출 외에도 가뭄은 호주 경제의 다른 측면에도 간접적인 영향을 끼쳤다. 지방 농촌 지역의 소매업 운영뿐만 아니라 도매업과 수송 부분과 같이 농업에 서비스를 공급하는 산업들까지도 가뭄에 의한 부정적인 영향을 받는다. 그러나 호주 경제는 가뭄 직후 강력한 성장세를 보인다는 사실에 주목해야 할 필요가 있다. 1982~1983년 찾아왔던 가뭄은 처음에는 GDP를 감소시켰으나 이후 1~1.5퍼센트 상승효과를 가져왔다. 그리고 1991~1995년 가뭄으로 인해 1991~92년과 1994~95년의 GDP는 0.5~0.75퍼센트 하락했지만 그 후론 결국 0.75퍼센트 상승했다.

· 금리 차이

호주 달러의 전문 트레이더들은 호주 금리와 기타 선진국들의 단기금리 수익률 간의 금리 차이를 주시하고 있다. 이는 호주 달러 단기채권의 프리미엄이 외국인 단기채권의 프리미엄보다 어느 정도 높은지 혹은 그 반대의 경우인지를 판단할 수 있기 때문에 이러한 차이는 잠재적인 통화 가치의 변동에 좋은 지표가 될 수 있다. 투자자들은 항상 고수익 자산을 찾기 때문에 이 차이는 트레이더들에게 잠재적인 통화 움직임의 지표로 사용된다. 이는 글로벌 채권 간 금리 격차에 따라 포지션을 진입하거나 청산하려는 캐리 트레이더들에게 특히 중요하다.

호주의 중요한 경제지표

국내총생산

국내총생산은 호주 안에서 생산된 모든 재화와 서비스의 시장가치를 모은 총합이다. GDP는 가계, 기업, 정부, 순 외국인 매입(수출-수입)에 의한 지출을 포함하여 계산된다. GDP 디플레이터는 현재 가격으로 측정된 총생산량을 기준 연도의 고정달러 GDP로 전환하기 위해 사용된다. 이 지표는 호주 비즈니스 사이클의 현 위치를 파악하는 데 사용되는데, 높은 성장률은 종종 인플레이션으로 해석되고, 낮은(또는 마이너스) 성장은 경기침체 또는 부진한 경제성장을 시사한다.

소비자물가지수

소비자물가지수^{CPI}는 분기별로 CPI 인구표본 그룹(즉 대도시 가구같은)에 의한 지출 중 높은 비율을 차지하는 재화와 서비스 바스켓 가격의 변화를 측정한다. 이 바스켓은 식품, 주택, 교육, 수송, 건강을 포함한 재화와 서비스의 넓은 범위를 포함한다. 인플레이션의 척도인 이 지수에 근거하여 통화정책이 결정되기 때문에 CPI는 중요한 인디케이터이다.

상품 서비스 수지

이 지수는 국제수지를 기준으로 한 호주의 재화와 서비스 국제무역의 척도이다. 일반 상품 수입과 수출은 대부분 호주 세관기록에 근거한 국제무역 통계에서 얻어진다. 경상수지는 무역수지에 서비스 수지를 더한 것이다.

개인 소비

가계에 의한 지출과 가계를 위한 개인 비영리사업의 생산자에게 영향을 주는 국민 계정이다. 이는 비내구재뿐 아니라 내구재 구입을 포함한다. 그러나 주택 구매로 인한 지출과 개인기업의 자본적 지출은 포함하지 않는다. 개인소비는 호주 경제의 회복을 견인할 수 있기 때문에 지켜보는 것이 중요하다.

생산자물가지수

생산자물가지수^{PPI}는 국내 생산자들의 판매가격의 평균 변화를 측정하는 지수군이다. PPI는 농업, 전자업, 천연가스, 임업, 어업, 제조업, 광업을 포함한 국내 경제의 거의 모든 상품생산 산업의 가격 변화를 추적한다. 외환시장은 계절 조정된 상품 PPI와 PPI 지수가 월간 대비, 분기 대비, 반기 대비, 전년 대비 얼마나 변화했는지에 초점을 맞추는 경향이 있다. 호주의 PPI는 분기 기준으로 발표된다.

뉴질랜드 달러(NZD)

전반적 경제 개요

뉴질랜드는 2006년 GDP 규모 약 1,070억 달러의 매우 작은 국가이다. 이 책이 발간될 당시(2008년) 뉴질랜드의 인구는 뉴욕 시 인구의 반보다 조금 적었다. 한때 뉴질랜드는 경제협력개발기구^{OECD} 내에서 가장 규제가 강한 나라 중 하나였지만 지난 20년간 개방적, 근대적, 안정적 국가를 지향하고 있다. 1994년 재정책임법$^{Fiscal\ Responsibility\ Act}$ 제정 이후 뉴질랜드는 농업국가에서 높은 기술, 높은 고용, 고부가가치 생산을 통하여 앞서가는 지식기반 경제국가로 전환하고 있다. 이 법은 재정 운영에 관해 정부가 공식적인 책임을 뒷받침하는 법적 기준을 설정하고, 뉴질랜드의 거시경제정책을 위한 체계를 설정한다. 다음은 재정책임법에 서술된 원칙이다.

- 재정 부채의 감축 : 미래에 있어서 부채의 증가를 유발할 변수를 감안하고 대비하기 위하여 재정 부채가 건전한 수준을 유지할 수 있도록 해야 하며, 이러한 수준에 도달할 때까지 정부 지출액을 정부 수입액보다 작게 유지하여야 한다.
- 재정 부채의 건전 수준 유지 : 재정 채무가 건전한 수준에 도달하게 되면 이를 유지하기 위하여 지출이 수입을 초과하지 않도록 재정을 유지한다.
- 정부의 순자산 규모 유지 : 미래 정부 순자산 규모에 미칠 부정적 요인을 감안하여 정부의 순자산은 일정 수준을 유지하여야 한다.
- 일관된 정책 집행 : 조세율의 안정과 그 수준은 예측 가능한 수준으로 관리되어야 한다.
- 리스크 관리 : 재정에 영향을 미칠 금융 리스크는 신중하게 관리되어야 한다.

뉴질랜드는 국가 수출의 대부분을 이끄는 농업과 더불어 제조업과 서비스 부분이 고도로 발달해왔다. 뉴질랜드는 상품 수출과 서비스 무역이 GDP의 약 3분의 1 규모를 차지할 만큼 무역중심의 국가이다. 경제 규모는 작은 반면 무역량은 많기 때문에 뉴질랜드는 세계 경제 상황, 특히 주요 교역국인 호주와 일본의 경제상황에 매우 민감하다. 호주와 일본은 뉴질랜드 무역 활동의 30퍼센트를 차지한다. 아시아 위기 동안 뉴질랜드의 GDP는 1.3퍼센트 위축되었다. 이는 두 해 연속 이어진 가뭄으로 인한 농업 및 농업관련 생산 감소 및 수출과 수요 감소에 기인하고 있다. 뉴질랜드의 가장 중요한 무역 파트너는 다음과 같다.

주요 수출 시장	주요 수입 시장
1. 호주	1. 호주
2. 미국	2. 중국
3. 일본	3. 미국

통화정책을 결정하는 뉴질랜드준비은행

뉴질랜드준비은행Reserve Bank of New Zealand, RBNZ은 뉴질랜드의 중앙은행이다. 통화정책위원회는 매주 통화정책을 검토하는 은행 내 위원회이다. 통화정책을 결정하는 회의는 연간 8회 혹은 거의 6주에 한 번 개최된다. 다른 중앙은행들과 달리 금리 조정은 최종적으로 은행 총재가 결정한다. 현재의 정책 목표 합의는 장관과 총재에 의하여 결정되며 총생산, 금리 그리고 환율의 불안정을 피하기 위하여 정책의 안정성을 유지하는 것에 초점을 맞추고 있다.

물가안정은 연간 CPI 1.5퍼센트 유지에 목표를 둔다(현재는 2퍼센트를 목표로 1~3퍼센트 이내 유지). 만약 RBNZ가 이 목표를 달성하지 못하면 이러한 상황이 거의 발생될 가능성이 없지만 정부는 RBNZ 총재를 해임할 수 있다. 이는 RBNZ가 인플레이션 목표를 달성하도록 강하게 독려하는 역할을 한다. 통화정책 변화를 시행하기 위해 RBNZ가 가장 보편적으로 사용하는 도구는 다음과 같다.

공적금리

공적금리Official Cash Rate, OCR는 통화정책 시행을 위해 RBNZ가 책정하는 금리이다. 중앙은행은 공적금리보다 25bp 높은 금리로 자금을 빌려주고, 공적금리보다 25bp 낮은 금리로 예금을 받는다. 상업은행의 유동성에 대한 비용을 조절함으로써 RBNZ는 개인과 기업에게 적용되는 금리를 조정할 수 있다. 이는 인터뱅크 오버나이트 금리를 효과적으로 중앙은행 금리 기준 50bp 상하한 범위corridor로 제한하고 있다. RBNZ는 상업은행에 OCR 기준 상하한 금리로 자금을 공급하고 있기 때문에 은행 간 거래에서 OCR 상하한을 넘어서는 자금 거래는 현실적으로 이루어지기 어렵다. OCR 금리는 경제 안정성을 유지하기 위해 정기적으로 검토되고 조정된다.

재정정책 목표

현금 목표Cash Target, CT 달성을 위해 공개시장조작을 하기도 한다. CT는 등록된 은행들이 보유해야 하는 목표 준비금액이다. 현재 목표는 2,000만 뉴질랜드 달러이다. RBNZ는 CT의 일간 변동을 예측하고, 이러한 예측을 토대로 유동성 공급 또는 회수 금액을 결정한다. 재정정책을 집행하기 위한 재무성의 통제 목표는 다음과 같다.

- 재정 지출 : 향후 뉴질랜드 노령연금New Zealand Superannuation, NZS 충당을 위하여 GDP 대비 평균 35퍼센트 수준을 뉴질랜드 노령연금기금에 전입해야 함. 장기적으로 NZS 지급을 유지하기 위해서 GDP의 35퍼센트 수준을 금융비용을 제외한 지출목표금액으로 설정.
- 재정 수입 : 재정수지 목표를 달성하기 위한 충분한 재정 수입 증대. 공정하고 효율적인 방법으로 수익을 높이기 위한 견실한 세제 시스템
- 재정 수지 : 향후 NZS 지급을 위한 기금을 포함해 정부의 순자본 소요액을 달성하기에 충분한 수준의 평균 재정수지 흑자 전환 및 부채 목표와의 일관성 유지
- 부채 : 총부채 목표금액은 GDP 대비 30퍼센트 이하이고, 향후 NZS 지급 목적으로 전입하는 자산을 제외한 순부채 목표금액은 GDP 대비 20퍼센트 이하
- 순자산 : 재정수지 목표와 일치하는 순자산의 증가.

뉴질랜드 달러의 주요 특성

• AUD와 강한 연관관계

호주는 뉴질랜드의 최대 무역 파트너이다. 지리적인 근접성과 함께 뉴질랜드가 무역중심 국가라는 사실은 두 나라의 경제 사이에 강한

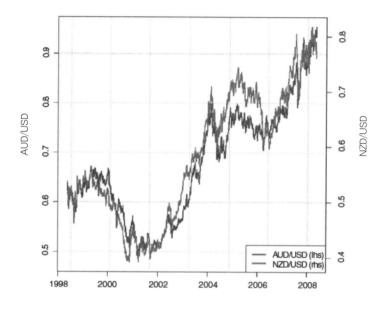

〈그림 12-8〉 AUD/USD vs. NZD/USD 차트(1998년-2008년)

유대관계를 만들어냈다. 호주 경제가 호황을 누리고 호주 기업이 수출 활동을 늘릴 때 수혜를 입는 첫 번째 나라는 뉴질랜드다. 사실 1999년 이후로 호주 경제는 건축자재의 수입 수요 증가를 가져오는 주택시장 붐으로 매우 호황을 누렸다. 그 결과 1999년과 2002년 사이 호주의 뉴질랜드 수입량이 10퍼센트 늘어났다. 〈그림 12-8〉은 두 통화쌍이 서로 거의 완벽하게 동일한 방향으로 움직임을 보여준다. 사실 지난 5년간 두 통화쌍은 약 97퍼센트라는 정의 상관관계를 보여왔다.

• 상품 관련 통화

뉴질랜드는 상품 수출이 국가 수출의 40퍼센트 이상을 차지하는 상품수출중심 국가이다. 이는 뉴질랜드 달러와 상품가격 사이에 50퍼센트의 정의 상관관계를 만들어냈다. 상품가격이 상승하면 뉴질랜드 달러는 상승세를 얻는다. 상품 관련 통화로서의 뉴질랜드 달러의 지위는 호주 달러와 뉴질랜드 달러 사이의 연관관계에 따른 것이다. 상품 가격과 뉴질랜드 달러와의 상관관계는 뉴질랜드의 무역활동에 국한되지 않고 호주 경제의 실적과도 깊은 관련이 있다. 호주 경제의 실적 역시 상품가격과 깊은 관련이 있으므로 상품가격이 상승하면 호주 경제는 수혜를 입고, 뉴질랜드와 무역을 포함하는 국가 운영 전반의 경제 활동 증가로 연결된다.

- 캐리 트레이드

뉴질랜드는 선진국 중 가장 높은 금리를 보유한 국가 중 하나로, 뉴질랜드 달러는 전통적으로 캐리 트레이드 매입에 가장 인기 있는 통화들 중 하나로 간주되어 왔다. 캐리 트레이드는 저금리통화를 매도하거나 차입해 고금리통화 자산에 매입하거나 운용하는 것이다. 많은 글로벌 투자자들이 고수익을 얻기 위해 투자처를 찾는 상황에서 캐리 트레이드의 대중화는 뉴질랜드 달러의 상승을 만들어냈다. 그러나 이는 또한 뉴질랜드 달러를 금리 변동에 매우 민감하게 만들었다. 뉴질랜드가 금리를 유지하거나 인하하는 반면 미국이 금리를 인상하기 시작한다면 뉴질랜드 달러의 캐리의 메리트는 줄어들 것이다. 이러한 상황에서 투자자들이 캐리 트레이드 포지션을 청산하게 되면 뉴질랜드 달러는 하락 압력을 받게 된다(그림12-9 참조).

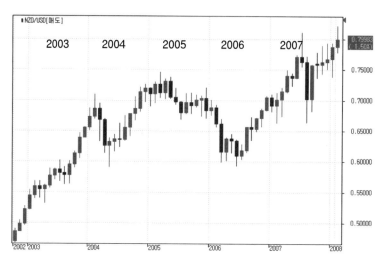

〈그림 12-9〉 NZD/USD 5년 차트
(출처: 현대선물)

• 금리 차이

뉴질랜드 금리와 다른 선진국들의 단기금리 간 금리 차는 전문적
인 NZD 트레이더들이 면밀히 관찰하고 있다. 금리 차이는 뉴질랜드
단기채권의 프리미엄이 외국 단기채권의 프리미엄보다 어느 정도 높
은지 혹은 그 반대의 경우인지를 판단할 수 있기 때문에 이러한 차이
는 잠재적인 통화흐름에 좋은 지표가 된다. 투자자들은 항상 고수익
자산을 찾고 있기 때문에 이러한 차이는 트레이더들에게 잠재적인 통
화 움직임의 지표가 된다. 이는 글로벌 채권 간 금리 격차에 따라 포
지션을 진입하거나 청산하려는 캐리 트레이더들에게 특히 중요하다.

• 인구 이동

이전에 언급한 바와 같이, 뉴질랜드 인구는 뉴욕 인구의 절반에 미치지 못하는 소규모 국가이다. 따라서 뉴질랜드 이민자가 늘면 뉴질랜드 경제는 상당한 영향을 받을 수 있다. 2001년~2002년 뉴질랜드 인구가 1,700명 증가한 반면, 2006년~2007년 사이에는 16만 1,276명이 증가했다. 절대적인 수치로는 작아 보이지만 뉴질랜드로서는 상당한 의미가 있다. 사실 뉴질랜드로의 이민은 경제 실적에 꽤 많이 기여하는 일이다. 인구가 증가하면 생필품 수요가 늘어나고 전반적으로 소비가 증가하기 때문이다.

• 가뭄 영향

뉴질랜드 수출의 대부분이 상품이기 때문에 뉴질랜드 GDP는 농업활동에 피해를 주는 극심한 날씨 환경에 매우 민감하다. 1998년 가뭄으로 인한 국가지출은 50조를 넘었다. 더욱이 뉴질랜드의 최대 교역 상대국인 호주에 가뭄이 자주 발생한다. 가뭄은 호주 GDP의 1퍼센트를 넘는 액수의 손실을 가져오고, 이는 뉴질랜드 경제에 부정적인 영향으로 이어질 것이다.

뉴질랜드의 중요 경제지표

뉴질랜드는 경제지표를 자주 발표하지 않지만 다음 지표들은 매우 중요하다.

국내총생산

GDP는 뉴질랜드 안에서 생산된 모든 재화와 서비스 시장가치의 총합이다. GDP는 가계, 기업, 정부, 순 외국인 매입(수출-수입)에 의한 지출을 포함하여 계산된다. GDP 디플레이터는 현재 가격으로 측정된 총생산량을 기준연도의 고정달러 GDP로 전환하기 위해 사용된다. 이 지표는 뉴질랜드 비즈니스 사이클의 현 위치를 파악하는 데 사용된다. 높은 성장률은 종종 인플레이션으로 해석되고, 낮은(또는 마이너스) 성장률은 경기침체 또는 부진한 경제성장을 시사한다.

소비자물가지수

소비자물가지수^{CPI}는 분기별로 CPI 표본 그룹(즉 대도시 가구와 같은)에 의한 지출의 높은 비율을 차지하는 재화와 서비스 바스켓 가격의 변화를 측정한다. 이 바스켓은 식품, 주택, 교육, 수송, 건강을 포함한 재화와 서비스의 넓은 범위를 포함한다. 통화정책이 인플레이션의 척도인 이 지수에 근거하여 결정되므로 중요한 인디케이터이다.

상품 서비스 수지

뉴질랜드 국제수지 내역서는 뉴질랜드의 상품, 서비스, 소득, 다른 국가들로의 전환 거래, 다른 국가들(자산들)에 대한 뉴질랜드 금융 청구 변화, 다른 국가들에 대한 부채의 가치 기록이다. 뉴질랜드의 국제투자 포지션 내역서는 특정 시점에서 국가의 국제금융자산의 양과 국제금융부채의 규모를 나타낸다.

개인 소비

가계에 의한 지출 및 가계를 위한 개인 비영리사업의 생산자에 영향을 주는 국민 계정이다. 이는 비내구재뿐 아니라 내구재 구입을 포함한다. 그러나 주택 구매로 인한 지출과 개인 기업의 자본적 지출은 포함하지 않는다.

생산자물가지수

생산자물가지수[PPI]는 국내 생산자들의 판매가격의 평균 변화를 측정하는 지수군이다. PPI는 농업, 전자업, 천연가스, 임업, 어업, 제조업, 광업을 포함한 국내 경제의 거의 모든 상품생산 산업의 가격 변화를 추적한다. 외환시장은 계절 조정된 상품 PPI와 PPI 지수가 월간 대비, 분기 대비, 반기 대비, 전년 대비 얼마나 변화했는지에 초점을 맞추는 경향이 있다. 뉴질랜드의 PPI는 분기 기준으로 발표된다.

캐나다 달러(CAD)

전반적 경제 개요

캐나다는 2006년 GDP가 1조 1,780억 달러에 달하는 세계 7위의 경제대국으로 1991년 이후 꾸준히 성장해왔다. 캐나다는 자원 기반의 국가로서, 캐나다의 초기 경제발전은 천연자원의 개발과 수출에 의존하였다. 캐나다는 현재 세계 다섯 번째 금 생산국이며 세계 14위 석유 생산국이다. 그러나 실상은 국민 4명당 3명이 서비스 산업에 종사하고 있으며, 서비스업이 캐나다 GDP의 약 3분의 2 이상을 점유하고 있다.

서비스 부문이 강한 이유 중 하나는 기업들이 서비스의 상당 부분을 하도급을 통하여 조달하고 있는 것에 기인한다. 예를 들면 제조회사가 운송회사에 자신들의 운송 수요를 하도급을 통하여 조달하는 것이다. 캐나다 경제가 서비스 업종에 크게 의존하고 있음에도 불구하고 제조업과 자원업은 캐나다 수출의 25퍼센트 이상을 차지하고 있는 등 많은 지역의 주 소득원이다.

캐나다 경제는 미국 달러 대비 캐나다 달러의 약세와 1989년 1월 1일 발효된 자유무역협정으로 성장하기 시작했다. 이 협정으로 미국과 캐나다 사이의 거의 모든 무역에 대한 관세가 철폐되었다. 그 결과 캐나다는 제품의 78퍼센트 이상을 미국에 수출하고 있다. 1994년 1월에는 멕시코까지 포함하여 북미자유무역협정North American Free Trade Agreement, NAFTA을 체결함으로써 북아메리카 3국 사이에 대부분의 관세가 철폐되었다. 미국과 캐나다의 긴밀한 무역 협력관계로 인해 캐나다는 미국 경제상황에 매우 민감하다. 미국 경제가 불안정하면 캐나다 수출 수요는 감소할 것이다. 반대의 경우도 마찬가지여서 미국 경제가 활황일 때 캐나다 수출은 수혜를 입을 것이다. 다음은 캐나다의 주요 교역국을 나열한 것이다.

주요 수출 시장	주요 수입 시장
1. 미국	1. 미국
2. 영국	2. 중국
3. 중국	3. 유로존
4. 일본	4. 영국
5. 유로존	5. 일본

통화정책을 결정하는 캐나다중앙은행

캐나다의 중앙은행은 캐나다중앙은행^{Bank of Canada, BOC}이다. 캐나다중앙은행의 정책위원회에서 통화정책이 결정되는데, 이 위원회는 1명의 총재와 6명의 부총재로 구성된다. 캐나다중앙은행은 통화정책 변화 논의를 위해 연간 약 8회의 회의를 개최한다. 또한 매 분기마다 통화정책 보고서를 발표한다.

중앙은행 목표

캐나다중앙은행의 목표는 '통화의 완전성^{integrity}과 가치'의 유지이다. 이는 기본적으로 물가의 안정을 의미하고 있다. 물가안정은 재무부와 합의한 인플레이션 목표치를 견지함으로써 유지된다. 현재 인플레이션 목표치는 1~3퍼센트로 설정되어 있다. 캐나다중앙은행은 고인플레이션이 경제를 어렵게 만드는 걸림돌로 작용할 것으로 여기는 반면, 저인플레이션은 물가의 안정을 가져올 수 있고 이는 지속가능한 장기경제성장 목표달성에 도움이 된다고 생각한다. 캐나다중앙은행은 단기금리를 통해 인플레이션을 조절한다. 인플레이션이 목표치를 상회하면 캐나다중앙은행은 긴축통화정책을 시행할 것이다. 반대로 인플레이션이 목표치를 하회한다면 캐나다중앙은행은 통화정책을 완화할 것이다. 전반적으로 캐나다중앙은행은 1998년 이후로 1~3퍼센트 범위 안에서 인플레이션 목표치를 매우 잘 유지해왔다.

캐나다중앙은행은 90일 상업어음이율 변화와 G-10 무역가중환율 변화를 가중 합계하여 산출한 통화상황지수^{Monetary Conditions Index, MCI}를 통해 통화상황을 측정한다. 캐나다의 금리 대 환율의 가중치는 역사적 연구에 근거해 3:1로 설정되었으며 경제상황 변화에 미치는 금리와 환율의 영향을 말한다(즉 MCI index = 90일 상업어음이율 변화 + 1/3(무역가중환율의 변화임). 이는 1퍼센트의 단기금리 상승이 무역가중환율의 3퍼센트 상승과 비슷한 영향력을 가진다는 의미이다. 캐나다중앙은행은 통화정책에 변화를 주기 위해 은행 금리를 조절할 것이고, 이는 환율에 영향을 미칠 것이다.

환율이 바람직하지 않은 수준까지 상승하면 캐나다중앙은행은 상승을 제한하기 위해 금리를 인하할 수 있으며, 환율이 하락하면 반대로 금리를 인상할 수 있다. 그러나 실제로 환율을 통제하기 위해 금리 조정을 하지는 않고 대신 인플레이션을 조절하는 방법을 이용한다. 다음은 캐나다중앙은행이 통화정책 시행을 위해 가장 보편적으로 사용하는 정책수단이다.

은행 금리

이는 인플레이션을 조절하기 위해 사용하는 중요한 금리로, 캐나다중앙은행이 상업은행에게 부과하는 금리이다. 이 금리가 변동되면 상업은행의 모기지금리와 우대금리를 포함한 다른 금리도 조정된다. 따라서 이 금리의 변동은 경제 전반에 영향을 미칠 것이다.

<u>공개시장조작</u>

거액결제시스템^{Large Value Transfer System, LVTS}은 캐나다중앙은행의 통화정책 시행을 위한 기본체계이다. 캐나다 시중은행들은 일일 자금수지를 맞추기 위하여 이 LVTS를 통해 자금을 차입하거나 대여하고 있다. 이 LVTS는 금융기관 간 대규모 거래를 처리하는 일종의 전산 플랫폼이다. 이러한 일일 자금거래에 적용되는 금리를 오버나이트 금리 혹은 은행 금리라고 한다. 이러한 오버나이트 금리가 시중 금리보다 높거나 혹은 낮은 경우 캐나다 중앙은행은 시중은행에 대한 대출금리를 조정하여 오버나이트 금리를 조정한다.

캐나다중앙은행은 정기적으로 많은 출판물들을 발행하는데, 현재 경제상황과 인플레이션의 영향을 평가한 반기 통화정책 보고서와 경제논평, 특집기사, 집행위원회 위원들의 발언, 중요한 발표를 포함한 분기 캐나다중앙은행 보고서들이 이에 포함된다.

캐나다 달러의 주요 특성

• 상품 관련 통화

캐나다 경제는 상품에 대한 의존도가 매우 높다. 이전에 언급한 대로 캐나다는 현재 세계 다섯 번째 금 생산국이며, 14위의 석유 생산국이다. 캐나다 달러와 상품가격 간 정의 상관관계는 약 60퍼센트에 달한다. 상품가격의 상승은 일반적으로 국내 생산자에게 수혜를 주고 수출에 의한 소득을 증가시킨다. 한 가지 주의할 점이 있다. 상품가격 상승은 결국 미국과 같은 해외의 수입 수요에 영향을 미쳐 캐나다 수출 감소를 가져온다는 사실이다.

- 미국과의 강한 연관성

미국은 캐나다 총수출액의 78퍼센트를 차지하고 있다. 캐나다는 1980년대 이후로 미국과의 무역에서 흑자를 기록해왔다. 2003년 대 미국 경상수지 흑자는 900억 달러로 사상 최고치를 기록했다. 2001년 미국의 높은 수입 수요와 함께 에너지 가격의 상승으로 캐나다의 에너지 수출은 약 360억 달러라는 최고치를 기록하였다. 따라서 캐나다 경제는 미국 경제 변화에 매우 민감하다. 미국 경제성장이 가속화되면 캐나다 기업과의 무역이 증가하고 이에 따라 캐나다 경제는 혜택을 입는다. 그러나 미국 경제가 둔화되면 미국 기업들이 수입을 줄여나감에 따라 캐나다 경제는 상당한 충격을 받을 것이다.

- 인수합병

미국과 캐나다의 근접성으로 인해 국경을 넘는 인수합병은 전 세계의 많은 기업들이 추구하고 있는 국제화 전략의 일환으로 매우 보편적으로 이루어지고 있다. 이러한 인수합병은 두 나라 사이에 자금의 흐름을 일으키며 이는 궁극적으로 통화에 영향을 미치게 된다. 2001년 미국기업은 캐나다 에너지관련 기업인수 대가로 250억 달러를 캐나다로 투입했다. 합병자금 지불을 위해 미국기업들은 USD를 팔고 CAD를 매입했기 때문에 USD/CAD의 강한 랠리를 가져왔다. 〈그림 12-10〉은

USD/CAD의 5년 차트이다.

- 금리 차이

전문적인 캐나다 달러 트레이더들은 캐나다중앙은행 금리와 다른 선진국들의 단기금리의 차이를 유심히 관찰하고 있다. 이러한 차이는 잠재적인 현금 흐름의 좋은 지표가 될 수 있다. 이는 캐나다 단기채권의 프리미엄이 외국 단기채권의 프리미엄보다 어느 정도 높은지 혹은 그 반대의 경우인지를 판단할 수 있기 때문이다. 투자자들은 늘 고수익 자산을 추구하기 때문에 양 통화 간의 금리 차이는 트레이더들에게 잠재적인 통화 움직임의 지표가 된다. 이는 글로벌 채권 간 금리 격차에 따라 포지션을 진입하거나 청산하려는 캐리 트레이더들에게 매우 중요하다.

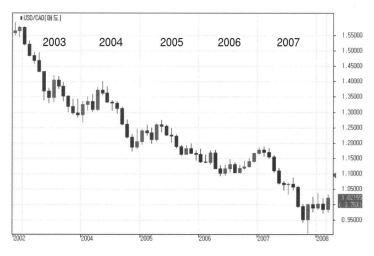

〈그림 12-10〉 USD/CAD 5년 차트
(출처: 현대선물)

- 캐리 트레이드

2002년 4월과 7월 사이에 금리가 0.75퍼센트 오른 이후 캐나다 달러는 매력적인 캐리 트레이드 통화가 되었다. 캐리 트레이드는 저금리통화를 매도하거나 차입해 고금리통화 자산에 매입하거나 운용하는 것이다. 캐나다 금리가 미국 금리보다 높을 때 USD/CAD 매도 캐리 트레이드는 두 국가 간 근접성으로 인해 매우 보편적인 캐리 트레이드 기회를 제공하고 있다. 많은 외국 투자자들과 헤지펀드는 고수익을 얻기 위한 기회를 찾고 있기 때문에 캐리 트레이드는 매우 보편적으로 이뤄진다. 그러나 미국이 긴축정책을 시행하거나 캐나다가 금리를 인하하기 시작하면 캐나다 달러와 미국 간의 금리 격차는 좁아질 것이다. 그런 상황에서 투자자들이 캐리 트레이드를 청산하기 시작한다면 캐나다 달러는 하락 압박을 받을 것이다.

캐나다의 중요 경제지표

실업

실업률은 총 노동인구에 대한 실업 인구의 백분율로 표시된다.

소비자물가지수

이는 물가의 평균상승률을 의미한다. 경제학자들이 경제적 문제로 인플레이션을 언급한다면 이는 통상 일정 기간 동안 통화 구매력의 감소를 초래하는 일반적인 물가 수준이 지속적으로 상승하는 것을 의미한다. 인플레이션은 통상 소비자물가지수^{CPI}의 증가를 백분율로 표시한다. 연방정부와 캐나다중앙은행에 의해 결정되는 캐나다 인플레이션 정책은 1~3퍼센트 목표 범위 내에서 인플레이션율을 유지하는 것을 기본으로 한다. 인플레이션이 연간 10퍼센트라면 작년 100달러 상당의 구매가치는 올해 평균 110달러가 될 것이며, 후년에도 같은 인플레이션 조건이라면 구입하는 데 121달러가 소요될 것이다.

국내총생산

캐나다의 국내총생산GDP은 1년간 캐나다 안에서 생산된 모든 재화와 서비스의 총합이다. 이는 캐나다 안에서 생산된 재화와 서비스로부터 발생되는 소득을 의미하기도 한다. GDP는 총생산을 나타내기 때문에 중복 계산을 피하기 위하여 중간재를 제외하고 재화와 용역의 최종 생산량만을 집계한다. 예를 들면 빵을 만드는 데 사용되는 밀은 중간재이기 때문에 GDP 집계에 포함되지 않지만 최종 제품인 빵만 포함된다.

무역수지

무역수지는 일국의 재화와 서비스의 무역 내역을 나타내고 있다. 이는 여행, 운송뿐만 아니라 제품, 원재료, 농산품과 같은 제품의 교역을 포함한다. 무역수지는 캐나다가 수출한 재화 및 서비스의 총액과 수입한 재화 및 서비스 총액과의 차이를 나타낸 것이다. 캐나다 수출이 수입을 초과한다면 무역흑자이고 무역수지는 플러스를 나타낸다. 수입이 수출을 초과한다면 무역적자이고 무역수지는 마이너스를 나타내게 된다.

생산자물가지수

생산자물가지수^{PPI}는 국내 생산자들의 판매가격의 평균 변화를 측정하는 지수군이다. PPI는 농업, 전자업, 천연가스, 임업, 어업, 제조업, 광업을 포함한 국내 경제 대부분의 제품 생산업 가격 변화를 추적한다. 외환시장은 계절 조정된 최종재화의 PPI와 PPI 지수가 월간 대비, 분기 대비, 반기 대비, 전년 대비 얼마나 변화했는지를 주시하고 있다

소비자 지출

이는 가계에 의한 지출과 가계를 위한 개인 비영리사업자의 소비를 측정하는 국가 계정이다. 이는 비내구재뿐 아니라 내구재 구입을 포함한다. 그러나 개인의 주택구입 지출과 개인기업의 자본적 지출은 포함하지 않는다.

1장

시장 조성자(Market Maker)

거래소의 스페셜리스트들과 장외거래시장의 딜러들이 이에 속한다. 주로 단기적 가격변동을 이용하여 이익을 얻을 목적으로 자기계좌 거래를 활발히 하는 이들 또는 회사들을 말한다.

CTA(Commodity Trading Advisory)

미국 선물거래협회에 등록된 원자재 투자 헤지펀드를 말한다.

G7통화

미국 달러, 유로화, 영국 파운드, 일본 엔, 스위스 프랑, 호주 달러, 캐나다 달러

레그즈(Legs)

상대통화(EUR/USD=기준통화/상대통화)가 달러가 아닌 다른 통화일 경우, 통화쌍(예를 들어 GBP/JPY, EUR/CHF, AUD/GBP 등)의 호가(매수/매도 가격)를 만들기 위해 사용되는 통화들을 '레그즈(legs)'라 한다. 예를 들어 GBP/JPY 통화쌍의 호가를 만들기 위해서는 GBP/USD와 USD/JPY 통화를 사용해야 한다. 현재 GBP/USD 호가가 1.6745이고 USD/JPY 호가가 102.043이라고 가정하면, GBP/JPY의 호가는 170.87(1.6745 × 102.043)이 된다. 여기서 GBP/JPY 호가를 만들기 위해 사용된 두 통화쌍 GBP/USD와 USD/JPY를 레그즈라고 부른다.

2장

스태그플레이션(stagflation)

경기침체와 물가 상승이 동시에 발생하는 상황

유럽통화제도(European Monetary System)

EU 역내 통화 간의 가치 안정을 도모하고, EU회원국 간의 경제적 격차를 해소시키기 위하여 발족시킨 유럽의 통화제도

변동환율제(Floating pegs)

환율을 고정하지 않고 시장의 추세에 따라 변동하는 제도

고정환율제(Fixed exchange rate)

외환시세의 변동을 전혀 인정하지 않고 고정시켜 놓은 환율제도

환율조정메커니즘(European Exchange Rate Mechanism))

유럽 환율시장의 안정을 도모하기 위해 만들어진 유럽통화제도(EMS)의 핵심적 제도

마스트리히트 조약(Maastricht treaty)

유럽의 정치통합과 경제 및 통화통합을 위한 유럽통합조약제도이다.

GATT(General Agreement on Tariffs and Trade)

관세장벽과 수출입 제한을 제거하고, 국제무역과 물자교류를 증진시키기 위하여 1947년 제네바에서 미국을 비롯한 23개국이 조인한 국제적인 무역협정이다.

금태환제도

금본위제도하에서 해당국 화폐 소유자가 해당국 중앙은행에 화폐를 제시하며 금과의 교환을 요구했을 때, 그 중앙은행이 화폐 교환으로 금을 제공하는 것을 말한다.

아시아 타이거 경제국

태국, 말레이시아, 인도네시아, 필리핀, 베트남 등을 가리킨다.

평가조정 환율제도(Crawling peg)

평가의 소폭 범위 내에서 환율을 변동시키거나 평가 자체를 시장시세의 실세, 또는 국제수지 사정에 따라 극히 소폭으로 자주 변경시키는 제도

외화준비금

외국환은행이 보유하는 외화자산 중 일정액을 외국은행에의 예금이나 미국, 영국 등 외국정부의 단기 증권과 같은 유동성이 높은 자산 형태로 보유할 것을 강제하는 제도

프리미엄

현행환율과 선물환율 간의 차이를 가리킨다. 통화가 프리미엄인 상태에서는 선물환 가격이 오늘의 현행가격보다 높은 경우를 말한다.

페그(PEG)

특정국가의 통화에 자국통화의 환율을 고정시키는 제도

레인지 바운드(Range-bound)

지지선에서 반등하고 저항선에서 하락하는 시장을 말한다. 따라서 이런 시장상황을 이용하는 트레이더는 지지선에서 매수하고 저항선에서 매도하는 전략을 펼친다.

디스카운트(Discount)

'프리미엄'의 반대 개념

베이시스 포인트 스프레드(Basis point spread)

베이시스 포인트(bp)는 금리나 수익률을 나타내는 데 사용하는 기본단위이다. 1퍼센트의 1/100, 즉 0.01퍼센트를 1bp라고 하며, 매수호가와 매도호가의 차이를 베이시스 포인트 스프레드라고 한다.

핫머니

투기적 이익을 찾아 국제금융시장을 이동하는 단기 부동자금을 말한다.

증권 매입계획(Securities buyback plan)

중앙은행이 경기침체를 타개하고자 증권을 매입하여 통화량을 증가시키는 것을 말한다.

6장

상관분석(Correlation analysis)

상관계수분석으로도 불리는데, 두 변수 간에 어떤 선형적 관계를 갖고 있는지를 분석하는 방법이다. 두 변수는 서로 독립적인 관계로부터 서로 상관된 관계일 수 있으며, 정(+)의 관계와 부(-)의 관계로 나뉜다. 상관계수의 값은 -1에서부터 +1 사이에 놓이게 된다. 상관계수 절대값이 1에 가깝다는 것은 두 변수 간의 선형적 관계가 매우 강하다는 것을 의미한다. 반대로 0에 가깝다면 두 변수의 상관관계는 없음을 의미한다.

7장

마크 트웨인 효과(Mark Twain effect)

10월 들어 특별히 주식시장이 약세를 보인다는 이론으로서, 마크 트웨인의 소설 《푸든헤드 윌슨 (Pudd'nhead Wilson)》에서 유래되었다. 소설에는 다음과 같은 대사가 나온다.

"10월요? 투자하기에 가장 위험한 달입니다. 또 있어요. 7월과 1월, 9월, 4월, 11월, 5월, 3월, 6월, 12월, 8월, 그리고 2월도 위험하기는 마찬가집니다." 결국 늘 상존하는 투자의 위험성을 경고하고 있던 것이다.

8장

볼린저밴드(Bollinger bands)

존 볼린저라는 사람이 고안한 금융시장의 기술적 분석 도구이다. 과거 가격움직임을 바탕으로 상단 저항선과 하단 지지선을 구성하는 밴드가 형성되는데 이것이 볼린저밴드이다. 이때 상·하단 밴드 가운데에 중심선이 위치하는데, 변동성이 극심하면 밴드는 상·하단으로 크게 벌어지며, 이후 변동성이 줄면서 밴드는 다시 좁아지는 성향이 있다.

감정적 분리(Emotional detachment)

특히 금융거래에서 의사결정 순간에 감정적 분리, 즉 감정적 요소를 배제하려는 시도가 중요함을 강조한다. 그래야만 공포와 두려움에서 탈피한 정확한 사고와 판단이 가능하기 때문이다.

피보나치 조정구간(Fibonacci retracement levels)

가격 차트상의 두 극점(고/저점)을 이은 구간을 피보나치 구간이라 한다. 이 구간에서 황금비율 (23.6%/ 38.2%/ 50%/ 61.8%/ 76.4%)을 바탕으로 지지선과 저항선이 형성된다.

파라볼릭 SAR(Parabolic stop and reversal)

파라볼릭 SAR은 추세전환 시점을 알려주는 지표로서 웰리스 윌더(Welles Wilder)에 의해 개발되었다. 파라볼릭은 추세전환 신호가 좀 늦은 감은 있으나 확실하다는 장점이 있는데, 가격과 파라볼릭값이 만나는 시점을 추세전환 시점으로 인식하는 특징이 있다. 가령 '가격〈파라볼릭' 일 때는 매도신호로 인식하고, '가격〉파라볼릭' 일 때는 매수신호로 인식한다.

ADX(Average Directional Movement Index)

주가의 흐름이 어떠한 추세에 있는지를 분석할 수 있는 지표이다. 또한 현재 진행 중인 추세의 상대적

강도를 의미하기도 한다. ADX 지표가 상승할 때는 상승이든 하락이든 시장이 분명한 추세를 가지고 있고, 그 추세로의 진행강도가 강하다는 것을 의미한다. 그러나 ADX 지표가 하락할 때는 현재의 추세가 마무리 국면에 접어들었고 곧 새로운 추세로 전환될 가능성이 높다는 것을 암시한다.

레인지 트레이딩(range trading)
환율이 일정한 패턴(박스권) 안에서 움직이는 것을 레인지라고 하며, 레인지 트레이딩은 이러한 레인지의 고점과 저점 안에서 매매를 하는 방법이다.

리스크 리버설(Risk reversals)
콜옵션과 풋옵션의 변동성 차이를 나타낸다. 특히 외환시장에서 리스크 리버설이 양수를 나타내면 미래에 현물환율이 상승할 것이라는 기대가 더 많음을 의미한다. 따라서 향후 환율변동의 방향성을 예측하는 지표로서 주로 사용된다.

(9장)

단순이동평균(SMA)
단순이동평균은 이동평균 계산 시 대상기간에 동일한 가중치를 두어 계산한 것이다. 다시 말해 단순히 해당기간의 주가를 모두 합한 후 기간 수로 나누어 계산한 이동평균법이다.

지수이동평균(EMA)
지수이동평균은 이동평균 계산 시 최근 가격에 더 큰 가중치를 두어 계산한 것이다. 다시 말해 최근의 시장움직임에 더 중요성을 부여한 이동평균법이다.

채널(Channel)
채널은 환율의 추세를 나타내는 추세선과, 이 추세선과 평행이 되는 채널선으로 형성된다. 상승추세일 때에는 하한가를 연결해 상승추세선(지지선)을 만들고, 이 상승추세선의 상단에 위치하며 이와 평행한 선이 채널선이 된다. 이때 환율이 채널선을 뚫고 상승하면 상승추세가 더욱 가속화되고, 상승추세선(지지선)을 뚫고 하락하면 추세가 반전되었다고 판단한다. 하락추세일 때에는 반대로 적용한다.

MACD(Moving Average Convergence and Divergence)
MACD는 단기지수이동평균값과 장기지수이동평균값의 차이를 이용한 지표이다. 이 지표는 두 이동평균선이 멀어지게 되면 다시 가까워지려고 하는 속성을 이용한 것이다. 제럴드 아펠(Gerald Appel)이 만들어낸 이 지표는 두 개의 이동평균선의 차이가 제일 큰 시점을 찾아내는 데 주력하는 기법이다. MACD 곡선이 시그널 곡선을 상향 돌파할 때를 매수 시점으로, 하향 돌파할 때를 매도 시점으로 인식한다. MACD 값이 0선을 상향 돌파할 때를 매수시점으로, 하향 돌파할 때를 매도시점으로 인식한다. 시장의 과매도, 과매수를 이용한 분석이 가능하다. MACD가 급격한 상승이나 하락을 보일 때 시장 가격이 지나치게 상승, 하락된 것으로 보며 가격도 곧 원래 자리로 되돌아올 확률이 높다고 분석한다.

라운드넘버(Round number)
어림수. 예를 들어 EUR/USD가 1.35995를 나타내고 있을 때 1.3600으로 표시하는 것.

더블제로 (Double zeros)
소수점 마지막 두 자리가 0으로 끝나는 지점. 예를 들어 EUR/USD의 1.3500, USD/JPY의 101.00 과 같은 지점

투-바 트레일링 스탑(Two-bar trailing stop)
현재 캔들에서 두 번째 전 캔들에서 고점, 또는 저점으로 스탑을 트레일링 하는 것을 말한다. 상승 추 세일 때에는 현재 캔들 두 번째 전 캔들의 최저점이, 하락 추세일 때에는 현재 캔들 두 번째 전 캔들의 최고점이 트레일링 스탑 지점이다

셀-사이드(Sell-side)
고객에게 서비스를 제공하는 측을 의미한다. 은행-자산운용사-고객과 같은 시장구조의 경우 외환 등 의 서비스를 제공하는 측은 은행이며 이를 셀 사이드라 한다. 이때 자산운용사나 고객은 바이-사이드 (buy-side)가 된다.

원자재 통화(Commodity currency)
원자재의 주요 수출국인 호주, 뉴질랜드, 캐나다, 남아프리카공화국, 러시아 등의 통화를 말한다.

연방공개시장위원회(Federal Open Market Committee)
미국의 중앙은행제도인 연방준비제도(FRS)의 연방준비제도이사회(FRB) 산하이며 통화·금리 정책 을 결정하는 기구이다. 위원은 12명으로서, FRB 의장을 비롯한 7인의 이사회 멤버 및 공개시장조작 을 집행하는 뉴욕연준 총재가 당연직으로 포함되고, 나머지 네 자리를 11명의 지역연방은행 총재가 돌아가면서 맡는다. 연방공개시장위원회(FOMC)의 위원장은 연방준비제도이사회 의장이 겸임하며, 부위원장은 FRB 부위원장이 아닌 뉴욕연방준비은행 총재가 취임한다. 1년에 8번 회의를 갖는데 이 자리에서 미국 경제에 대한 평가와 함께 통화공급량이나 금리조정 여부를 결정한다. FOMC에서는 공 개시장조작 방침을 결정하고 그 집행은 뉴욕연방은행이 맡고 있다.

10장

캐리 트레이드(Carry trade)

고금리통화를 매입하거나 운용하고 동시에 저금리통화는 매도하거나 차입하여 수익을 얻는 거래

위험회피 성향(Risk aversion)

일반적으로 위험에 대한 태도에 따라 위험회피 성향, 위험중립 성향 및 위험추구 성향의 세 가지 형태로 구분된다. 이 중 위험회피 성향은 동일한 기대현금흐름을 가지고 있는 2개의 투자안 중에서 보다 덜 위험한 투자안을 주로 택하는 경향을 말한다. 위험중립형은 어떤 투자안을 택하든 무차별한 경향을 보이는 유형이며, 위험추구형은 보다 더 위험한 투자안을 주로 택하는 경향을 보인다.

트레일링 스탑(Trailing stops)

트레일링 스탑은 스탑주문 설정 시에만 추가할 수 있는 기능이다. 다시 말해, 가격이 트레일링 스탑을 지정하는 시점부터 설정한 핍만큼 고객에게 유리한 방향으로 움직였을 때 계속적으로 스탑가격이 추적되는(매수 진입 시 따라 올라가는, 혹은 매도 진입 시 따라 내려가는) 기능이다.

11장

평균단가 낮추기(average down)

분할매수 또는 분할매도로 명명되는 평균 진입단가 조정 전략

미결제(미청산) 손익

청산되지 않은 오픈 포지션의 손실액

평균 손실발생가능액(Average drawdown)

진입된 거래가 거래전략에 잘 부합하고 있는지 상태를 파악하기에 유용한 수치이다.

백 테스트(Back-testing)

과거 자료를 바탕으로 하는 거래전략 유용성 테스트

이-시그널(ESignal commercial software)

자동신호매매 플랫폼. 메타(MT) 4와 유사한 개념

12장

자산 버블(Bubble)

실물경제의 활발한 움직임이 없는데도 금융자산의 가격이 합리적으로 기대할 수 있는 가격을 넘어 거품처럼 팽창하는 현상을 일컫는다.

자산 버블 붕괴(bubble burst)

금융자산의 가격과 합리적으로 기대되는 가격의 차이가 지나치게 벌어져 자산의 가격이 갑자기 붕괴되는 현상

리파이낸싱(Refinancing)

기존 대출을 상환하기 위해 다시 대출하는 일. '재융자'라고도 부른다.

유로달러선물(Eurodollar futures)

런던의 주요 은행에 미국 달러로 예치된 3개월 만기 정기예금을 기초자산으로 한 선물 계약

한 권으로 끝내는 외환 트레이딩 바이블

데이 트레이딩 & 스윙 트레이딩 전략

초판 1쇄 발행 2014년 5월 27일
개정판 1쇄 발행 2024년 3월 1일

지은이 캐시 리엔
옮긴이 현대선물주식회사

펴낸곳 ㈜ 이레미디어, 현대선물주식회사
전화 031-908-8516(편집부), 031-919-8511(주문 및 관리)
팩스 0303-0515-8907
주소 경기도 파주시 문예로 21, 2층
홈페이지 www.iremedia.co.kr
이메일 mango@mangou.co.kr
등록 제396-2004-35호

편집 주혜란, 이병철 | 표지디자인 황인옥 | 본문디자인 사이몬
마케팅 김하경 | 재무총괄 이종미 | 경영지원 김지선

ISBN 979-11-93394-21-2 03320

- 가격은 뒤표지에 있습니다.
- 잘못된 책은 구입하신 서점에서 교환해드립니다.

일러두기
이 책에 나오는 차트는 원 저자와의 협의하에 현대선물주식회사에서 보유한 것으로 일부 변경되었음을
알려드립니다.